RECLAM-BIBLIOTHEK

Berlin, Mai 1923: Im Tiergarten findet man die Leiche einer jungen Prostituierten. Kurz vor ihrem Tod hatte die junge Frau versucht, brisante Informationen an die Alliierte Militärkontrollkommission zu verkaufen. Wurde sie zum Schweigen gebracht? Weiß ihre Freundin Henny mehr, als sie zugibt? Nicht nur die Kriminalpolizei heftet sich an Hennys Fersen, auch der britische Geheimdienst interessiert sich für den Mordfall.

Henny, eine schillernde, androgyne Schönheit, läßt sich jeden Abend durch das Berliner Nachtleben treiben, auf der Suche nach großzügigen Liebhabern und ein paar Gramm Kokain. Sie kann die Polizei abschütteln, nicht aber den Secret-Service-Mann Arthur Rowland, der aus London angereist ist, um sie zu treffen: Im Krieg hatte er sie als britische Agentin angeworben und zu seiner Gespielin gemacht. Auch jetzt ist sie ihm zu Diensten ...

»Der Autor läßt in keiner Zeile Langeweile aufkommen. Es ist alles vorhanden, was ein Thriller braucht.«
Frankfurter Allgemeine Zeitung

Manfred Lührs, geboren 1959 in Hamburg, Architekturstudium, veröffentlichte zunächst Kurzgeschichten und Erzählungen, u. a. in *aus. Mord Stories*, Hg. H. Winkels, 1986; lebt seit 1998 als freier Autor bei Schleswig.

Manfred Lührs

IM DUNKEL BERLINS

Roman

Reclam Verlag Leipzig

ISBN 3-379-01743-4

© Reclam Verlag Leipzig 2000, 2001

Reclam-Bibliothek Band 1743
1. Auflage, 2001
Reihengestaltung: Hans Peter Willberg
Umschlaggestaltung: KOCMOC.NET, Martin Uhlig, Leipzig,
unter Verwendung eines Fotos von
A. Vennemann/Bildarchiv Preußischer Kulturbesitz
Gesetzt aus Rotis Serif
Druck und Bindung: Reclam, Ditzingen
Printed in Germany

Die Tote im Tiergarten

Berlin, 28. Mai 1923. Polizeipräsidium Alexanderplatz. Stenographisches Protokoll. Die Vernehmung führt: Kriminalkommissar Düring. Anwesend: Kriminalassistent Pasewaldt. Beginn: 2.00 Uhr nachmittags. Vernommen wird der Zeuge Hendrik Pritzkow, geb. 22. 5. 1900, zur Zeit wohnhaft Pension Bosbach, Kurfürstenstraße 161, Berlin W 57.

»Gut, gut ...«, sagte Kommissar Düring, schwer und massig hinter seinem Schreibtisch sitzend, und blies eine Wolke Zigarrenrauch von sich. »Sie haben da also in Ihrem Cabaret ›ein, zwei Lieder gesungen‹, wie Sie sagen. Und hinterher? Nach Ihrem Auftritt? Was haben Sie da gemacht?«
»Was man eben so macht. Noch ein Glas getrunken.«
»Allein? In der Garderobe?«
»Nein ...«
»Sondern?«
»Am Tisch. Mit einem der Gäste.«
»Sie werden dafür bezahlt, daß Sie die Gäste zum Trinken animieren?« fragte Pasewaldt. Der Kriminalassistent, jung, überkorrekt, mit steifem Kragen, das hellblonde Haar militärisch kurz geschnitten, stand am Fenster und musterte den Zeugen mit unverhohlener Feindseligkeit.
»Schön wär's«, sagte der Zeuge und lächelte ihn an.
»Beantworten Sie meine Frage.«
»Ich werde nur für meinen Auftritt bezahlt, für sonst nichts. Der Herr hatte mich eingeladen.«
Kommissar Düring, der den Blick scheinbar gleichgültig auf seinen ausladenden Bauch gesenkt hatte, hob den Kopf und sagte: »Was gab's denn?«
»Hm? Oh, einen ... Cherry Cobbler. Glaube ich.«
»So, so. Glauben Sie.« Der Kommissar lächelte still in sich hin-

ein. »Sie haben das Lokal, das Cabaret ...« Er tat so, als müsse er einen Notizzettel zu Rate ziehen. »... die ›Grüne Spinne‹ ... dann gemeinsam mit diesem Herrn verlassen?«
»Wie kommen Sie darauf?«
Kommissar Düring nahm einen Zug aus seiner Zigarre. Seine kleinen Augen blinzelten freundlich. »Weil Sie ganz offenbar keine Gelegenheit mehr gehabt haben, Ihre Garderobe aufzusuchen. Sich abzuschminken. Sich umzuziehen. Sie sagten doch, daß diese Aufmachung so etwas wie Ihr Bühnenkostüm sei? Oder habe ich das falsch verstanden?«
»Nein, nein. Das ... ist schon richtig.«
»Sehen Sie. Und Sie haben es immer noch an. Seit Sonnabend. Sie sind nicht in Ihrer Garderobe gewesen. Und Sie sind auch nicht zu Hause gewesen.«
»Und heute ist Montag«, sagte der Assistent, beinahe vorwurfsvoll. »Sie wissen doch, daß heute Montag ist?«
Henny warf ihm einen scharfen Seitenblick zu, aus ihren graublauen, schwarz umrandeten Augen.
»Ja, das hat man mir bereits mitgeteilt«, sagte sie. Ihre Augenbrauen waren sorgsam gezupft und nachgezogen, zu zwei feinen, katzenhaften Bögen. Ihr Gesicht war gepudert, ihre Lippen waren rot geschminkt. Sie trug ein schmales schwarzes Samthalsband, vorne mit einem glitzernden Straßsteinchen, und als sie sich jetzt eine Haarsträhne hinters Ohr strich, blitzte auch noch ein Straßohrring auf. Ihre kurzen dunkelblonden Locken waren nach hinten gebürstet.
»Moment!« sagte Kriminalassistent Pasewaldt. »Haben wir das überhaupt im Protokoll?«
Die ältliche Stenotypistin sah ihn fragend an.
»Fräulein Lamprecht«, sagte er. »Machen Sie bitte eingangs den Vermerk: Der Zeuge ist ... geschminkt und trägt Frauenkleidung!«
Henny raffte ihr Jäckchen mit dem großen, etwas räudigen Maulwurfskragen enger um sich, schlug die Beine ein Stück höher übereinander. Sie hatte Stöckelschuhe an und schwarze Seidenstrümpfe, und ihr Kleid war so hoch geschlitzt, daß jetzt nicht nur das Strumpfband zu sehen war, sondern auch eine Handbreit nackter Oberschenkel.

»So«, sagte Kommissar Düring. Für ihn schien der Punkt damit abgehakt zu sein. »Nun mal weiter. Wohin, sagten Sie noch, sind Sie dann mit diesem Herrn gegangen? In ein Hotel?«
»Ich sagte überhaupt nichts. Bin ich auch nicht. Nirgendwohin.«

Mit raschen, geübten Handgriffen hatte sie sich wieder angezogen. Das Hotelzimmer war klein und schäbig. Hinter ihr auf der Bettkante saß ein alter, fetter Gutsverwalter aus Neuruppin, in seinem besten Anzug, die letzten paar Haare quer über die Glatze gekämmt. Seine Hose war noch nicht wieder zugeknöpft, da hatte er schon angefangen, ihr was vorzujammern. Was er für ein verkommener Mensch sei. Wenn seine Frau das wüßte. Zwei erwachsene Töchter habe er und drei Enkelkinder. Er wollte Henny sogar noch ein Photo aus seiner Brieftasche zeigen. »Hier, das ist meine Jüngste mit ihrem Kleinen.«
Henny sah gar nicht hin, blickte kühl in den Taschenspiegel, schminkte sich nur noch schnell die Lippen nach. Draußen hörte sie die Bülowstraße, das Rumpeln der Hochbahn, unten Stimmen von Passanten, ein Lachen, manchmal ein Autohupen. Nichts wie raus hier. Den Taschenspiegel zugeklappt, Lippenstift zugedreht. Dann nahm sie den Packen Tausendmarkscheine von der Kommode und stopfte ihn gleichgültig in ihr Handtäschchen.
Der Gutsverwalter blickte auf:
»Was? Du willst schon gehen? Das war alles?«
»Tja«, sagte Henny, die Tür in der Hand, »da können Sie mal sehen. Mehr ist das Geld heutzutage nicht wert! Leben Sie wohl, mein Herr!«

Wie wir wissen, haben Sie dann irgendwann im Laufe dieser Nacht – der Nacht von Sonnabend auf Sonntag – Fräulein Nelly Pahlke getroffen.
Wer hat Ihnen denn das erzählt?
Wir stellen hier die Fragen, ja?
Also: Wann genau war das? Und wo?
Im Regina-Palast, an der Gedächtniskirche. Wann, weiß ich

nicht genau. Zwölf, halb eins vielleicht. Ich hab nicht auf die Uhr gesehen.
Sie waren in Begleitung?
Ja. Natürlich war ich in Begleitung.
Ein anderer Herr als der von vorhin?
Ja.
Name?
Weiß ich nicht.
Wo haben Sie ihn kennengelernt?
Vorn im Café.
Ausländer?
Nein. Geschäftsmann aus Leipzig. Aber der könnte Ihnen sowieso nichts sagen. Er war nicht dabei. Ich meine, er hat Nelly überhaupt nicht zu Gesicht bekommen. Ich hab sie auf der Toilette getroffen.
Auf der Damentoilette?
Wo wohl sonst? *(Rest der Antwort unverständlich.)*
Was war das eben? Würden Sie das bitte noch mal laut wiederholen?
Können Sie den nicht mal an die Leine nehmen, Herr Kommissar? Der beißt mich noch.
(Mehrere Sätze aus dem Protokoll gestrichen.)
Ja, ja, gut. Weiter. Welchen Eindruck machte Nelly Pahlke auf Sie? Als Sie ihr an diesem Abend begegneten?
Ich weiß nicht.
Wie kam sie Ihnen vor? Wie immer?
Ja. Wie immer.
Warum lachen Sie?
Ach, nichts.
Worüber haben Sie gesprochen?
Über gar nichts. Das heißt, über Strümpfe. Ich hatte eine Laufmasche.

Im Vorraum der Damentoilette herrschte ein reges Kommen und Gehen. Die Musik und das Stimmengewirr aus dem Saal wurden unentwegt lauter und leiser, so oft schwang die Tür auf und zu. Vor allen Spiegeln wurden hastig Lidstriche nach-

gezogen, Lippen bemalt, Wangen gepudert, angeregt, erhitzt, im warmen Dunst der Parfums. Das Orchester fing an, einen Tango zu spielen. Handtäschchen schnappten zu.
Als Henny sich umdrehte, stieß sie fast mit Nelly Pahlke zusammen.
»Henny!«
»Darf ich?« drängte sich eine andere Frau vorbei, an den Spiegel. Die beiden traten einen Schritt beiseite.
Nelly schwankte etwas auf ihren hohen Hacken. Sie war schon ziemlich angeschlagen.
»Lange nicht gesehen!« sagte sie. »Wie geht's dir?«
Ihr Mund war grellrot geschminkt. Sie trug ein dunkelgrünes, paillettenbesetztes Abendkleid, und ihre rotgefärbten Haare verschwanden unter einem kleinen grünen Turban, an dem seitlich drei grüne Federn wippten. »Was machst du denn für ein Gesicht?«
»Ach, heute ist nicht mein Tag!« seufzte Henny.
»Wieder einen Kerl erwischt, der nur Papiermark in der Tasche hat, was?« Nelly lachte heiser. Ließ dann, unter rasselndem Husten, ihren Zigarettenrest in einen der Aschenbecher fallen.
»Ja, das auch. Und eine Laufmasche hab ich! In meinen neuen Strümpfen!«
»Wo denn? Seh ich nicht!«
»Na, hier!« stellte Henny das linke Bein seitlich vor; der Schlitz in ihrem Kleid entblößte den Oberschenkel dabei bis weit übers Strumpfband. Es war dasselbe Kleid, das sie jetzt, am Montag, immer noch anhatte: ein schwarzes, ärmelloses Tanzkleid, bestickt mit kleinen, silbern glänzenden Perlen. Sie strich sich eine Haarsträhne hinters Ohr, eine andere fiel ihr ins Gesicht.
»So ein Mist!« sagte sie.
»Gerade eben passiert?« Nelly kramte in ihrer Handtasche. Ihre Finger zitterten leicht.
»Ja. Als wir zurück an den Tisch gegangen sind. So ein fetter Idiot, drängt mich da halb in die Palme!«
»Mach dir nichts draus.« Nelly nahm ein braunes Fläschchen aus ihrer Tasche, dann eine Spritze. Dann ein Paar aufgerollte Seidenstrümpfe. »Hier«, sagte sie. »Du kannst mein Reservepaar haben!«

Henny blickte auf. Ihre Augen leuchteten. »Was? Ehrlich?«
»Ja, klar. Nimm schon!«
»Oh, Nelly! Du bist meine Rettung! Danke!« Sofort löste Henny ihr linkes Strumpfband und fing an, den kaputten Seidenstrumpf an ihrem Bein hinabzurollen.
Nelly öffnete das braune Fläschchen und stellte es vorsichtig auf den breiten Marmorrand eines Waschbeckens. Mit leicht zitternden Fingern zog sie die Spritze auf. Keine der Frauen ringsum schenkte ihr irgendeine Beachtung. Zwei drängten sich gerade eng an ihnen vorbei, die eine sagte: »Lieber kletter ich hier aus dem Fenster, als daß ich da wieder hineingehe! Der wartet da auf mich, direkt vor dieser Tür! Ich schwör's dir!«
»Du spinnst doch. Komm schon!« sagte die andere.
Nelly zog ihr Strumpfband ein wenig herab, damit es nachher die Einstichstelle verdeckte, und setzte die Nadel auf ihrem Schenkel an. Henny sah nicht hin.

Sie haben nur über Strümpfe und Laufmaschen gesprochen? Über sonst nichts? Das ist doch kaum möglich.
Es war aber so.
Sind Sie sicher?
Ich sag doch, wir haben bloß ein paar Worte gewechselt. Ganz kurz. Wie geht's, wie steht's. Das war alles.
Die schwarze Seide über ihr Knie hochrollend, richtete Henny sich wieder auf. Sie befestigte das Strumpfband und schlüpfte in ihren Hackenschuh. Dann sah sie noch einmal bewundernd an ihrem Bein hinab. »Sind die Strümpfe schön!« sagte sie. »Die haben bestimmt ein Vermögen gekostet!«
Nelly winkte lässig ab. »Von mir aus kannst du sie behalten!« sagte sie. Ihre Stimme klang jetzt ganz anders. Sie war auch nicht mehr so blaß.
»Wirklich?« Henny lächelte sie an, während sie das zweite Strumpfband löste.
»Warum nicht? Wenn sie dir gefallen!« sagte Nelly. Ihre Pupillen waren so stark geweitet, daß sie ein merkwürdiges schwarzes Glitzern in den Augen hatte. »Ich kann mir bald so viele

Strümpfe kaufen, wie ich will!« Sie war jetzt ganz obenauf, und konnte sich einfach nicht länger zurückhalten.
»Hast du einen Lord kennengelernt?« fragte Henny. »Oder was ist passiert?« Sie spürte, wie Nellys Blick an ihren langen schlanken Beinen hinabwanderte.
»So was Ähnliches!« Nelly lachte. »Aber du bist schon nahe dran!« Sie beugte sich vor und sagte, leise und eindringlich: »Valuta werden bald auf mich herabregnen! Wie Sterntaler! Ich brauche nur noch mein Hemd aufzuhalten!« Sie lachte überspannt und richtete sich auf. »Na, was sagst du dazu?«
Valuta – das war das Zauberwort. Devisen. Dollar, Pfund, Gulden, egal was. Jede ausländische Währung war besser als die deutsche. Immer schneller schritt die Inflation voran, die Mark fiel unaufhaltsam, Anfang des Monats stand der Dollar bei 30 000 Mark, jetzt schon bei 60 000 Mark.
»Klingt nicht schlecht«, sagte Henny, den zweiten neuen Strumpf hochrollend. Sie fragte sich, ob es nur das Kokain war, oder ob tatsächlich etwas dahintersteckte. Aber sie wußte auch, daß es keinen Sinn hatte, nachzuhaken. Sie kannte ja Nellys Art, einen erst neugierig zu machen, um dann doch nichts zu erzählen, und sie hatte keine Lust, sich auf das Spielchen einzulassen. Ungerührt befestigte sie ihr Strumpfband.
»Kannst du noch mal eben nachsehen, ob die Nähte richtig sitzen?«
»Ja, ja, tun sie. Wunderbar«, sagte Nelly. »Du glaubst mir wohl nicht, was? Du denkst, das ist alles Gerede!«
»Aber nein! Wieso denn?« sagte Henny und sah sie ganz unschuldig über die Schulter an. »Viele arme Blumenmädchen werden von Grafen geheiratet! Da drehen sie sogar schon Filme drüber!«
Nelly lachte und knuffte sie in die Seite. »Du bist ja bloß neidisch!« Sie lachten beide.
Neben ihnen wurde ein Spiegel frei. Nelly trat davor und nahm ihr Puderdöschen aus der Handtasche.
»Du wirst es schon sehen«, sagte sie. »Paß mal auf.«
»Klar!« sagte Henny. »Ich hoffe, du lädst mich dann mal auf dein Schloß ein.«

»Na! Das muß ich mir noch überlegen!« Nelly fing an, sich die Wangen zu pudern. Im Spiegel lächelten sie sich noch einmal zu.
»Danke für die Strümpfe!« sagte Henny. Dann ging sie durch die Schwingtür wieder hinein in den Saal.

Mit wem war Nelly Pahlke zusammen an diesem Abend? Mit wem war sie im Regina-Palast?
Keine Ahnung.
Sie haben sie hinterher, im Saal, nicht mehr gesehen?
Nein.
Auch nicht von weitem? Beim Tanzen? An einem der Tische?
Nein.
Sagen Sie nicht einfach nein. Denken Sie nach.
Da gibt es nichts nachzudenken.
So? Finden Sie?
Ich bin gar nicht erst an den Tisch zurückgegangen, sondern gleich zur Garderobe. Dann habe ich das Lokal verlassen.
Einfach so? Und Ihr Geschäftsmann aus Leipzig?
Ich denke, er wird's überlebt haben.
Sie haben sich nicht einmal verabschiedet?
Nein.
Ist das so Ihre Art? Oder gab es einen Grund dafür?
Ach, ich hatte plötzlich einfach die Nase voll.
Wovon?
Wovon? Von allem Drittklassigen. Von solchen Kerlen wie dem. Erst lesen sie die ganze Weinkarte durch, und dann bestellen sie den billigsten Sacharin-Sekt, den sie finden können. Ich mußte einfach raus da.
Na schön. Und dann? Wohin sind Sie dann gegangen?
Wollen Sie mich das jetzt alles einzeln abfragen?
Wenn es sein muß.
Das ist nicht Ihr Ernst, oder?

Auf dem Kurfürstendamm und rund um die Kaiser-Wilhelm-Gedächtniskirche leuchteten noch die Caféterrassen und Licht-

reklamen, Autoscheinwerfer strichen dahin. Gleich hinter dem UfA-Palast aber wurde es dunkler. Nachts um halb eins lag der Bahnhof Zoo düster und abweisend da, eine Reihe schwarzer Mauerbögen in dem ungewissen Licht weniger Gaslaternen.
Kaum ein Mensch war mehr zu sehen. Dort hinten waren die breiten Trottoirs noch von Nachtbummlern belebt, hier aber standen nur ein paar schemenhafte Gestalten in den dunklen Ecken. Trotzdem ging Henny Pritzkow zielstrebig auf den Eingang des Bahnhofs zu.
Neben den Eingangsstufen lag jemand am Boden, zerlumpt, leblos. Von irgendwo kamen leise Stimmen.
Die Wände waren über und über mit Plakaten beklebt, eins über das andere, manche hingen in Fetzen herunter. In dem trüben Licht sah Henny die Worte *Arbeiter! Genossen!* Auf einem anderen Plakat stiegen halbverweste Soldaten aus ihren Gräbern und fragten anklagend *Wofür?* Eine Frau tanzte mit einem Skelett: *Berlin, halt ein! Besinne dich! Dein Tänzer ist der Tod!*
Sie ging hinein. Der Luftzug wehte verstreutes Papier durcheinander, alles lag voller Zigarettenkippen, Glasscherben, weggeworfener Fahrkarten. Ein Einbeiniger, in verschlissener feldgrauer Uniform, suchte, mühsam auf seine Krücke gestützt, im Papierkorb nach Eßbarem.
Dann betrat sie den Wartesaal, eine menschenwimmelnde, stimmensummende Halle, hoch und kahl und rauchverhangen. Geruch von saurem, verschüttetem Bier, große Bierlachen auf den Tischen, hier und da lag jemand vornüber mit dem Kopf auf dem Tisch und schlief. Betrunkene führten Selbstgespräche. In den Ecken lagen Schlafende oder Bewußtlose am Boden, zwischen losen Zeitungsblättern und Abfall. Zwei bleiche, müde Kellner gingen zwischen den Tischreihen auf und ab.
»Seidenwäsche? Extrafeine Seife?« flüsterte es neben ihr. »Französisches Parfum?«
Henny schüttelte nur kurz den Kopf, ging weiter, sah sich suchend um, unter dem tiefen Rand ihres Topfhutes hervor. Nutten musterten sie abschätzig, von Kopf bis Fuß. Männer blickten ihr nach. Schlank und schmal, ihr Jäckchen mit dem Maulwurfskragen eng um sich gerafft, schritt sie auf ihren Stöckelschuhen durch das Gedränge, vorbei an kleinen Heh-

lern und Devisenschiebern, an Lotterielosverkäufern, an Schuhputzern, die neben ihren Kästen hockten. Polnisch war zu hören. Russisch. »Nitschewo, sdatscha jest.«
Rauschgiftsüchtige starrten ins Leere. Geschminkte Strichjungen führten mit müden, gezierten Handbewegungen ihre Zigaretten zum Mund. Börsentips wurden getauscht: »Ich sag nur eins: Zellstoff. Zellstoff!«
An einem dicht umlagerten Tisch spielte man Karten, Siebzehn und vier, unter Schwaden von Zigarrenrauch. Bleiche, angespannte Gesichter, hohe Geldscheinstapel neben den Schnapsgläsern und Aschenbechern. Unter den Spielern waren auch einige Herren im Smoking, die Frauen an ihrer Seite in großer Abendrobe, mit Pelzen und glitzerndem Schmuck.
»Koks? Koks?« flüsterte jemand, dicht an Hennys Seite.
Deshalb war sie hier. »Ja«, sagte sie leise.
»Kommen Sie hier herüber.« Die Schiebermütze tief in die Stirn gezogen, trat der Händler einen Schritt beiseite in den Schatten.
»Wieviel das Gramm?«
»Leise, bitte!«
»Ist das Zeug auch nicht gestreckt?«
»Nein, nein. Beste Ware. Sie werden schon sehen.«
»Geben Sie her.« Henny zückte ein paar Geldscheine und erhielt dafür ein gefaltetes Papiertütchen, das sie in ihrer Handtasche verschwinden ließ. Eigentlich wollte sie jetzt gehen. Sie wandte sich dem Ausgang zu.
In diesem Augenblick jedoch schwangen die Türen auf und eine kleine Gruppe mondäner Nachtschwärmer kam lachend und strahlend herein, Smokings, schwarze Capes, Zylinder, weiße Seidenschals, die jungen Frauen mit großen Pelzkragen und Stolas.
Eine dieser Frauen kannte sie. Die hübsche, schlanke Blonde mit dem leicht gewellten Bubikopf, mit blitzendem Straßstirnband, schwerer weißer Pelzstola und schwarzen Satinhandschuhen. Cora Meinhold.

»Ist es nicht grauenvoll?« sagte Cora begeistert. »Dieses Krankhafte, dieser Verfall!« Mit leuchtenden Augen sah sie sich im Wartesaal um. »Einfach todschick! Man sagt ja, hier mischen

sich manchmal amerikanische Millionäre unter das Publikum. So mit Absicht schlecht angezogen, weißt du, damit man sie nicht erkennt, wie heißt das – inkognito! Und Pola Negri soll neulich hiergewesen sein! Trinkst du auch ein Glas Sekt?«
Der Kellner war gerade dabei, den Draht der ersten Flasche zu lösen.
»Gern«, sagte Henny, ohne Coras Bekannte aus den Augen zu lassen, die ein Stück weiter durch die Halle schlenderten, als sei das alles hier zu ihrem Vergnügen inszeniert. Sie lachten und machten sich gegenseitig auf dies und das aufmerksam; der Ältere mit Zylinder zeigte einmal sogar mit dem Stock, worauf das Mädchen, das er im Arm hielt, lachend den Kopf an seine Schulter legte.
Der müde, blasse Kellner schenkte Sekt ein, Cora nahm zwei Gläser, reichte eines Henny. Sie lächelten sich zu und tranken beide einen kleinen Schluck im Stehen. Dann steckten sie die Köpfe zusammen.
»Ach, der muß ja schon über sechzig sein!« sagte Cora über den älteren Herrn mit Zylinder. »Rittmeister von Strachwitz oder so ähnlich. Angeblich Gutsherr. Natürlich riesige Ländereien und eigene Jagd und so weiter, alles irgendwo an der polnischen Grenze.« Sie sah Henny verschwörerisch von der Seite an: »Ich kenne aber niemanden, der schon mal dort gewesen ist.«
Henny lachte leise, blickte aus schmalen Augen über den Rand ihres Sektglases hinweg. »Und der daneben? Im Smoking?« fragte sie.
»Weiß ich gar nicht, wie der heißt. Wahrscheinlich Meier oder Schulze. Läßt sich von allen nur ›Herr Direktor‹ nennen. Also, ich glaub ja, der ist früher bloß kleiner Bankangestellter gewesen. So was merkt man einfach. Aber den richtigen Riecher hat er wohl gehabt. Seit der Effektenhausse letzten Herbst schwimmt er jedenfalls oben. Ist jetzt Rennstallbesitzer. Redet nur noch von seinen Pferden. Laß dich bloß nie von dem zum Essen einladen. Du stirbst vor Langeweile! Den ganzen Abend mußte ich krampfhaft das Gähnen unterdrücken, ich hatte schon das Gefühl, ich kriege gleich eine Gesichtslähmung oder so was.«

Sie kicherten einträchtig.
»Na, und der da, der geht dich gar nichts an. Das ist meiner. Schön die Finger weg! – Oh, ich sehe, da hat auch schon jemand ein Auge auf dich geworfen!«
Ein Herr im Smoking blickte auffallend häufig herüber, sein Monokel blinkte. Die junge Frau neben ihm schien ihm etwas zuzuflüstern.
»Meinst du, die reden über mich?« fragte Henny.
»Sieht fast so aus.«
»Und wer ist das?«
»Ein gewisser Laszeck. Gregor Laszeck. Spekuliert anscheinend auch bloß den lieben langen Tag an der Börse. Telefoniert jedenfalls dauernd. Wie es auf dem Montanmarkt aussieht und so ein Zeug, was weiß ich. Keine Ahnung, was der vorher gemacht hat.«
»Und die Frau? Kennt die mich denn?«
»Ich glaub schon. So vom Sehen.« Cora lächelte vielsagend. »Und dir ... kommt sie gar nicht bekannt vor?«
»Nein. Wieso? Sollte sie das?«
»Du hast sie sogar schon mal nackt gesehen«, sagte Cora und setzte noch leiser hinzu: »... nackt und gefesselt!«
»Ah ja?« fragte Henny. »Und woher weißt du das so genau?«
Cora lächelte selbstzufrieden. »Ich weiß eben alles. Ihr habt mal ›Lebende Bilder‹ gestellt, bei einem Doktor Bärwald. Da war sie die Iphigenie auf dem Opferaltar. Und du warst auch so was Griechisches, mit ein paar Lorbeerblättern im Haar und sonst nichts. Na, nun sag was. Leugnen ist zwecklos.«
Henny blickte noch einmal unauffällig hinüber, nahm einen kleinen Schluck Sekt.
»Rothaarig war sie da aber noch nicht.«
Cora lachte. »Das mag sein«, sagte sie. »Ah, da kommt er schon.«
»Hat er Geld? Valuta?«
»Schwer zu sagen. Frag ihn einfach selbst. Am besten, bevor du ihm deine Unschuld opferst.«
»Cora!« sagte Gregor Laszeck, aalglatt, bleich, pomadisiert, in schwarzem Smoking, mit weißer Fliege und weißen Handschuhen. »Willst du uns nicht miteinander bekannt machen?« Er nahm sich ein Glas Sekt.

»Na, was hat sie Ihnen über mich erzählt?« fragte Henny.
»Lydia, meinen Sie?« sagte Laszeck und lächelte. Er trank einen winzigen Schluck. »Nur das Beste, nur das Beste!« Er musterte Henny ziemlich unverschämt durch sein Monokel, von Kopf bis Fuß.
»Und es ist fast zu schön, um wahr zu sein!«

Ich bin dann mitgefahren. Sie waren mit zwei Autos da, die Chauffeure in Livree, alles piekfein.
Wohin?
Von einer Tanzdiele zur nächsten, da in der Gegend, Ku'damm, Joachimsthaler, Tauentzien. Manchmal lohnte das Einsteigen gar nicht, dann fuhren die Karossen nur so ein Stück neben uns her, und wenn wir im nächsten Lokal verschwanden, hielten sie an und warteten.
Und das hat Ihnen gefallen.
Ja, klar.

Überall spielten die Jazzbands, überall wurde ausgelassen getanzt: Shimmy, Foxtrott, Java Dance, Maxixe Brasilienne. Saxophone und Trompeten dröhnten, Banjos schrummelten. Die Negertrommler bleckten grinsend ihre Zähne, rollten mit den Augen, ihre großen Trommeln waren mit Indianerköpfen bemalt und von innen erleuchtet. Ihr Rhythmus, so warnten die Zeitungen, war Dschungel und Fieberdelirium, Untergang des Abendlands! Die Tänzer zuckten, sprangen, schüttelten sich, schlenkerten wie wild mit Armen und Beinen.
Der alte Rittmeister schien sich im stillen zu wundern, daß die Polizei nicht einschritt. Auch die übrigen Herren der Runde hielten sich vornehm im Hintergrund. Gregor Laszeck ließ sich nur zwischendurch mal zu einem Valse Boston herbei, die neuen Negertänze aber mußten die Mädchen alleine tanzen; lieber bezahlte er ihnen einen Gigolo, als daß er sich selbst an der Polka Creola versuchte. Im übrigen trank er Cocktails und beobachtete alles genau durch sein Monokel. Vor allem, immer wieder, dieses junge Ding, das sie da am Zoo aufgelesen hatten, diese Henny ...

Bei Tagesanbruch fiel die ganze Korona in Kalles Frühlokal ein, eine kleine Kneipe in der Motzstraße, die morgens um fünf für die Übriggebliebenen der Nacht ihre Tür öffnete. Nutten und Zuhälter saßen hier, Spieler, Croupiers, Kellner und Taxifahrer. Die vornehmen Zylinder und Frackcapes erregten nur kurze, flüchtige Aufmerksamkeit. Man kannte das schon. Die Kneipe gehörte angeblich einem Ringverein, und bei den feinen Leuten war es gerade der letzte Schrei, sogenannte Verbrecherlokale aufzusuchen. Keiner der Stammgäste kümmerte sich weiter darum. Nur der Duft des Bohnenkaffees, der den Herrschaften serviert wurde, brachte dem Wirt den Zuruf ein:
»Hat der Kerl also doch echten Kaffee gebunkert! Und uns setzt er Muckefuck vor!«
Henny und Cora saßen dann nebeneinander, hatten beide eine Tasse Kaffee vor sich, rauchten, plauderten und lachten.
Schließlich nahm Cora etwas aus ihrer Handtasche, das wie eine Puderdose aussah, ließ den Deckel aufschnappen. Das Pulver darin war schneeweiß.
»Aah!« sagte Henny. »Speziell zum Nasepudern, sehe ich.«
»Genau«, sagte Cora lächelnd. Sie schnupften beide eine Prise.
Henny spürte, wie ihre Nasenspitze kühl wurde, und die aufsteigende, angenehme Leichtigkeit im Kopf.
»Seit wann *spritzt* Nelly eigentlich?« fragte sie. Das Stimmengewirr war so laut, daß niemand mithören konnte.
»Nelly? Hast du sie mal gesehen in letzter Zeit?«
»Ja, vorhin erst. Im Regina ...«

Haben Sie Fräulein Meinhold eigentlich erzählt, daß Sie kurz vor ihr Nelly Pahlke getroffen hatten?
Nicht daß ich wüßte. Wenn, dann nur so nebenbei. Es war ja nichts Besonderes.
Was wissen Sie über das Verhältnis der beiden?
Nur, daß sie zusammen nach Berlin gekommen sind. Irgendwann Anfang letzten Jahres. Gekannt haben sie sich aber schon vorher.
Wissen Sie, wie lange?

Ein, zwei Jahre vielleicht.
Und woher?
Warum fragen Sie *mich* das alles?
Antworten Sie, wenn Sie gefragt werden.
Soviel ich weiß, haben Nelly und Cora mal zusammen als Tippsen gearbeitet. In Bremen, bei einer Reederei. Die ist dann Pleite gegangen oder aufgekauft worden oder so was, jedenfalls saßen sie beide von einem Tag zum anderen auf der Straße. Und von da an haben sie sich eben so durchgeschlagen.
Gute Freundinnen also. Kann man das sagen?
Ja. Natürlich. Sie haben ja auch hier in Berlin immer zusammen gewohnt. Jetzt, zuletzt, in der Lützowstraße.
In der Pension Schönfeldt.
Ja, kann sein, daß die so heißt.

»Mit dem Spritzen«, sagte Cora, »hat sie vor zwei, drei Wochen angefangen. Sie sagt, auf die Art kriegt sie mehr fürs Geld. Aber das ist es nicht. Es wird einfach schlimmer mit ihr. Manchmal hat sie schon richtigen Verfolgungswahn. Gestern oder vorgestern war ich mit ihr unterwegs, plötzlich sagt sie: ›Siehst du den Mann da drüben? Der hat vorhin im Café am Nebentisch gesessen!‹ Ich sag: ›Na und? Laß ihn doch.‹ Aber du hättst sie mal sehen sollen!«
Einen Tisch weiter brach gerade alles in brüllendes Gelächter aus. Cora wartete, zündete sich eine neue Zigarette an.
»Das liegt alles bloß an dieser neureichen Clique, mit der sie sich da eingelassen hat!« Sie blies eine Rauchwolke in die verqualmte Luft. »So eine Geschlossene Gesellschaft, weißt du. Tagelange tolle Feste, irgendwo draußen in einer verschwiegenen Villa. Oft war Nelly das ganze Wochenende weg, oder noch länger. Wenn sie dann wieder auftauchte, konnte sie sich kaum noch auf den Beinen halten, so fertig war sie. Ich weiß nicht, was die da mit ihr gemacht haben. Auf jeden Fall hat sie sich nach Strich und Faden ausnutzen lassen.«
»Und wieso?«
»Ach ...!« Cora winkte überdrüssig ab. »Einer von denen soll bei der UfA die Finger drin haben! Und Nelly hat er anscheinend

in dem Glauben gelassen, sie würde bald ganz groß rauskommen.«
»Beim Film?«
Cora lachte, als sie Hennys Gesicht sah. »Ja, da wärst du auch gleich drauf angesprungen, was? Das kann ich mir vorstellen!« Leiser sagte sie: »Zugegeben, 'ne andere Nummer wär das schon. Als wir hier mit unseren kleinen Spekulanten!«
Sie kicherten beide, während die Herren am Tisch sich weiter arglos über ihre Börsenkurse unterhielten.
»Na ja, genützt hat's ihr auch nichts«, sagte Cora. »Vor ein paar Wochen hat sie wohl gemerkt, daß man ihr nur was vorgemacht hat. Und seitdem ist es immer schlimmer geworden mit ihrem Gekokse. Seitdem spritzt sie auch, einfach weil die Wirkung stärker ist.«
»Ganz scheint sie die Hoffnung aber noch nicht aufgegeben zu haben«, sagte Henny. »Mir hat sie vorhin noch groß von den Valuta vorgeschwärmt, die sie bald machen wird.«
»Ach Gott, ja.« Cora trank ihren letzten Schluck Kaffee, stellte die leere Tasse ab. »Das ist dieser Quatsch mit dem Offizier. Irgendein Strohhalm, an den sie sich klammert!«
»Ein Offizier?« fragte Henny. »Davon hat sie mir nichts erzählt.«
»Nein, mir auch nicht.« Cora lächelte. »Aber ich weiß es eben trotzdem!« Sie lehnte sich etwas zurück und sagte, näher an Hennys Ohr: »Ich hab zufällig gehört, wie sie telefoniert hat.«
»Aha?«
»Vorgestern abend, als sie dachte, daß keiner da ist.« Cora sah sich rasch um und fuhr dann, noch leiser, fort:
»Leider ist das Telefon ein Stück den Flur runter. Aber ich hab gehört, wie sie die Nummer eines Hotels verlangt hat, und dann irgendeinen ›Offizier‹. Den Namen konnte ich nicht verstehen. Nur mehrmals das Wort ›Offizier‹. Anscheinend wußte sie noch nicht mal seinen Dienstgrad. Aber unbedingt sprechen wollte sie ihn, es schien dringend zu sein. Sie war ziemlich aufgeregt. Irgendwie komisch, das ganze Gespräch ...«
»Wieso?«
»Ich weiß nicht, erst schien sie endlos mit dem Portier zu reden.

Es klang so, als ob der sich einfach weigerte, sie zu verbinden. Sie wurde schon ganz ungehalten. Dann wartete sie kurz, und jemand anders kam an den Apparat. Der richtige schien das aber auch nicht zu sein, vielleicht eine Art Adjutant oder so was. Mit dem hat sie sich dann genauso herumgestritten wie vorher mit dem Portier. Und das war's dann. Sie war richtig wütend, als sie auflegte. Also, wenn du mich fragst, hat der Herr Offizier sie einfach abwimmeln lassen.«
»Was wollte sie denn eigentlich von dem?«
»Keine Ahnung. Kennst *du* ein ›Hotel Bellevue‹?«
»Ja, klar. Am Potsdamer Platz.«
»Und? Gutes Publikum? Geldleute?«
»Früher schon, da war es mal ein richtiges Grandhotel. Ich glaube, jetzt ist es ziemlich heruntergekommen.«
»Da hast du's! Wahrscheinlich ein Hochstapler.«
»Aber irgendwie klang sie so überzeugt ...«
»Ach, die spinnt eben! Zuviel Koks!«
In die Runde am Tisch kam Bewegung. Während der ›Herr Direktor‹ bezahlte, schob Gregor Laszeck schon seinen Stuhl zurück und erhob sich.
»Na, wer kommt mit?« fragte er strahlend. »Wir fahren jetzt zu Wackenroder!«

Alle kamen mit. Lachten, geblendet, als sie aus der verrauchten Kneipe in den hellen Morgen hinaustraten, die Motzstraße sonntäglich still, über den Häuserzeilen ein blauer Frühlingshimmel. Vögel zwitscherten.
Müde, resigniert warfen die beiden Chauffeure die Automobile an und fuhren los.
Hinten saß man eng zusammengedrängt, lachend, herumalbernd, die Mädchen tief in ihre Pelzkragen versunken, die schlanken Beine hoch übereinandergeschlagen; absichtslos ließen sie dabei ihre Strumpfbänder sehen und die nackte Haut ihrer Oberschenkel. Henny saß links an der Wagentür, neben ihr Gregor Laszeck, seinen Arm um ihre Schultern gelegt.
Die Fahrt ging auch durch die Bülowstraße. Mit unbeteiligter Miene sah Henny das Cabaret ›Grüne Spinne‹ vorbeiziehen. Wie

klein und schäbig es bei Tageslicht aussah. Schämen mußte man sich ja, in so einem Bums aufzutreten.
Dann bogen sie ab in die Potsdamer Straße, nach links, unter der Hochbahn hindurch, Richtung Norden.
Henny hatte schon längst nicht mehr daran gedacht, aber als sie dann über den Potsdamer Platz fuhren, da sah sie es plötzlich vor sich, groß und wuchtig, im hellen Sonnenschein: das Hotel Bellevue.
Cora saß in dem anderen Wagen, sonst hätte Henny es ihr gezeigt. Sie reckte noch schnell den Hals, bevor sie vorbei waren, und blickte an der Fassade hinauf. Hoch oben, über den Fensterreihen, stand immer noch Atlas und trug gebeugt seine Weltkugel, wie eh und je. Aber darüber, zwischen den Fahnenmasten, wo sonst in großen Lettern der Name des Hotels geprangt hatte – da hing jetzt nur noch der leere Rahmen.

Bei Wackenroder, in der nördlichen Friedrichstraße, hing unten am Fahrstuhl ein Schild: ›Außer Betrieb!‹
Also die Treppen hinauf, polternd und kichernd. »Leise, Kinder, leise!« – »Wieso, hier wohnt doch keiner!« Auf den ersten Etagen hingen tatsächlich nur Firmenschilder: Loeser & Wolff, Cigarren; 1 A Schreibmaschinen; Rechtsanwalt Dr. Hartwig. Sie hätten die einzigen Menschen im ganzen Haus sein können.
Plötzlich aber hörte man Musik. »Ah, ich glaube, es ist doch jemand da!« sagte Laszeck. Irgendwo dort oben lief ein Grammophon und es spielte Paul Whitemans *Whispering*, gerade setzte die Singende Säge ein. Einige summten gleich mit, beschwingt gingen sie die letzten Treppen hinauf.
Auf einem Absatz lag ein einsamer Zylinderhut, und als sie in den nächsten Treppenlauf einbogen, sahen sie einen dicken, glatzköpfigen Herrn auf den Stufen sitzen, schlaff gegen die Wand gesackt, mit offenem Mund, die teure Abendkleidung derangiert. Hut und Stock waren seinen Händen entglitten, und er schlief so tief und fest, daß er auch jetzt, von all den Schritten und dem Gekicher, nicht aufwachte. Einzeln drängte man sich hintereinander an ihm vorbei. Die rothaarige Lydia setzte ihm im Vorbeigehen seinen Chapeau claque wieder auf, und Cora schlug einmal kurz mit der flachen Hand drauf. Der Mann

schlief einfach weiter, unter dem zusammengeklappten Hut. »Na denn. Ruhe sanft!« sagte Cora. Ohne zu klingeln oder zu klopfen, betraten sie Wackenroders Wohnung, die Tür war offen.

Hinter zugezogenen Samtvorhängen herrschte eine künstliche Nacht. Rauch und Parfumdunst hingen schwer in der Luft, und eine ungewisse Gesellschaft geisterte im gedämpften Licht der Gaslampen und Kerzenleuchter durch weitläufige Zimmerfluchten. Durch eine offene Schiebetür sah man den großen, geschwungenen Schalltrichter des Grammophons, immer noch lief *Whispering*, und drei Paare tanzten dazu auf dem Parkett einen schläfrigen Foxtrott.
Hier und da wandte jemand den Kopf, aber niemand begrüßte die Neuankömmlinge, es war beinahe wie in einem öffentlichen Lokal. Die Begleiter der Damen kümmerten sich schließlich selbst um die Garderobe. Henny warf noch schnell einen Blick in den Taschenspiegel und zog ihre Lippen etwas nach. Machte dann ihr Handtäschchen zu und sah sich um. »Bist du schon mal hiergewesen?« fragte sie Cora.
»Ja. Einmal.« Cora schien nicht viel Lust zu haben, darüber zu reden. »Ist aber schon länger her.« Sie ließ ihren Blick umherwandern, als suchte sie nach bekannten Gesichtern.
Auch hier waren die Herren in einheitliches Schwarz gekleidet; je nachdem, wie sie den Vorabend verbracht hatten, trugen sie Smoking oder Cut, oder auch den für Opern und Premieren vorgeschriebenen Frack. Die jungen Frauen mit ihren schmalen nackten Schultern, schmuckglitzernd, mit Straßdiademen und Federstirnbändern, wirkten daneben wie Haremsschöne aus Tausendundeiner Nacht. Ein schlankes, schwarzhaariges Mädchen, das sich, in den Türrahmen gelehnt, ein Glas Sekt in der Hand, mit einem graumelierten Herrn im Smoking unterhielt, trug eine türkische Pumphose und sonst praktisch nichts; die Hose war so durchsichtig, daß man das kleine dunkle Dreieck ihrer Schamhaare erkennen konnte, sie war barfuß, mit Goldkettchen um die Fußgelenke, und ihre Brüste waren nur von einem hauchfeinen, durchbrochenen Goldgeschmeide bedeckt.

Gregor Laszeck tauchte wieder auf. »Kommen Sie, gehen wir doch hinein!« sagte er. Und zu Henny, lächelnd: »Darf ich?« Ohne ihre Antwort abzuwarten, nahm er sie sanft beim Arm.
Jemand hatte eine neue Platte aufgelegt, aus dem schrummelnden Grammophon erklangen von neuem die Jazz-Trompeten und dann ein näselnder Gesang:

> I'm the Sheik of Araby
> And you belong to me!
> At night when you're asleep
> Into your tent I creep!

Die Wohnung schien labyrinthisch; jemand sagte, Wackenroder selbst habe sie so umbauen lassen, ein anderer behauptete, hier sei früher ein Bordell gewesen.
»Da hinten, das sind alles Chambres séparées«, sagte Cora, und Henny blickte öfter neugierig in die Richtung.
Wackenroder, hieß es, habe sein Vermögen mit Armeestiefeln gemacht. Mit Salpeter aus Chile. Mit Kautschuk. Mit gar nichts, nur mit Zahlen, Wechselkursen, Spekulationen.
»Und wo ist er?« fragte Henny. »Siehst du ihn hier irgendwo?«
Cora gab zu, daß sie nicht einmal wußte, wie er aussah. Es hätte der Dicke draußen auf der Treppe sein können, jemand, dem man den Zylinder auf dem Kopf einschlagen konnte, ohne daß er davon aufwachte.

Und was haben Sie nun den ganzen Sonntag lang gemacht?
Eigentlich gar nichts. Ein bißchen getanzt, geredet, Sekt getrunken. Einen Happen gegessen.

Nachgiebig, träge, ein Sektglas in der Hand, ging Henny an der Seite Gregor Laszecks durch die hohen, schummrigen Zimmer mit ihren Topfpalmen und Orientteppichen, ihren düsteren, verschnörkelten Gründerzeitmöbeln, ihrem Marmor und rotem Plüsch. In den blindfleckigen Spiegeln schimmerte gol-

den das Kerzenlicht, Palmwedel warfen große Schatten an die Wände.
Zwischen den Seidenkissen üppiger Diwane lagen halbnackte Salomés und Scheherazades und rauchten aus sehr langen Zigarettenspitzen. Herren in Klubsesseln tranken Mokka und Cognac, rauchten Zigarren. Ein einzelner scharfer Lichtkegel fiel auf einen grünen Billardtisch.
Gelangweilt stand Henny daneben, als Laszeck sich mit anderen Spekulanten über die neusten Stützungskäufe der Reichsbank unterhielt. Über Goldreserven und Devisen, Ruhrkampf, Notenpresse, Reparationsfrage, Londoner Ultimatum, Sturz der Mark ins Bodenlose. Nur wenn vom Dollarkurs die Rede war, horchte sie ein wenig auf.
Das Grammophon spielte unaufhörlich, die Stücke fingen an, sich zu wiederholen. Im Speisezimmer stand die immergleiche geplünderte Festtafel, voll dreckiger Gläser, leerer Weinflaschen, Teller mit Essensresten, die weiße Tischdecke halb heruntergerissen. Auf dem Teppich, zwischen Hummerschalen, Hühnerknochen, überall verstreuten Glasscherben lag die ganze Zeit ein Mann im Smoking, regungslos, wie tot, Arme und Beine weit von sich gestreckt.
Ständig spürte Henny Laszecks Hand auf ihrem Rücken, mal oben auf der nackten Haut, mal weiter unten, um ihre Taille gelegt. Mal mitten auf ihrem Po. Im Grunde wartete sie nur darauf, daß er sie nach hinten in eines der Schlafzimmer führte.

Am besseren Ende der Tafel, da wo die Tischdecke noch drauflag, gab es zwischendurch Würstchen und Kartoffelsalat, man aß im Stehen und redete gleichzeitig unbekümmert darüber, was heutzutage alles in der Wurst war, Ratten- und Hundefleisch, Menschenfleisch. Ein bedächtiger älterer Herr wandte kauend ein, der Magistrat habe inzwischen Wurstproben aus ganz Groß-Berlin untersuchen lassen; die Gerüchte, daß die Wurst Menschenfleisch enthielte, hätten sich in keinem Fall bestätigt.

Irgendwann stand Henny an einem der Fenster, die Vorhänge einen Spalt auseinandergezogen, und blickte auf die Friedrichstraße hinunter wie auf ein seltsames, unerklärliches Schau-

spiel. Dort draußen war heller Tag, die Sonne schien, Autos und Pferdedroschken fuhren vorbei, an der Hauswand gegenüber saß ein Kriegskrüppel, blind und beinamputiert, einen Bauchladen vor sich, Straßenmädchen standen an den Ecken, ein kleiner weißer Hund spazierte mitten im Gewimmel ganz gemächlich hinter seinem dicken Herrchen her. Ein Zeitungsjunge, barfuß und mit kurzer Hose, rief die neuste Meldung aus, Leute blieben stehen, kauften, gingen lesend weiter; es war deutlich zu sehen, daß der Junge, eine Zeitung hochhaltend, immer das gleiche rief. Aber hören konnte Henny nichts davon.
Schon faßte sie auch jemand sanft bei den nackten Schultern, küßte sie von hinten auf den Hals, sagte: »Naa? Denken Sie etwa an Flucht aus dem Serail?«, und drehte sie zurück ins Halbdunkel. Der Vorhang fiel wieder zu.

Irgendwann wurde Laszeck plötzlich schlecht. Er klagte über Schwindelgefühle und Atembeschwerden, wofür er seine neuen amerikanischen Opiumzigaretten verantwortlich machte.
»Na, wenn das mal nicht doch die Wurst war!« sagte Cora. »Vielleicht vertragen Sie kein Menschenfleisch.«
Laszeck hustete und lächelte gezwungen. »Es geht gleich wieder«, sagte er. »Ich muß mich nur einen Moment hinlegen.«
Bevor er die Tür eines Nebenzimmers öffnete, die Hand schon auf der Klinke, sah er sich noch einmal um, und Henny hatte den Eindruck, daß er dabei kaum merklich jemandem zunickte. Aber wem, das hatte sie so schnell nicht mitbekommen.

Sich selbst überlassen, landete Henny nach kürzester Zeit mit einem schönen, dunklen, schnurrbärtigen Mann, mit dem sie schon vorher, in Laszecks Beisein, verstohlene Blicke gewechselt hatte, in Wackenroders Badewanne. Vier große Kerzenleuchter, die sie draußen eingesammelt hatten, standen verteilt auf den Fliesen des Badezimmerbodens, und in dem unruhigen, goldenen Licht von zwanzig Kerzen saßen sie sich, Sekt trinkend, im warmen Wasser gegenüber, merkwürdige, langgezogene Schatten um sich her, die bis unter die hohe Decke reichten.
Weit zurückgelehnt, hatte Henny ein Bein etwas aus dem Wasser gehoben, und der Mann, dessen Namen sie nicht verstan-

den hatte, hielt ihren schmalen, zierlichen Fuß in einer Hand, mit den Fingerspitzen der anderen versonnen darüber hinstreichend. Henny lachte leise, als er ihre Zehen küßte, nahm einen Schluck Sekt, sagte:
»Kennen Sie Herrn Wackenroder schon länger?«
»Nein.« Er lächelte sie über ihren Fuß hinweg an. »Genauer gesagt, kenne ich ihn überhaupt nicht. Und du?«
Henny prustete in ihr Sektglas. »Ich auch nicht!«

Haben Sie den Gastgeber dann noch kennengelernt?
Nein.
Und trotzdem haben Sie den ganzen Tag in seiner Wohnung verbracht? In der Wohnung eines Fremden? Haben sich an seiner Tafel bedient, seinen Sekt getrunken?
Ist das irgendwie strafbar?
Wie kommt es, daß Sie dann auch noch über Nacht geblieben sind?
Wir hatten alle ein bißchen getrunken, die Zeit vergessen. Schlagartig wird man müde, schläft irgendwo ein. Sie wissen doch, wie das ist.
So, so, wissen wir das?

Als Henny aus der Wanne steigen wollte, hielt der Mann sie plötzlich von hinten fest. »Wohin so eilig?« Er zog sie wieder herab.
»He, he!« Sie lachte, versuchte spielerisch, sich loszumachen, wand sich schmal und naß in seinem Griff, das Badewasser platschte.
Heftig atmend, drängte er sie gegen den Wannenrand, bis sie hilflos, vornübergebeugt im Wasser kniete, die Beine weit auseinander. Er küßte ihren Hals, ihre Schultern, sie seufzte und schnurrte.
»Nein, nicht ...!« bat sie, als sie ihn zwischen ihren Pobacken spürte. »Nicht hier, ja? Komm, wir gehen auf ein Zimmer!« Aber zu spät. »AAh! ... nnnnnhh!«
Ihre Finger krampften sich um den Rand der Badewanne, sie

schloß die Augen, wimmerte, als er in ihren Körper eindrang. Immer weiter.

Als er innehielt, blickte sie zitternd und keuchend zur Tür. Jede Sekunde konnte jemand hereinkommen.

Sie brachte kein Wort mehr heraus. Er fing an. Sie versuchte, sich zu beherrschen, aber vergeblich. Mit beiden Händen an den Wannenrand geklammert, keuchte und stöhnte sie.

Und auf einmal sah sie, wie sich drüben die Türklinke senkte. Ihr Wimmern bekam etwas Flehendes. Der Mann achtete nicht darauf und machte weiter.

Erst ging die Tür nur einen Spalt auf. Von draußen hörte man das Grammophon, Lachen, Schritte, Stimmen. Noch war niemand zu sehen. Der Luftzug ließ die Kerzenflammen flackern, die langen, hohen Schatten bewegten sich alle gleichzeitig, das ganze Zimmer schien ins Wanken und Schwanken zu geraten.

Dann wurde die Tür ganz geöffnet. Ein Herr im Smoking trat ein, Zigarette in der Hand, hinter ihm an der Wand sein riesiger Schatten.

Gregor Laszeck. Sein Monokel blinkte.

»Ah, hier bist du ...«

Leise, behutsam, wie ein Zuschauer, der zu spät zu einer Aufführung gekommen ist, schloß er die Tür hinter sich. Dann blieb er stehen und sah lächelnd zu.

Verzweifelt versuchte Henny, ihr Stöhnen zu unterdrücken. Doch der Mann hinter ihr ließ das nicht zu, nahm sie absichtlich immer heftiger, bis sie es nicht mehr aushielt.

»Ist gut, Karl!« Laszeck hob beschwichtigend die Hand. »Langsam, langsam ... Wir haben Zeit.«

Der Mann gehorchte wie ein Lakai.

Laszeck zog sich einen Stuhl heran, in die Mitte zwischen den vier Kerzenleuchtern, setzte sich, schlug die Beine übereinander und betrachtete Henny eingehend durch sein Monokel.

Henny drehte den Kopf weg, keuchend und aufgelöst, nackt, mit dem schwarzen Samthalsband. Ihre Lippen zitterten.

»Sehr schön ... wirklich sehr schön ...«, sagte Laszeck und lehnte sich zurück. Holte dann einen Schlüssel aus seiner Tasche und hielt ihn mit Daumen und Zeigefinger in die Höhe. »Ich habe uns auch schon ein Zimmer besorgt. Wir können dann gleich hinübergehen.« Er lächelte dünn. »Der Anfang gefällt mir. Ich glaube, ich werde mir auch den Rest ansehen«, sagte er zu Henny. Und zu dem Mann hinter ihr: »Karl! Mach doch weiter! Niemand hat was von aufhören gesagt!«

Und? Wie war die Nacht? Haben Sie gut geschlafen?
Danke, ja.
Wann sind Sie heute morgen aufgestanden?
Weiß ich nicht. Irgendwann in aller Herrgottsfrühe.
Hat Sie jemand geweckt?
Ja. Cora. Fräulein Meinhold.

»Henny ...! Henny, wach auf!«
Cora kniete neben dem Bett und sah sie flehend an, blaß und elend, ihre Wimperntusche verschmiert.
»Mmmm ...!« Unwillig vergrub Henny ihr Gesicht in den Kissen. Sie lag auf dem Bauch, allein in dem großen, zerwühlten Bett. Fröstelnd raffte Cora die weiße Pelzstola um ihre Schultern, biß sich auf die Unterlippe. »Hast du noch irgendwo Koks? Ein bißchen wenigstens?«
»Laß mich schlafen ...«
»Henny, bitte! Ich steh das sonst nicht durch!«
Irgendwo in einem entfernten Teil der Wohnung knallten Türen, und etwas wie eine Kommandostimme war zu hören.
»Hörst du?« sagte Cora. »Da kommen sie!«
»Was ist denn los?« Henny war noch ganz durcheinander. Sie hob den Kopf aus den Kissen, stützte sich auf die Ellenbogen hoch. »Aah, mir tut alles weh.« Blinzelnd sah sie sich um. Die Vorhänge waren ein Stück aufgezogen. Blaugraue Morgendämmerung. Vogelzwitschern.
»Vielleicht in deiner Handtasche! Wo ist deine Handtasche?« Cora sprang auf. »Sind das da deine Sachen?«
»Ja, aber, warte ... Wo ist Laszeck?«
»Längst weg! Die sind alle weg!«
»Weg? Was heißt weg?« Henny setzte sich im Bett auf.
»Mit den Autos weggefahren! Vor einer halben Stunde schon!«

Cora stand über den Sessel gebeugt. Ihre langen schlanken Beine waren nackt. Ein kurzes Seidenhemdchen war alles, was sie unter ihrer Pelzstola anhatte. »Zu einem morgendlichen Ausritt! Auf Einladung des ›Herrn Direktors‹!«
»Was ...? Ich hab noch kein Geld gekriegt!«
Draußen hörte man Schritte und Türenschlagen. Die Stimme kam näher:
»Auf, auf! Sie auch, da drüben, aufstehen! Alle raus!«
»Komm, sieh nach! Schnell!« Cora warf die Handtasche aufs Bett. Henny öffnete sie, kramte schlaftrunken darin herum. Tatsächlich: da war noch das Kokain, das sie am Zoo gekauft hatte. »Hier! Ich dachte gar nicht ...«
Cora schnappte sich das Papiertütchen.
»Wir teilen uns das, ja?«
Doch da flog schon die Tür auf.
»Hier sind ja noch zwei!« Eine Art Haushälterin, in schwarzem Kleid, mit grauem Haarknoten, musterte sie streng durch ein Lorgnon.
»Haben Sie nicht gehört? Alle raus hier, raus! Das gilt auch für Sie!« Resolut trat sie ins Zimmer, zog die Vorhänge auf und machte das Fenster weit auf. Frische Morgenluft wehte herein. Der Durchzug ließ irgendwo eine Tür knallen.
Ein Dienstmädchen mit Schürze und weißem Häubchen hastete draußen vorbei.
Cora saß frierend und verzagt auf der Bettkante. Henny sagte auch kein Wort, kniete verwirrt und verschlafen auf der Matratze, die Decke halb von sich abgerutscht.
»Sie haben fünf Minuten!« rief die Haushälterin. Im Hinausgehen sah sie Henny noch einmal argwöhnisch durch ihr Lorgnon an.
»Sodom und Gomorrha!« hörte man sie murmeln, dann knallte sie die Tür hinter sich zu. »Käthe! Agnes!« schrie sie auf dem Korridor. »Betten abziehen! Alles ordentlich zusammenlegen und nach vorn damit! Laken und Bezüge getrennt! Und daß mir hinterher jeder Stapel genau durchgezählt wird!«
Cora riß das Papiertütchen auf, schnupfte hastig etwas Koks von ihrem Handrücken. Sie schloß die Augen, lächelte und hörte zu, wie die Haushälterin sich entfernte.

»Hier muß überall feucht gewischt werden!«
Dann machte sie die Augen wieder auf und sagte:
»Komm, verschwinden wir hier!«

Und wie sind Sie dann auf die Idee gekommen, in die Hannoversche Straße zu gehen?
Ich überhaupt nicht. Das war Cora. Sie ist vorher schon mal dort gewesen. Es war einfach so eine Laune.

Der Fahrstuhl war nach wie vor außer Betrieb.
»Gehst du hin, heute abend?« fragte Cora auf der Treppe.
Henny tat so, als wüßte sie nicht, was sie meinte: »Wohin?«
»Na, ins Eden-Hotel.« Ihre Schritte hallten im Treppenhaus.
»Soweit kommt's noch!« Henny war immer noch empört. Beim Aufstehen hatte sie, neben sich auf dem anderen Kopfkissen, eine einzelne Dollarnote gefunden und einen Zettel von Laszeck:
›Davon kannst Du Dir noch mehr verdienen. Komm heute abend ins Eden-Hotel.‹
»*Ein* Dollar! Für die ganze Nacht! Was der sich wohl einbildet!«
»Hab dich nicht so!« sagte Cora. »Sag dir einfach, das sind 60 000 Mark, dann klingt es schon besser.«
»Du bist gut! Du mußtest dich dafür ja auch nicht fix und fertig machen lassen.«
»Na komm! Von Laszeck etwa?«
»Nein ...« Sie bogen in einen neuen Treppenlauf, Henny achtete auf die Stufen.
»Nein?« Cora lachte. »Was soll das heißen? Los, raus damit! Wer war noch bei dir?« Von unten hörten sie Schritte heraufkommen.
»Ach, dieser große Dunkle, mit dem Schnurrbart«, gab Henny etwas verlegen zu.
»Was? Und da beschwerst du dich noch? Hör mal! Ich hab dich doch mit ihm gesehen. Wie ihr getanzt habt. Mit dem wärst du doch umsonst ins Bett gegangen!«
»Na ja, vielleicht. Aber dann hätte ich Laszeck nicht dabei zusehen lassen.«

»Sag das noch mal. Laszeck hat ...«
»Guten Morgen!« sagte Henny zu dem kleinen, schmächtigen Herrn, der, unter dem Rand eines Bowlers hervor, mit verkniffenem Mund zu ihnen emporstarrte, Handschuhe und Aktenkoffer in der Linken, einen Stock überm Arm. Offenbar hatte er den letzten Teil ihres Gesprächs mitangehört und sich unwillkürlich beim Aufschließen seines Büros unterbrochen. Es mußte sich wohl um Rechtsanwalt Dr. Hartwig handeln. Jetzt drehte er den Schlüssel im Schloß, murmelte mit einem schwachen, nervösen Wackeln des Kopfes ein leises »Guten Morgen« und verschwand in seiner Kanzlei.
Henny und Cora lachten kurz. Die letzten Treppenstufen gingen sie hinab, ohne ein weiteres Wort zu wechseln.
Angestellte kamen ihnen entgegen, steif und korrekt, und sahen sie zweifelnd von der Seite an. Ein mausgraues Ladenmädchen blickte scheu zu ihnen auf. Grußlos ging man aneinander vorbei.
Unten an der Haustür zögerte Cora plötzlich, ließ die Klinke wieder los und lächelte unsicher.
»Was meinst du ... vielleicht sollten wir erst schnell noch den Rest ...«
»Es ist nichts mehr da«, sagte Henny.
Vor der Tür dröhnte die Friedrichstraße. Motorenknattern, Rufe, Klingeln, Autohupen.
»Ja, dann ...« Cora versuchte ein tapferes Lächeln. Jetzt hieß es hinausgehen in den hellen, nüchternen Montagmorgen. Sie rührte sich nicht von der Stelle.
Da aber wurde die Haustür von außen geöffnet. »Oh. Guten Morgen!« sagte ein älterer Herr, seinen Hut ziehend, und ließ ihnen höflich den Vortritt.
»Danke, sehr freundlich.«
»Guten Morgen.«
Schon waren sie draußen, und die Tür fiel hinter ihnen ins Schloß. Cora blieb gleich im Hauseingang stehen, drückte sich an die Wand, in ihrem glitzernden Abendkleid, und hielt die große weiße Pelzstola mit beiden Händen fest zusammen. Ihre Blicke huschten ängstlich hin und her.
Unablässig hetzten die Passanten an ihnen vorüber. Hohe Om-

nibusse mit vollbesetzten Oberdecks überragten die wippenden Hüte auf dem Trottoir, eine Straßenbahn schob sich klingelnd vorwärts, zwischen Pferdewagen, Fahrrädern und Automobilen.
Cora sagte etwas. Henny verstand es nicht. »Was?!« rief sie.
»Das war ein Scheiß-Koks, den sie dir da angedreht haben!« Cora sah kläglich aus. Blaß, übernächtigt, viel zu stark geschminkt.
»Wo willst du jetzt hin?« fragte Henny.
»Wenn ich das wüßte!«
»Wollen wir uns ein Taxi teilen?«
»Wohin denn?«
»Ich kann dich Lützowstraße absetzen.«
»Nein! Bloß nicht! Was soll ich denn in dieser gräßlichen Pension?« Cora wandte sich ab, schluchzte schon fast. »Herrgottnochmal, die sollen aufhören, mich alle so anzustarren!« Sie war kurz davor, die Nerven zu verlieren. »Henny! Ich hab keinen Menschen auf dieser ganzen verdammten Welt ...«
Unter dem Rand ihres tief in die Augen gezogenen Topfhutes hervor sah Henny sich um. »Wo kriegt man hier bloß mal eine Tasse Kaffee?« fragte sie. »Weißt du nicht was?«
»Doch. Ich glaub, letztes Mal waren wir da hinten irgendwo, in so einem kleinen Café. Falls es das noch gibt.«

Es gab das Café noch. Drinnen war Rauch und Musik, und die Nutten waren ebenso blaß und geschminkt wie sie. Auf einmal fielen sie gar nicht mehr auf. Cora bekam einen Weinbrand zu ihrem Kaffee, und schon kehrte etwas Farbe in ihr Gesicht zurück. Über den winzigen Tisch hinweg sah sie Henny plötzlich mit leuchtenden Augen an.
»Ich weiß, was wir machen!« sagte sie und nahm einen tiefen Zug aus ihrer Zigarette.
»Na? Und was?«
Cora legte den Kopf in den Nacken, blies langsam den Rauch aus und sagte lächelnd:
»Wir sehen uns die Toten an!«
»Wen?«
»Kennst du das nicht? Das ist hier gleich um die Ecke!«

»Hannoversche Straße! Da müssen wir rein!« sagte Cora und hakte Henny unter. »Komm!«
Der Verkehrslärm vom Oranienburger Tor blieb hinter ihnen zurück. Hier in der Seitenstraße war es ruhig. Ein zerlumpter alter Mann kam ihnen entgegen, der mühselig, gebeugt einen Handwagen voll Brennholz hinter sich herzog. In einer Toreinfahrt spielten ein paar Kinder.
Dann näherte sich von hinten klackender Hufschlag, eine Pferdedroschke fuhr ratternd an ihnen vorbei und verschwand ein Stück vor ihnen um die Kurve.
Gleich darauf sahen sie die Droschke wieder. Zwei Männer stiegen aus, und der Kutscher, in Mantel und grauem Zylinder, zeigte mit seiner Peitsche auf das Gebäude, vor dem er gehalten hatte, als handele es sich dabei um eine besondere Sehenswürdigkeit.
»Siehst du, die wollen da auch hin!« sagte Cora.
Einer der Männer bezahlte, und während die Droschke wendete und zurückfuhr, standen die beiden da und blickten an dem Gebäude hoch.
Von außen war dem gelben Backsteinbau nichts Besonderes anzusehen. Über einen niedrigen, etwas zurückgesetzten Mitteltrakt erhoben sich zwei massige Seitenflügel, die jeder mit drei Reihen Bogenfenstern und einem klassisch-griechischen Giebel zur Straße wiesen. Dazwischen ein bißchen Rasen, davor eine Mauer. Es hätte der Sitz irgendeiner untergeordneten preußischen Behörde sein können. Oder eine Schule, ein Schwesternheim.
»Das ist es?« fragte Henny. Die zwei Männer gingen jetzt, durch eine Pforte in der Gartenmauer, auf den Eingang zu.
»Ja«, sagte Cora. »Das ist es.«
Das Berliner Leichenschauhaus.
»Und du bist sicher, daß wir da einfach so reingehen können?«
»Natürlich. Komm schon!« sagte Cora. Neben der Pforte hing ein Schild mit den Öffnungszeiten. »Siehst du?«
Cora ging durch die Pforte voran. Sie kamen auf den Mitteltrakt zu, mit seinen sieben gemauerten Rundbögen: drei große Bogenfenster links, drei rechts, dazwischen das Portal.

Henny warf einen unbehaglichen Blick auf den hohen Schornstein, der hinter dem rechten Seitenflügel emporragte. Der Schornstein rauchte.
Cora ging als erste die kleine Vortreppe hinauf und öffnete die Eingangstür. Sie traten ein. Zunächst in eine Vorhalle, in der sich die sieben Bögen als Gewölbe fortsetzten. Es war niemand zu sehen, auch kein Pförtner. Die Stille ließ sie unwillkürlich flüstern.
»Dahinter ist es«, sagte Cora und zeigte auf die große Schwingtür vor ihnen.
Henny war etwas beklommen zumute, sie fühlte ihr Herz klopfen, aber die Erregung war auch nicht ganz unangenehm. Hinter dieser Tür also warteten sie ... die unbekannten Toten von Berlin. Alle Leichen, die man irgendwo gefunden hatte, und die nicht zu identifizieren waren, wurden hier drei Tage lang öffentlich ausgestellt, für den Fall, daß sie doch noch jemand wiedererkannte.
Cora zog ihre Pelzstola enger um sich, lächelte Henny zu und öffnete leise die Schwingtür. Sie betraten einen dämmrigen Gewölbegang, dessen ganze gegenüberliegende Seite, zwischen den gußeisernen Säulen der sieben Mauerbögen, aus Glas bestand. Hinter der Glaswand fiel von oben das Tageslicht herein, und in dem hellen Licht dieser gläsernen Zellen lagen, jeweils zu zweit nebeneinander, die Toten.
Henny mochte noch gar nicht so genau hinsehen, blickte erst einmal ausweichend nach links und rechts den Gang hinab. Es war kalt hier drinnen. Kalt und still. Nur das leise Summen einer Maschine lag in der Luft.
Einer der beiden Männer aus der Droschke drehte sich kurz nach ihnen um. Auf der anderen Seite, rechts, waren auch noch Besucher, darunter ein Herr in schwarzem Frackcape und Zylinder, die Frau an seinem Arm mit großem Silberfuchskragen. An der rückwärtigen Wand stand ein schnauzbärtiger Wächter in Uniform. Eben wechselte er einige leise Worte mit dem jungen Mann neben ihm, der zwar in Zivil war, aber anscheinend dazugehörte.
»Wollen wir links anfangen?« flüsterte Cora. Henny nickte.
Sie gingen an den Männern aus der Droschke vorbei. Ihre Stök-

kelschuhe klackten laut auf den Fliesen. Alles hallte unter dem Deckengewölbe, jedes Husten, Tuscheln. Cora trat gleich direkt an das Geländer vor der Glaswand. Henny kam etwas zögerlicher hinzu.

»Das ist die Kleidung, in der sie gefunden wurden«, flüsterte Cora. »Siehst du? Die ist nur so draufgelegt. Sie ziehen sie ihnen natürlich nicht wieder an. Wahrscheinlich ginge das gar nicht, wegen der Totenstarre ...«

Die beiden Leichen vor ihnen – die einer verhärmten älteren Frau und die eines Jungen – waren wie die übrigen, die sie im Vorbeigehen flüchtig gesehen hatten, mit Lederriemen auf den Bahren festgeschnallt. Es waren spezielle Bahren, die man auf ihren Rollgestellen so nach vorn kippen konnte, daß die Leichen in eine halb stehende Position kamen, wobei die Lederriemen auch die Kleidung festhielten. Die ärmliche Frau sah aus wie viele andere auch, die man tagtäglich in den Straßen sah. Mit Kopftuch und leerer Einkaufstasche standen sie Schlange für ein paar Kartoffeln, für eine Steckrübe, gebeugt und hoffnungslos. Das wenige, was der Krieg ihnen gelassen hatte, hatte ihnen die Inflation genommen: das mühsam Ersparte, die Witwenrente. Sie schien an Hunger und Entkräftung gestorben zu sein.

Der Junge neben ihr war vielleicht zehn, elf Jahre alt, in kurzen Hosen, barfuß. Sein Mund stand ein wenig offen. Aber er sah ganz friedlich aus. Wenn er nicht in dieser unnatürlichen Haltung festgeschnallt gewesen wäre, hätte man glauben können, er schliefe nur.

»Na?« sagte Cora, dicht an Hennys Ohr. Es klang wie ›Hab ich zu viel versprochen?‹.

Henny lächelte flüchtig und warf einen letzten Blick auf den Jungen. Mit langsamen Schritten gingen sie ein Stück weiter.

Auf den Glaswänden, die die Zellen voneinander trennten, verliefen die eng hin- und hergeschwungenen Rohre der Kühlanlage, so daß man nicht recht erkennen konnte, was einen als nächstes erwartete.

Hier waren es zwei Männer. Der eine ein dicker, bulliger Glatzkopf mit einer Platzwunde auf der Stirn, mit Schrammen und

blauen Flecken und einem getrockneten Rinnsal Blut im Mundwinkel. Seine Kleidung zerknittert und verdreckt. Ein rohes, gewaltsames Ende, wahrscheinlich bei irgendeiner betrunkenen Schlägerei. Noch im Tode sah er aus wie von dumpfer Wut erfüllt. Die breiten Lederriemen wirkten, als wären sie von Irrenwärtern angebracht, die einen Tobsuchtsanfall befürchteten. Der andere Mann war schmal und klein, mit Nickelbrille. Ein etwas spitzes Gesicht, von schwarzen Bartstoppeln umschattet. Die Augen wie zugekniffen. Der Mund dagegen stand weit offen, auf eine entstellende, hasenzähnige Art, die irgendwie peinlich anzusehen war. Sein schwarzer Anzug war speckig abgewetzt. An seinen Hosenbeinen klemmten noch Fahrradklammern.
»Ich hatte mal einen Musiklehrer, der so aussah«, flüsterte Henny.
Cora drehte sich im Weitergehen noch einmal um. »Stimmt«, sagte sie. »Ich auch.« Sie lachte leise. »Wahrscheinlich sehen alle Musiklehrer so aus.«
Auch Henny wandte sich ab und wollte gerade Cora folgen, als sie plötzlich aus dem Augenwinkel eine Bewegung wahrnahm. Eine Bewegung *hinter der Scheibe.*
Unwillkürlich hielt sie den Atem an und betrachtete noch einmal mißtrauisch die beiden Leichen in ihrer Kühlzelle. Sie sahen genauso aus wie vorher.
Hatte sie sich getäuscht? Sie blickte nach oben. Vielleicht war es nur ein Schatten gewesen, der sich bewegt hatte. Eine Taube auf dem Glasdach des Oberlichts.
Nein. Da war es schon wieder. Es war *unten.* Und jetzt erst bemerkte sie, daß auch der Fußboden hinter der Trennscheibe aus Glas bestand. Es waren dicke Glasplatten, die auf Eisenträgern lagen.
Sie hörte, wie Cora ein Stück weiterging. Das Glas war so dick, daß es grünlich wirkte. Der Kellerraum darunter sah aus wie eine seltsame Unterwassergrotte. Im Moment rührte sich nichts. Henny wartete. Je länger sie hinsah, desto weniger hätte es sie gewundert, wenn dort unten plötzlich ein Schwarm Fische vorbeigezogen wäre. Statt dessen erschien, etwas verschwommen, ein Mann, der eine Bahre vor sich herrollte. Das Laken, mit dem die Bahre zugedeckt war, leuchtete hellgrün.

Als Henny aufblickte, standen die zwei Männer aus der Droschke neben ihr. Der eine deutete eine Verbeugung an, die Störung entschuldigend. Henny lächelte und trat einen Schritt zurück. Cora stand schon vor der übernächsten Zelle, dem Eingang gegenüber.
Henny zögerte. Am liebsten wäre sie einfach zu ihr gegangen. Aber irgendwie fühlte sie sich verpflichtet, erst noch die nächsten beiden Leichen anzusehen. Wenigstens kurz. Immerhin waren sie ja wirklich gestorben. Und wurden dann nur drei Tage ausgestellt ...
Der nächste Tote sah nicht so aus, als ob ihm noch viel Beachtung geschenkt werden würde. Es war ein Kriegskrüppel, ohne Arme, elend und abgemagert. Er hatte immer noch seine zerschlissene Uniform angehabt.
Als sie von neuem langsame, klackende Schritte hörte, beschloß Henny, daß es genug war, und wandte sich ab. Der Herr mit Zylinder und die Frau mit dem Silberfuchs rückten eine Zelle näher, während Cora eine weiter nach rechts ging. Auch Henny tat einen Schritt nach rechts und stand nun vor der zweiten Leiche.
In diesem Moment hallte ein kurzer, halb unterdrückter Aufschrei durch den Gewölbegang. Es war Cora, das wußte sie sofort. Sie fuhr herum, zugleich mit allen anderen. Stimmengemurmel erhob sich.
Cora stand regungslos da, eine Hand an die Lippen gepreßt, und starrte fassungslos auf das, was hinter der Scheibe war.
Henny ging hastig zu ihr hinüber. Auch der junge Mann, der neben dem Wächter gestanden hatte, setzte sich jetzt in Bewegung und kam auf sie zu.
»Ich glaub's einfach nicht! Ich glaub's einfach nicht!« sagte Cora, mit Tränen in den Augen.
Hinter der Glaswand, mit zwei Lederriemen auf der nach vorn gekippten Bahre festgeschnallt, lag Nelly Pahlke.
Bleich, und viel zu stark geschminkt, ihr Mund noch immer grellrot. Ihr rotgefärbtes Haar war so wirr und verfilzt, als sei es naß geworden. Den kleinen Turban mit den Federn hatte sie nicht mehr auf, aber das grüne Paillettenkleid war noch da. Um den Hals hatte sie einen merkwürdigen weißen Verband.

»Mein Gott«, sagte Henny leise. »Sonnabend nacht hab ich noch mit ihr gesprochen ...«
Dann kam ihr plötzlich ein anderer Gedanke. Rasch sah sie sich um. Alle Leute blickten zu ihnen herüber.
»Wir sollten lieber zusehen, daß wir hier wegkommen«, flüsterte sie Cora zu.
Aber hinter ihnen stand schon der junge Mann.
»Guten Tag. Kriminalpolizei. Sie können die Tote identifizieren?«
Cora nickte und biß sich auf die Unterlippe.
»Wenn Sie dann bitte mit ins Büro kommen würden. Gleich hier entlang. Sie auch, bitte.«
Henny warf noch einen letzten Blick durch die Scheibe.
»Wie kommt sie hierher?« fragte sie.
»Man hat sie im Tiergarten gefunden.«
»Aber wieso? Wieso ist sie tot?«
Der junge Mann sah Henny aufmerksam an und sagte:
»Sie ist ermordet worden. Jemand hat sie erschossen.«

Hotel Bellevue

»Dann kann ich jetzt gehen?«
»Ja. Aber halten Sie sich bitte noch zu unserer Verfügung.«
»Wieso?« Henny stand auf. »Ich meine ... wie darf ich das verstehen?«
Kommissar Düring lehnte sich gelassen zurück und verschränkte die Hände auf dem Bauch. »Nun«, sagte er, »die Ermittlungen fangen gerade erst an, nicht wahr? Sie kannten die Ermordete. Sie gehören zu den letzten Personen, die sie lebend gesehen haben. Es kann also durchaus sein, daß noch die eine oder andere Frage auftaucht, die wir Ihnen stellen müssen.«
»Ich habe Ihnen alles gesagt, was ich weiß.«
Der Kommissar nickte lächelnd. »Das zu beurteilen«, sagte er, »überlassen Sie mal lieber mir.«
»Wie Sie meinen.« Henny sah ihn verunsichert an. »Ja, dann also – auf Wiedersehen.«
»Ja. Auf Wiedersehen.«

Als die Tür wieder zu war, wandte Kommissar Düring sich an seinen Assistenten:
»Na, Pasewaldt, die hat Ihnen wohl gefallen, die kleine – Henny, wie? Oder weshalb waren Sie so ruppig?«
»Herr *Kommissar!*«
»Ach, kommen Sie! Sie haben die ganze Zeit ihre Beine angestarrt, ich hab's gesehen. Nicht wahr, Fräulein Lamprecht? Sie haben es doch auch gesehen!«
»Ich habe nur mitstenographiert, Herr Kommissar, sonst nichts.«
»Und es waren ja auch wirklich sehr hübsche Beine, das muß man sagen. Ganz erstaunlich zuweilen, nicht wahr, diese Launen der Natur?«
»Mit Verlaub, aber ich muß doch bitten!« sagte Pasewaldt. »So ein – so ein – Perverser! Das sind nur diese Zeiten! Unter dem Kaiser hätte es so etwas nicht gegeben!«

»Ach, wissen Sie«, sagte Kommissar Düring nüchtern und fing an, seine Papiere zu ordnen, »ich war auch schon unter dem Kaiser bei der Kripo. Lange Jahre. Glauben Sie mir, das alles hat es schon immer gegeben. Und die Welt ist davon auch nicht untergegangen.«
»Trotzdem, ich verstehe nicht, wie Sie so ruhig bleiben können und einfach zusehen, wie so ein ...«
Kommissar Düring blickte auf und sagte mit deutlicher Schärfe: »Ich bin nicht für die Kleiderordnung der Zeugen zuständig. Wenn es zur Verhandlung kommt, soll sich die Staatsanwaltschaft gefälligst selbst darum kümmern. Wir haben Wichtigeres zu tun, nämlich einen Mord aufzuklären. Und was das bedeutet, müssen Sie offenbar noch lernen. Also los. An die Arbeit!«

Es war halb fünf, als Henny Pritzkow aus den langen, dämmrigen Korridoren des Polizeipräsidiums ins Freie hinaustrat. Zwischen hohen weißen Wolken schien noch die Sonne, und der ganze Alexanderplatz wimmelte von Menschen. Schon nach wenigen Schritten war Henny mitten im Gewühl.
Vor dem Warenhaus Tietz ragte die Statue der Berolina aus der Menge, eine riesige Walküre in wallendem Gewand, den linken Arm huldvoll über das Volk ausgestreckt. Bis dorthin waren Stände aufgebaut, dicht an dicht. Alles mögliche wurde hier von armseligen Händlern zum Verkauf angeboten: Porzellan, Militärstiefel, Silberbesteck, Gläser, Spitzenwäsche, Steppdecken, Krawatten, Bilderrahmen, lebende Hühner. Dazwischen drängte man sich um Schnapsbuden und kleine Spieltische, um dampfende Kessel voll heißer Würstchen, um Zauberkünstler und Wahrsagerinnen.
»Goldene Uhren?« raunte jemand Henny im Vorbeigehen zu. »Echter Brillantschmuck?«
Eine lange Schlange elender Gestalten stand vor der Gulaschkanone der Heilsarmee. Die Straßenbahnen, die über den Platz wollten, kamen nur unter dauerndem Geklingel im Schritttempo voran. Bei Aschinger an der Ecke löste sich Henny wieder aus dem Gedränge. Sie ging hinein, auch drinnen war es voll und laut, an einem Stehtischchen aß sie ausgehungert zwei Bulet-

ten mit Senf und trank einen Kaffee. Dann ging sie hinüber zum Bahnhof, kaufte sich mit einem Tausendmarkschein eine Fahrkarte, das Wechselgeld blätterte der Schalterbeamte in Hundertern hin.

Auf dem Weg zum Bahnsteig fiel ihr Blick plötzlich auf eine Telefonzelle. Sie blieb stehen und überlegte. Die anderen Leute hasteten weiter. Nein, dachte sie, es hat keinen Zweck. Was soll ich denn sagen?

Dann suchte sie aber doch in ihrer Handtasche. Sie hatte doch noch welche, oder? Die Münzfernsprecher waren auf Wertmarken umgestellt. Kleingeld war längst nicht mehr im Umlauf, damit wäre man auch nicht weit gekommen: Ein einfaches Ortsgespräch kostete inzwischen fünfzig Mark.

Henny betrat die Telefonzelle und zog die Tür hinter sich zu. Der Lärm der Bahnhofshalle war jetzt gedämpft. In der engen Zelle roch es nach kaltem Rauch, der Boden lag voller Kippen und Zigarrenstummel. Von einem Telefonbuch keine Spur. Henny nahm den Hörer ab, wartete, bis die Vermittlung sich meldete.

»Ja, guten Tag, ich hätte gern das Hotel Bellevue, am Potsdamer Platz. Leider hab ich die Nummer nicht. Wenn Sie mich mit dem zuständigen Amt verbinden könnten. – Ja, danke.«

Während sie wartete, sah sie durch die staubige Glasscheibe hinaus in die Halle. Sagte dann noch einmal, daß sie gern das Hotel Bellevue sprechen würde, leider wüßte sie die Nummer nicht, aber es sei direkt am Potsdamer Platz und ...

»Ja, das ist nett, danke. – Wie? O ja, natürlich.«

Sie warf die Wertmarken ein und horchte dann gespannt auf das Knacken in der Leitung. Plötzlich war die Verbindung da. Aber es meldete sich niemand. Im Hintergrund hörte sie erregtes Stimmengewirr. Es klang wie ein Streit, bei dem alle gleichzeitig aufeinander einredeten. Es war nichts zu verstehen. Der Mann, der offenbar den Hörer in der Hand hatte, sagte schließlich verärgert zu jemand anderem:

»Tu peux pas la boucler une seconde?« Dann meldete er sich in dem gleichen blaffenden Ton: »Oui?«

»Bin ich richtig verbunden?« fragte Henny. »Mit dem ... Hotel Bellevue?«

Sie hatte das Gefühl, daß der andere den Hörer gleich wieder vom Ohr nahm. Aus etwas weiterer Entfernung hörte sie ihn überdrüssig rufen:
»Allez tous vous faire foutre à la fin!«
Dann war sofort jemand anders am Apparat und sagte laut und deutlich auf deutsch: »Ja, bitte?«
»Ist dort das Hotel Bellevue?«
»Ja.«
»Spreche ich mit der Rezeption? Entschuldigen Sie, aber ...«
»Ach so. Ich fürchte, es handelt sich um ein Mißverständnis. Dies ist die Telefonzentrale. Eine Rezeption gibt es hier nicht mehr.«
»Was? Wieso nicht?«
»Das Hotel ist seit Jahren geschlossen. Wußten Sie das nicht?«
»Nein.«
»Sie sprechen mit dem Hauptquartier der Interalliierten Militär-Kontrollkommission.«

In einem ratternden, quietschenden Stadtbahnzug fuhr Henny Pritzkow vom Alexanderplatz nach dem Westen. Sie mußte stehen, hielt sich an einer Stange fest, eingezwängt zwischen Männern mit Schiebermütze, einer alten Frau mit Kopftuch und einem weißbärtigen Juden im abgewetzten Kaftan. Durch ein kaputtes Abteilfenster wehte der Qualm der Lokomotive herein. Draußen zog das graue Häusermeer vorbei, über den Dächern wanderte die Kuppel des Doms dahin. Der Zug ratterte über Brücken, unten auf der Spree lagen Kähne. Ein Säugling plärrte, Frauen klagten über die Preise, die Teuerung, Angestellte lasen Zeitung: Verschärfung des Ruhrkonflikts, Protestnote der Reichsregierung nach der Hinrichtung Albert Leo Schlageters, der passive Widerstand im besetzten Ruhrgebiet geht unvermindert weiter. Dann tauchten die grünen Baumwipfel des Tiergartens auf. Irgendwo dort hatte man Nellys Leiche gefunden ... Am Bahnhof Zoo stieg Henny aus, ging vorbei an den Schuhputzern und den Gepäckträgern, unter der Eisenbahnbrücke hindurch und die Hardenbergstraße hinauf Richtung Steinplatz. Sie mußte jetzt mit jemandem reden. Mit jemand ganz bestimmtem.

»Eine Schande ist das! Am hellichten Tag!« schimpfte eine Frauenstimme. »Die Polizei sollte man holen!«
Dann knallte eine Tür. Henny blickte neugierig hinauf. In einem Hinterhaus in der Carmerstraße stieg sie die endlosen Treppen empor; es war ein fünfgeschossiges Mietshaus, jede Etage war mehr als vier Meter hoch, und sie mußte ganz nach oben unters Dach. Manchmal hörte sie Stimmen hinter den Türen, Geschirrgeklapper. Essensdünste zogen aus den Küchen ins Treppenhaus. Als sie höher kam, hörte sie auf einmal selbst, worüber die Frau sich so aufgeregt hatte. Irgendwo dort oben stöhnte und stöhnte ein Mädchen.
Henny zögerte, die Hand am Geländer. Wenn das dort war, wo sie hin wollte, konnte sie sich die letzten Treppen eigentlich sparen. Na ja, abwarten, dachte sie, und stieg weiter hinauf.
Das Gestöhne wurde immer lauter und heftiger. Als sie in den vorletzten Treppenlauf einbog, steigerte es sich zu einem Schrei, der dann plötzlich abbrach.
Leise ging Henny den schmalen Flur entlang. Sie sah, daß sie tatsächlich umsonst gekommen war. Es war die hintere Tür. Die mit dem Namensschild ›M. Janosz‹. Das Mädchen seufzte und stöhnte noch immer, aber jetzt leiser.
Die vordere Tür – ›Lyssenko‹ – stand einen Spalt offen. Dort fluchte jemand auf russisch vor sich hin, trat gegen einen Stuhl. Henny klopfte und steckte vorsichtig den Kopf durch den Türspalt.
»Pjotr Pawlowitsch!« sagte sie lächelnd und machte die Tür weiter auf. »Sie, ein Mann der Kunst, fluchen auf die Liebenden? Ich kann es nicht glauben!«
»Was? Ach, du bist es!«
Mitten in dem blau verqualmten Zimmer stand ein kleiner, gedrungener Mann von vielleicht dreißig Jahren, mit blondem, zerrauftem Haar und leicht glasigen Triefaugen. Er mußte lachen.
»Ja, ja, mach dich noch über mich lustig! Du mußt dir das ja auch nicht Tag und Nacht anhören!«
Sein Kittelhemd mit dem kleinen Stehkragen war farbverschmiert, in der einen Hand hielt er einen Pinsel, in der anderen ein Marmeladenglas. Von der Staffelei zurücktretend, warf er seinem Bild einen mißmutigen Blick zu.

»Nicht zum Aushalten ist das! Wer soll dabei arbeiten?« Er fing an, erbittert den Pinsel auszuwaschen. »Bald male ich Bilder wie eure deutschen Maler, nur noch kreischende Fratzen und Weltuntergänge!«
Henny trat näher. Das Bild auf der Staffelei bestand ausschließlich aus Dreiecken, Kreisen und einem Quadrat.
»Na, ganz soweit scheint's ja noch nicht zu sein. Das beruhigt mich.«
Lyssenko stellte das Glas beiseite, trocknete den Pinsel in einem Lappen ab und warf beides überdrüssig auf den Tisch. »Die machen mich noch wahnsinnig!« sagte er. »Seit Tagen geht das so!«
»Dann hat's wohl nicht viel Zweck zu warten, was? Ich wollte eigentlich zu Max.«
»Das kann dauern.«
Henny lachte leise.
»Wer ist es denn? Kenne ich sie?«
Pjotr Pawlowitsch zuckte die Achseln. »Ich weiß nur, daß sie Lina heißt.«
»Lina? Nein. Nicht daß ich wüßte. Und? Ist sie hübsch?«
»Ah ...« Er winkte ab, ging um den Tisch herum und nahm die Wodkaflasche. »Fang bloß nicht davon an!« sagte er und schenkte sich großzügig in ein Wasserglas ein.
»Was denn? So hübsch?« Aus schmalen Augen musterte Henny die Wand, fast als könnte sie hindurchsehen.
»Vorgestern nacht«, sagte Lyssenko, »komme ich spät nach Hause, aus dem Tary Bary. Und als ich endlich hier oben bin, nach all den Stufen ... ich kann dir sagen, da denke ich, ich habe eine Erscheinung!« Er senkte seine Stimme, das Glas in der Hand. »Da draußen auf dem Flur, da kommt mir dieses Mädchen, diese Lina, entgegen. Vollkommen nackt! Wollte wohl mal zum Klo. Und weißt du, was sie macht? Sie lächelt mich an und sagt ›Hallo, Pjotr‹ und geht einfach so an mir vorbei. Als wenn gar nichts wäre.« Er starrte vor sich hin, kippte dann seinen Wodka. »Ah, ich gehe zurück nach Petrograd. Ich sage zu den Bolschewiki, hier bin ich, erschießt mich, wenn ihr wollt! Alles besser als das Exil. Rußland ist das einzige Land, in dem man leben kann.«

»Tja, zu spät!« sagte Henny lächelnd. »Ihr hättet mal eure Leibeigenen nicht so knuten sollen, dann hättet ihr vielleicht dableiben dürfen.«
»Leibeigene! Ich war Student an der Akademie! Das einzige, was ich ...« Er lachte plötzlich. »Ach, du willst mich ja bloß aufziehen. Trinkst du auch einen Wodka?«
»Nein, laß mal. Ich glaube, ich geh wieder.«
»Ich hab die Gläser abgewaschen!«
»Also gut. Einen Kleinen.«
Lyssenko nahm ein zweites Glas. »Bolschewikin ist sie auch noch!« sagte er und goß in beide Gläser ein. »Es ist überhaupt nicht zu fassen!«
»Wer? Diese Lina? Einen Kleinen, sagte ich.«
»Das ist ein Kleiner.« Er reichte Henny das Wasserglas. »Weißt du, was die da drüben an der Wand hängen haben? Ein Bild von *Lenin!* Das haben sie aus Rußland mitgebracht.«
»Max war in Rußland? Wann denn?«
»Warte mal, ich glaube ... vorletzte Woche ist er wiedergekommen.«
»Davon wußte ich ja gar nichts.«
»Du bist eben lange nicht mehr hiergewesen. Sa sdarowje!«
»Sa sdarowje!« Henny nahm nur einen kleinen Schluck, Lyssenko kippte seinen Wodka hinunter. Er wartete einen Augenblick, dann sagte er: »Auf der Reise haben die beiden sich kennengelernt. Oder sich verliebt, was weiß ich.« Er blickte in sein leeres Glas und drehte es in der Hand.
Auch Henny warf plötzlich den Kopf in den Nacken, kippte ihren Wodka und verzog dann übertrieben das Gesicht.
»Bah! Ist das das Zeug, in dem du deine Pinsel reinigst?«
»Ja«, sagte Lyssenko. »Aber dazu verdünne ich es mit Wasser. Sonst fallen dem Pinsel die Haare aus.«
Sie lachten beide. Henny stellte ihr leeres Glas ab.
»Tja, dann will ich mal wieder. Danke für den Wodka. Heute konnte ich wirklich einen gebrauchen.«
»Laß dich mal wieder sehen!«
»Mach ich!« sagte sie, schon in der Tür, und lächelte ihm noch einmal zu. Da hörte sie jemanden hinter sich. Sie drehte sich um.

»Max!«
»Mir war doch, als hätte ich deine Stimme gehört!« sagte Max Janosz. In einem roten, mit goldenen Drachen bestickten Kimono stand er barfuß im Flur, seine Bartstoppeln so schwarz wie sein dichtes, welliges Haar, das jetzt ungekämmt in alle Richtungen stand. Mit seinen dunklen Augen und den vollen, weichgeschwungenen Lippen sah er tatsächlich ein wenig so aus, als wären seine Vorfahren auf einem fliegenden Teppich aus dem Orient gekommen, wie ein alter Professor am Wilhelms-Gymnasium einmal zu ihm gesagt hatte.
»Ich wollte eigentlich was mit dir besprechen«, sagte Henny, »aber heute paßt es wohl nicht besonders, oder? Ein andermal dann.«
»Wieso, worum geht's denn?«
»Ach, weißt du ...«
Dieselbe Frauenstimme wie vorhin schrie aus dem Treppenhaus zu ihnen herauf:
»Sie sollten lieber zusehen, daß Sie die Miete zusammenkriegen! Sonst lasse ich Sie allesamt vor die Tür setzen! Der Monat ist schon beinah wieder um! Und Schulden haben Sie auch noch! Glauben Sie bloß nicht, daß Sie die irgendwann mit entwertetem Geld zurückzahlen können!« Sie schien die Treppe heraufzukommen.
Max legte den Zeigefinger auf die Lippen und winkte Henny eilig zu sich herein. Unwillkürlich folgte sie ihm ins Zimmer, drehte sich drinnen gleich wieder zur Tür, nur ganz flüchtig sah sie das nackte Mädchen auf dem Bett. Max machte die Tür zu, lehnte sich mit dem Rücken dagegen, legte dann den Kopf auf die Seite und horchte.
»Nicht mit mir, haben Sie verstanden!« Die Zimmerwirtin schien jetzt hier oben im Flur zu stehen. »Ihre Schulden werden genau wie die Miete nach jedem Tageskurs neu berechnet! Nur damit Sie Bescheid wissen: heut steht der Dollar auf zweiundsechzigtausend und zwanzig Mark! Sie können sich also selber ausrechnen, was Sie zu zahlen haben! Und morgen kommt wieder ein neuer Kurs raus, dann wird es noch mehr! Überlegen Sie sich das!« Sekundenlang Stille. »Haben Sie mich gehört? Ja, ja! Sie brauchen sich gar nicht tot zu stellen!« Dann entfernte sich die

Stimme wieder die Treppe hinab. »Das hat man von seiner Gutmütigkeit!« Leiser werdend, hörte man sie noch vor sich hin schimpfen: »Maler! Studenten! Huren! Russen!«
Max atmete auf, lächelte etwas verlegen und löste sich von der Tür. Die kleine Dachstube war ein einziges Durcheinander von Büchern und Zeitungsstapeln, verstreuten Kleidungsstücken. Unter der Dachschräge stand ein Grammophon, Schallplatten lagen herum. An der Wand hing das Lenin-Bild. Auf dem Tisch eine Schreibmaschine, ein halbes Weißbrot, leere Weinflaschen.
»Henny. Lina«, sagte Max, mit einer vagen Handbewegung.
Unter ihrem Hutrand hervor sah Henny das Mädchen an, als hätte sie es eben erst bemerkt. »Hallo«, sagte sie kühl und beiläufig. »Entschuldigung, daß ich hier einfach so ...«
Das Mädchen lächelte und pustete Zigarettenrauch in die Luft.
»Macht nichts.«
O ja, sie war schön. Lyssenko hatte nicht übertrieben. Ihr voller schwarzer Haarschopf, modisch kurz geschnitten, war zerzaust, ein paar wirre Strähnen hingen über eines ihrer braunen Augen. Völlig unbekümmert kniete sie aufrecht auf der Matratze, die schmalen Schultern ein wenig zurückgenommen. Sie hatte sehr hübsche kleine Brüste, und ihre Brustwarzen waren noch ganz steif. In der rechten Hand hielt sie eine Papirossa, eine russische Zigarette mit langem Pappmundstück. Sie schien nicht vorzuhaben, ihre leicht gespreizten Schenkel zu schließen.
Henny wandte ihren Blick dem Lenin-Bild zu. »Ich hab gehört, du warst in Rußland?«
»Ja, wir beide«, sagte Max. »In Moskau und Petrograd. Es war unglaublich!« Seine Augen leuchteten. »Dieser Aufbruch! Die Russen sind wirklich die ersten, die das Joch der alten Zeit abgeschüttelt haben. Dort spürt man schon die Zukunft, auf Schritt und Tritt.«
Wenig beeindruckt sagte Henny:
»Haben sie auch schon das Geld abgeschafft? Oder hat der gute Lenin euch die Reise spendiert?«
Max schien entschlossen, den spitzen Ton zu überhören. »Natürlich hat Münzenberg das alles finanziert. Wir waren ja nicht

zum Vergnügen da, sondern mit der Internationalen Arbeiterhilfe. Ich schreibe gerade einen Artikel über den Neuen Russischen Film.«
»Ah ja?« sagte Henny mit hochgezogenen Augenbrauen und lächelte. »Na, dann will ich dich mal nicht länger von der Arbeit abhalten.«
»Was war es denn, was du mit mir besprechen wolltest?«
»Nicht jetzt.«
»Also, wenn es wegen Lina ist, wir haben keine ...«
»Ein andermal!« Henny drehte sich zum Bett um.
»Wiedersehen.«
»Wiedersehen«, sagte das Mädchen, den Kopf schräg in den Nacken gelegt, und blies etwas Rauch gegen die Decke.
Die Türklinke in der Hand, horchte Henny noch kurz auf den Flur.
»Ich glaube, die Luft ist rein. Also dann!«
Max stand ziemlich ratlos da, in seinem roten Kimono. Henny lächelte, klopfte ihm sanft auf die Schulter. »Schreib schön weiter.«
Als sie die Tür hinter sich zugezogen hatte, hörte sie drinnen das Mädchen sagen:
»Wer war *das* denn ...?«

Am Abend, in der Pension Bosbach, streifte Henny nur noch müde und erschöpft ihre Schuhe ab und ließ sich rücklings aufs Bett fallen. Nur fünf Minuten ausstrecken ...
Als sie wieder erwachte, war es stockdunkle Nacht. Fröstelnd rappelte sie sich auf, tastete nach dem Lichtschalter. Hoch über ihr ging eine schwache, verstaubte Glühbirne an. Benommen auf der Bettkante sitzend, griff sie nach dem Wecker, drehte ihn herum. Viertel nach drei. Sie hatte ihren Auftritt in der ›Grünen Spinne‹ verschlafen. Und fürs Eden-Hotel war es auch zu spät. Sie zündete sich eine Zigarette an, fuhr sich mit einer Hand durchs Haar und sah sich dann in ihrem schäbigen Pensionszimmer um. Mein Gott, ich muß hier raus, dachte sie.
Sie versuchte, ruhig zu bleiben. Ruhig zu bleiben und nachzudenken. Über Nelly und ihren Anruf im Hotel Bellevue. Über den Offizier und über das große Geld. *Valuta werden bald auf*

mich herabregnen, wie Sterntaler! Ich brauche nur noch mein Hemd aufzuhalten ...

»Du hast meine Frage nicht beantwortet.«
»Welche Frage?«
»Wer das ist, diese Henny.«
Max Janosz lag auf dem Bett und rauchte eine Zigarette. »Henny?« sagte er. Im Kerzenlicht sah er Lina am Tisch stehen und ein Glas Wasser trinken. Er hatte nicht die geringste Lust, jetzt ausgerechnet über Henny zu reden. »Was soll ich sagen? Du hast sie doch gesehen.«
»Woher kennst du sie?«
»Komm ... muß das wirklich jetzt sein?«
»Darf ich das nicht fragen?«
»Doch, natürlich. Es ist nur ...«
»Was?«
»Ein bißchen schwierig zu erklären.«
»Aha ...?« Statt wieder ins Bett zu kommen, wo er sie allzu leicht ablenken könnte, setzte sie sich auf den Stuhl. Lehnte sich dann halb über den Tisch, den Kopf in die Hand gestützt, und sah ihn erwartungsvoll an.
»Also schön«, sagte er. »Henny und ich ... kennen uns schon ziemlich lange, weißt du. Und wenn man sie etwas näher kennt ... Ich meine ...«
»Geht sie auf den Strich?«
»Wie kommst du darauf?«
»Sie sah so aus.«
»Na ja ...«
»Kennst du sie da her?«
»Nein. Das nicht.« Er beugte sich aus dem Bett, drückte seine Zigarette im Aschenbecher aus. »Wir sind zusammen zur Schule gegangen«, sagte er.
»Zur Schule?«
»Ja, aufs Wilhelms-Gymnasium.«
»Da gehen *Mädchen* hin?« fragte sie ungläubig.
»Nein. Nur Jungen.«
Sie verstand erst nicht, was er meinte. Dann setzte sie sich auf.

»Moment, willst du damit etwa sagen ...« Sie blickte zur Tür, als ob dort noch etwas von Henny zu sehen sein könnte. »Ist das dein Ernst?«
»Ja.«
Sie konnte es trotzdem nicht glauben.
»Und ihr wart auf dem ›Lackstiefel-Gymnasium‹«, sagte sie. »Dann ist er wohl auch so ein verwöhntes Bürgersöhnchen wie du, was?«
»Und ob!« sagte Max und lachte leise. Er sah sie noch vor sich, die hochherrschaftliche Beletage in der Dorotheenstraße, in der Henny aufgewachsen war. Die hohen Bogenfenster, die Kronleuchter. Und über dem Kanapee das Schlachtgemälde: Der Große Kurfürst bei Fehrbellin.
»Das heißt, mit dem ›verwöhnt‹ ist das so eine Sache. Von der Mutter schon, wahnsinnig sogar, und sie hatten ja auch Dienstmädchen und alles, aber Herr im Haus war der Großvater. Herr Oberregierungsrat a. D. von Steckner. So ein Preuße vom alten Schlag, weißt du, da hatten sie alle nicht viel zu lachen.«
»Und was war mit dem Vater?«
»Den habe ich nie zu Gesicht bekommen. Henny tat immer so, als ob er im diplomatischen Dienst wär und zur Zeit gerade in Wien oder Konstantinopel ... Ich glaube, er war so eine Art Hochstapler, der irgendwann einfach verschwinden mußte und ihre Mutter sitzengelassen hat. Na ja, und dann waren sie eben auf den Alten angewiesen. Der hatte das Geld und das Sagen.«
»Und er hat nie was gemerkt?«
»Doch, natürlich. Der haßte seinen Enkel wie die Pest. Das ganze Verhätscheln durch die Mutter. Und daß nie ein richtiger Junge aus ihm werden wollte. Als er Henny einmal beim Schminken erwischte, hat er sie mit dem Rohrstock grün und blau geschlagen, ich glaube, da war sie erst zwölf.«
»So früh hat das angefangen?«
»Wenn nicht noch früher. Ich weiß es nicht.«
»Er ist damals schon so auf die Straße gegangen?«
»Nur heimlich natürlich.«
»Und du wußtest davon?«

»Nein, da noch nicht. Erst später, im Krieg. Es war Zufall. Ich hab sie bei Wertheim getroffen.«
Mitten im Gedränge des Warenhauses hatte er einen älteren Herrn und ein junges Mädchen vor einer Auslage mit hochhackigen Damenschuhen stehen sehen. Das Mädchen in einem hellen Kleid, mit großem weißen Hut. Er war nicht so schnell an ihnen vorbeigekommen wie er wollte, sonst hätte er nie gehört, wie der ältere Herr leise sagte: ›Wenn ich sie dir kaufe, bist du dann nachher auch ganz lieb?‹ Unwillkürlich hatte er das Mädchen angesehen. Und dann hatte er ihre Stimme gehört: ›Bin ich das nicht immer?‹ Sie hatte seinen Blick bemerkt. Eine Sekunde lang hatten sie sich in die Augen gesehen. Dann hatte sie ihm heimlich zugelächelt.
»Erst da war ich sicher«, sagte er. »Sonst hätte ich es nie geglaubt.«
»Und dann?«
»Was ›und dann‹?«
»Die Geschichte ist noch nicht zu Ende, oder?«
»Was meinst du?«
»Du kanntest sein Geheimnis. Und er wußte, daß du es kanntest. Was hat er da getan?«
»Was sollte er denn tun? Nichts. Das ließ sich ja nun nicht mehr ändern.«
Sie lächelte. »Du lügst.«
»So? Dann sag du mir doch, was er getan hat.«
Sie stand vom Stuhl auf und kam zum Bett herüber.
»Ich weiß, was ich getan hätte ...« Sanft und geschmeidig beugte sie sich über ihn und sagte: »Ich hätte dich verführt. Damit du mich nicht verraten kannst. Aber wahrscheinlich auch ...« Sie küßte ihn ganz leicht auf die Lippen. »... weil ich sowieso schon lange Lust dazu gehabt hätte.«
Er wollte sie an sich ziehen, aber sie hob schon wieder den Kopf.
»Du hast mit ihm geschlafen, nicht wahr?«
»Mit ›ihm‹, mit ›ihm‹!« sagte Max. »So ist das nicht. Henny ist wirklich ... etwas anderes, weißt du ... etwas ...«
Lina sah ihn leise triumphierend an.
»Und was genau habt ihr da gemacht?«

Am anderen Morgen beschloß Henny Pritzkow, sich mal etwas zu gönnen und im Café zu frühstücken. Frisch gebadet und geschminkt, in einem hellen Sommerkleid, darüber das Jäckchen mit dem Maulwurfskragen, stöckelte sie, beiläufig einen »Guten Morgen« wünschend, durch das Eßzimmer der Pension Bosbach.
»Ah, hat die feine Dame gut verdient am Wochenende, ja?« fragte eine der vier Frauen, die ungekämmt und verkatert, nach einer langen Nacht auf dem Straßenstrich, in Morgenmänteln um die Gemeinschaftstafel saßen, vor sich ein trostloses Frühstück aus Kunsthonigbroten, Ersatzkaffee und Zigaretten.
»Sie haben heute morgen schon wieder gebadet!« rief die alte Bosbach ihr aus der Küche nach. »Dauernd heizen Sie einfach den Badeofen an! Was glauben Sie, was die Kohlen kosten! Sie wissen wohl nicht, daß die Franzosen die Ruhr besetzt halten!«
Henny kümmerte sich nicht darum und ging weiter. Bevor sie die Tür hinter sich zumachte, hörte sie noch:
»Dieses Luder! So was trägt auch noch die Nase hoch! Daß die Kerle auch wirklich alle pervers sind ...«
Wenig später hatte sie in einem Café in der Nähe einen kleinen, runden Tisch ganz für sich, sogar am Fenster, draußen schien die Sonne, und ein höflicher Kellner servierte ihr ein ›Continental Breakfast‹, wie das Frühstück neuerdings auf der Karte hieß.
Nach ihrer ersten halben Schrippe mit Erdbeermarmelade fing sie an, die Zeitung durchzublättern. Immer noch Schlageter, Schlageter. Wer soll denn das eigentlich sein? Sie nahm einen Schluck Kaffee. Sabotageakte, Sprengstoffanschlag, Urteil des französischen Kriegsgerichts, Erschießung auf der Golzheimer Heide bei Düsseldorf. Ein Märtyrer für die deutsche Sache. Sein Grab wird zur heiligen Stätte werden für alle Deutschen, denen die Befreiung ihres Vaterlandes von fremder Gewaltherrschaft ... Sie stellte die Tasse ab, blätterte weiter. Nelly war nur noch einen kleinen Artikel auf Seite 5 wert:

Die Tote im Tiergarten – Wie die Kriminalpolizei mitteilt, konnte die unbekannte Frauenleiche, die am frühen Sonntagmorgen von Spaziergängern im Tiergarten aufgefunden worden war – die B. Z. berichtete –, inzwischen identifiziert werden. Es handelt sich um die Prostituierte Nelly P., 28, eine aus Bremen stammende Frau, die vermutlich kokainsüchtig war. Das Motiv für die Tat bleibt weiterhin rätselhaft. Die Polizei hat, mit Hinweis auf die andauernde Obduktion, noch keine Erklärung darüber abgegeben, ob ein Lustmord vorliegt oder nicht. Allerdings, so der Polizeisprecher, sei der Fundort, an der Löwenbrücke, unzweifelhaft auch der Tatort, da die Spurensicherung das Projektil gefunden habe, mit dem Nelly P. erschossen wurde. Es sei vermutlich nur ein einziger Schuß gefallen, und wer immer ihn gehört hat, in der Nacht vom letzten Sonnabend auf Sonntag, und Angaben zum genauen Zeitpunkt machen kann, oder wem sonst in dieser Nacht etwas Verdächtiges im Tiergarten aufgefallen ist, der wird dringend gebeten, sich mit der Mordkommission in Verbindung zu setzen. Fernsprecher: Polizeipräsidium Berlin 533, oder direkt im Präsidium, Alexanderplatz, Erdgeschoß, Zimmer 12 a. Die Entgegennahme von Hinweisen erfolgt in ununterbrochenem Tages- und Nachtdienst.

Henny faltete die Zeitung zusammen. Die ›Prostituierte‹ Nelly P. Was die wohl über mich schreiben würden? Durch die große Fensterscheibe fiel das Sonnenlicht auf ihren Tisch. Na komm! dachte sie, und fing an, ihre zweite Brötchenhälfte mit Marmelade zu bestreichen: Noch sind wir ja ganz lebendig.

Auch in die Bogenfenster des Leichenschauhauses schien an diesem Vormittag die Frühlingssonne. Im Obduktionssaal Landgericht I leuchteten die weißen Kacheln in den schräg hereinfallenden Lichtbahnen, und die aufgereihten Skalpelle, Scheren und Sägen blitzten und blinkten. Beide Sektionstische waren leer und frisch abgespült, die Ablaufrinnen glänzten noch naß. Es roch nach Desinfektionsmittel und Formalin. Neben einem der Tische stand eine Rollbahre, auf der, zum Abtransport bereit, ein weiblicher Körper unter einem weißen Laken lag. Nur die bleichen Füße ragten hervor.
»Und in Kürze? Zusammenfassend? Was läßt sich da sagen?«

fragte Kommissar Düring und reichte den umfangreichen Obduktionsbericht an seinen Assistenten Pasewaldt weiter. In den nächsten Tagen bekamen sie noch eine maschinengeschriebene Version des Berichtes, und für den Anfang hatte er genug gelesen von Vertebrae cervicales, Cavitas laryngis und Funiculi medullae spinalis.
»Was die Todeszeit angeht: dasselbe wie in meinem ersten Gutachten«, sagte der Geheime Medizinalrat Professor Dr. Strassmann, ein untersetzter älterer Herr mit einem großen grauen Schnurrbart und runden Brillengläsern. Als Kriminalarzt vom Dienst war er in dieser Woche für den Bezirk Berlin Mitte, Tiergarten, zuständig. Er machte noch eine Eintragung in ein Formblatt, schraubte seinen Füllfederhalter zu und steckte ihn in die Brusttasche seines weißen Kittels.
»Etwa zwischen zwei und fünf Uhr morgens«, sagte er und trat an das Fußende der Bahre. »Der Tod wurde herbeigeführt durch einen aufgesetzten oder fast aufgesetzten Nahschuß von hinten. Einschußöffnung zwischen dem zweiten und dritten Halswirbel. Deutliche Beschmauchung der umliegenden Hautpartien, Pulvereinsprengungen, Verbrennung der Nackenhaare. Ausschußöffnung im Kehlkopfbereich, das Projektil durchschlug den Cartilago thyroidea. Der Schußkanal verläuft also schräg nach unten.«
Kommissar Düring runzelte die Stirn. »Nach unten?«
»Ja. Ich denke, hier ist die Untersuchung der Kleidung aufschlußreich. Wie Sie sich erinnern werden, hatte die Frau helle Seidenstrümpfe an. Der linke Strumpf weist im Bereich des Knies deutliche Grasflecken auf. Der andere nicht, was aber daran liegt, daß das Kleid nur auf der linken Seite einen Schlitz hat. Am Kleid selbst sind, wegen seiner dunkelgrünen Farbe, keine Grasflecken erkennbar, aber im Bereich des rechten Knies fanden sich, vor allem unter den Pailletten, Spuren von Erde und Fasern von Grashalmen.«
»Das heißt also«, sagte Kommissar Düring, »sie wurde in kniender Haltung durch einen Genickschuß getötet?«
»Alles weist darauf hin. Auch der Fundort des Projektils. Der Tathergang wäre demnach folgender: Sie ist auf ihren Knien, der Täter steht aufrecht hinter ihr und schießt ihr aus nächster

Nähe ins Genick. Die Kugel tritt wieder aus, dringt in den Erdboden ein. Ihr Körper fällt vornüber und verdeckt dann die Stelle.«
»Und sie hat keinerlei Gegenwehr geleistet?« fragte Pasewaldt, als sei Gegenwehr das mindeste, was man von einem Opfer verlangen könne.
»Nicht, soweit es sich feststellen läßt«, sagte Dr. Strassmann. »Keinerlei Abwehrverletzungen. Auch keine Hämatome, wie sie etwa durch gewaltsames Festhalten an den Armen oder Handgelenken entstehen.«
»Also auch keine Hinweise auf eine Vergewaltigung, nehme ich an«, sagte Kommissar Düring.
»Nein. Nichts.«
Einen Moment lang betrachteten sie alle drei wortlos die Tote unter ihrem weißen Laken. Dann sagte Düring, mehr zu sich selbst:
»Eine kaltblütige Hinrichtung.«
»So sieht es aus. Aber wer weiß. Die Psychopathia sexualis ist ein weites Feld.«
»Ein Lustmörder, meinen Sie, der sein Opfer mit einem Genickschuß tötet, ohne es auch nur angerührt zu haben?«
»Möglich ist alles«, sagte Dr. Strassmann mit einem Achselzukken. Er mußte es wissen, er hatte das meiste schon selber gesehen, denn seit vierzig Jahren arbeitete er als Gerichtsmediziner in der Großstadt Berlin. »Aber ich komme aus einem anderen Grund darauf zu sprechen. Am Körper der Toten gibt es gewisse Auffälligkeiten. Ich meine damit gar nicht die Anzeichen der Rauschgiftsucht. Kokain übrigens, wie vermutet. Und das offenbar schon seit längerer Zeit. Perforierte Nasenscheidewand, zahlreiche Einstiche von Injektionen.«
»Ja, ja, das stand heut morgen schon in allen Zeitungen«, sagte Kommissar Düring, mit einem mürrischen Blick auf seinen Assistenten. »Was auch nicht unbedingt nötig gewesen wäre.«
Pasewaldt räusperte sich verlegen.
»Was ich meine«, fuhr Dr. Strassmann unbeirrt fort, »sind vielmehr die Spuren von Schlägen auf Rücken und Gesäß der Toten.«
In der plötzlichen Stille hörte man, wie draußen eine Bahre den

Korridor entlanggerollt wurde. Dann quietschte die Tür zum Leichenwaschraum.
»Verstehen Sie mich nicht falsch«, sagte Dr. Strassmann. »Diese Spuren stehen zeitlich in keinem unmittelbaren Zusammenhang mit der Tat. Es handelt sich um Striemen, die vermutlich von einer Reitpeitsche herrühren oder einem dünnen, geschmeidigen Rohrstock. Die Striemen sind schon weitgehend verblaßt. Je nach Stärke der Schläge und Beschaffenheit des Gewebes können sie, meiner Einschätzung nach, bis zu zwei Wochen alt sein. Aber deshalb wollen wir sie jetzt nicht umdrehen. Was ich Ihnen eigentlich zeigen wollte, ist dies hier.«
Behutsam zog er das Laken vom Fußende herauf und ließ es erst los, als er es bis zum Bauchnabel der Toten hochgezogen hatte. Schon sah man die grobe Naht, mit der der Körper nach der Obduktion wieder geschlossen worden war. Und sofort fiel auch etwas anderes ins Auge.
»Ich dachte, das sehen Sie sich besser noch einmal selbst an.«
Das Schamhaar der Toten war vollkommen abrasiert, und in den weißen, blutleeren Schamlippen steckten zwei goldene Ringe.
»Achtzehnkarätiges Feingold übrigens«, sagte Dr. Strassmann nach einer Weile. »Den einen oder anderen Dollar muß das gekostet haben.«
»Mm ...« Kommissar Düring faßte sich nachdenklich ans massige Doppelkinn. »Flucht in die Sachwerte, wie?«
Der Doktor lächelte unter seinem großen grauen Schnurrbart, drehte sich dann um und ging hinüber ans Fenster.
»Tja, was das nun alles zu bedeuten hat«, sagte er, »das müssen Sie schon selbst herausfinden. Ich nehme an, Sie wollen die Ringe gleich mitnehmen? Sicher ist sicher, heutzutage.«
Als er sich umdrehte, hatte er ein Skalpell in der Hand.
»Warten Sie, ich werde Sie Ihnen eben noch schnell ...«
Pasewaldt zog scharf die Luft ein und starrte in eine entfernte Ecke des Saals.
»Lassen Sie nur, nicht nötig«, hörte er Kommissar Düring sagen. »Legen Sie sie nachher zu den anderen Beweisstücken. Da kommt schon nichts weg.«
»Ihr Wort in Gottes Ohr!« sagte Dr. Strassmann. »Ich kann da

wirklich nur zur Vorsicht raten. Uns haben schon Hinterbliebene beschuldigt, wir hätten ihren Toten die Goldzähne herausgebrochen.«
»Ich denke, von dieser besonderen Art Schmuck werden die Angehörigen nichts wissen. Oder?«
»Na ja, da mögen Sie recht haben.«
Kommissar Düring warf einen letzten Blick auf die Tote und die goldenen Ringe, schüttelte dann den Kopf und sagte:
»Kommen Sie, Pasewaldt, wir haben heute noch einiges vor. – Herr Professor! Erst einmal vielen Dank.«

»Ich sehe es ja ein, meine Liebe. Bis zu einem gewissen Grade jedenfalls«, sagte die kleine, krächzende Stimme im Telefonhörer. Sie gehörte dem Inhaber des Cabarets ›Grüne Spinne‹. »Ihr Gesangstalent ist schließlich quantité négligeable, das wissen Sie so gut wie ich. Wenn Sie wirklich davon leben sollten, Sie hätten den sicheren Hungertod vor Augen! Aber daß Sie hier nur mal so zwischendurch auftauchen, wenn es Ihnen gerade paßt, das geht denn doch zu weit, ja?«
Henny sagte nichts, blickte nur abwesend ins Café. Die kleine Stimme schnarrte weiter:
»Sind Sie noch dran? Was ist denn das da im Hintergrund? Eine Kneipe? Wie auch immer, ich habe hier ein Programm, und das Programm muß laufen, und wenn Sie nicht mitziehen, dann heißt es: Lebewohl, große Diva! Ich hoffe, ich drücke mich klar genug aus!«
Henny drehte die Augen zum Himmel. Ein Kellner, der mit seinem Tablett an der Durchreiche zur Küche stand, sah ihr zu und lächelte.
»War's das?« sagte sie überdrüssig ins Telefon.
»Wenn Sie mich noch ein einziges Mal versetzen, hören Sie, dann brauchen Sie gar nicht erst wiederzukommen! Dann kenne ich Sie nicht mehr!«
Sie hängte ein. Der Kellner sagte:
»Na, Fräulein? Verlobung im Eimer?«
Sie lächelte zurück. »Ach was, morgen kommt er wieder angekrochen.«
Der Kellner sah ihr nach, wie sie durch das vollbesetzte Café

ging und dann draußen, auf der sonnigen Straße, zwischen den Passanten verschwand.

Etwa zwanzig Minuten später ging Henny die Lützowstraße entlang und suchte die Hausnummer 63. Sie mußte unbedingt mit Cora sprechen. ›Pension Schönfeldt, III. Stock‹ stand auf einem Messingschild neben der Eingangstür. Die Klinke schon in der Hand, blickte Henny noch einmal zurück. Das große schwarze Automobil, das direkt vor dem Haus stand, kam ihr irgendwie bekannt vor. Sie trat ein.
»Falls Sie nach oben wollen: Fahrstuhl ist kaputt«, sagte der mürrische alte Mann in der Portiersloge, ohne von seiner Zeitung aufzublicken. Erst als Henny wortlos weiterging, sah er sie noch schnell von der Seite an.
Sie nahm die Treppe, klingelte oben und wartete. Hinter der Tür der Pension waren Stimmen zu hören. Aber niemand öffnete. Wieder klingelte sie, und diesmal ging sofort die Tür auf. Vor ihr stand Kriminalassistent Pasewaldt, in Hut und Mantel, als sei er eben im Begriff zu gehen. Eine Sekunde lang sahen sie sich beide überrascht an.
»Oh. Guten Tag«, sagte Henny. Jetzt wußte sie auch, wo sie das schwarze Auto schon mal gesehen hatte. Sie war selbst darin mitgefahren, gestern morgen, von der Hannoverschen Straße zum Polizeipräsidium. Sie trat zur Seite, um ihn vorbeizulassen, aber Pasewaldt winkte ab.
»Nein, nein, wir sind auch gerade gekommen.« Er wandte sich nach hinten. »Herr Kommissar?«
Die massige Gestalt Kommissar Dürings tauchte aus dem Hintergrund auf. Auch er hatte noch seinen Hut auf. Als er Henny sah, lächelte er.
»Ah, Herr Pritzkow ...«, sagte er. »Und schon wieder in Kostüm und Maske! Ja, ja, so ist es, das Schauspielerleben, nicht wahr? Tagsüber Proben, abends die Vorstellung. Der Laie macht sich keinen Begriff davon.«
Seine kleinen Augen blinzelten vor Vergnügen, als er merkte, daß Henny nichts dazu einfiel.
»Ich hatte nicht erwartet, Sie *so* schnell wiederzusehen«, sagte sie etwas hilflos.

»Ja, das ist schon manchem so gegangen. Aber treten Sie doch näher!«
Pasewaldt flüsterte ihm noch rasch etwas zu, anscheinend, um zu verhindern, daß er sie hereinließ. Aber der Kommissar schüttelte nur den Kopf.
»Bitte!« sagte er zu Henny. Sie lächelte ihn flüchtig an und trat ein. Pasewaldt schloß hinter ihr die Tür. Unsicher sah sie sich in dem hohen, dämmrigen Vorraum um. Eine verdorrte Palme stand in einer Ecke, und daneben, nicht weniger trostlos und eingestaubt, die Gipsstatue einer griechischen Venus. Hinter roten Samtportieren verschwand ein halbdunkler Korridor, vollgestellt mit Schränken und kleinen Tischchen, in der ungewissen Tiefe der Wohnung.
Irgendwo wurde lauthals gestritten. Ein Mann und eine Frau schimpften und keiften durcheinander. Düring schien das nicht weiter zu kümmern, er sah Henny an und sagte:
»Darf ich fragen, was Sie hierherführt?«
»Ich will zu Cora. Sehen, wie es ihr geht.«
»Mm hm.« Düring senkte seinen Blick. »Das wüßten wir auch gern ...«
Henny verstand nicht, was er meinte.
»Sind Sie schon einmal hiergewesen?« fragte er.
»Nein, noch nie.«
Hinten wurde der Streit immer lauter. Düring wandte sich an seinen Assistenten.
»Sorgen Sie da mal für Ruhe, ja? Ich komme gleich.«
Pasewaldt warf Henny einen mißgelaunten Blick zu und ging. Henny sah ihm nach. Drei der Zimmertüren standen einen Spalt offen, schmale Lichtstreifen fielen in den Korridor. Als würde hinter jeder dieser Türen jemand stehen und horchen ...
»Wann haben Sie Cora Meinhold zuletzt gesehen?« fragte Kommissar Düring, so leise, daß nur Henny ihn verstehen konnte.
»Gestern, im Präsidium.«
»Haben Sie danach noch etwas von ihr gehört?«
»Nein.«
»Sie haben hinterher nicht miteinander telefoniert?«
»Nein.«
Erst jetzt sah Henny das Telefon, das neben der Garderobe an

der Wand hing. *Das mußte der Apparat sein, von dem aus Nelly im Hotel Bellevue angerufen hatte* ... Rasch wandte sie ihren Blick ab und sah Düring an.
»Ist Cora denn nicht hier?«
»Nein. Hier ist sie nicht mehr«, sagte Düring. »Und kein Mensch weiß, wo sie geblieben ist.«
»Was soll das heißen?«
»Sie ist seit letzter Nacht spurlos verschwunden.«
Aus dem hinteren Teil der Wohnung hörte man Pasewaldts Stimme. »Ruhe! Ruhe hab ich gesagt! Sonst können Sie gleich alle mit aufs Präsidium kommen!«
Wie auf ein Stichwort senkten sich gleichzeitig die Klinken der drei angelehnten Zimmertüren, lautlos wurden die Türen geschlossen. Der Korridor war jetzt noch dunkler.
»Verschwunden?« fragte Henny. »Was meinen Sie damit?«
»Wie es aussieht, hat sie ihre Koffer gepackt und dann heimlich, still und leise die Pension verlassen. Irgendwann im Lauf der letzten Nacht.«
»Einfach so? Ohne ein Wort zu sagen?«
»Jedenfalls ohne ihre Miete zu bezahlen. Wie die Wirtin uns mehrfach versichert hat.«
»Aber ... warum?«
Düring hob die Augenbrauen. »Vielleicht aus Angst?«
Henny biß sich auf die Unterlippe. »Aus Angst?« fragte sie schließlich. »Wovor?«
Düring schnaufte durch die Nase. ›Als ob Sie das nicht wüßten!‹ schien das zu heißen. Aber er hakte nicht weiter nach. Offenbar dachte er schon an etwas anderes.
»Wissen Sie, wer das ist da hinten?«
Die Stimmen vom Ende des Korridors waren leiser geworden, aber sie klangen immer noch so gereizt, als könnte jeden Moment das Geschrei wieder losgehen.
»Nein«, sagte Henny.
»Das eine ist die Zimmerwirtin, Frau Schönfeldt. Und der Mann, das ist der Vater von Nelly Pahlke. Heute morgen mit dem Nachtzug aus Bremen eingetroffen.«
»Nellys Vater? Und ... worum geht es da? Weshalb streiten die sich?«

»Das versuchen wir gerade zu klären.« Düring sah sie an, als überlegte er, wieviel er ihr anvertrauen solle. »Ja ...«, sagte er leise vor sich hin. »Vielleicht wäre das gar nicht schlecht ...«
»Was wäre nicht schlecht?«
»Wenn Sie sich das mal selber anhörten.«
»Ich? Wieso? Was habe ich damit zu tun?«
»Immerhin mehr als die anderen Zuhörer hier.« Düring deutete mit einem seitlichen Kopfnicken auf die Zimmertüren.
Henny sah ihn mißtrauisch an. »Und was soll das? Was versprechen Sie sich davon?«
»Schwer zu sagen. Mir kam nur gerade der Gedanke. Wo Sie schon einmal hier sind ...«
»Ich geh da auf keinen Fall rein, das kann ich Ihnen gleich sagen. Nicht, wenn das Nellys Vater ist.«
»Das verlangt ja auch niemand von Ihnen. Kommen Sie einfach mal mit.«
Zögernd folgte Henny dem Kommissar in den düsteren Korridor, in dem zwischen Kleiderschränken, Kommoden und Ziertischchen nur noch ein enger, gewundener Durchgang frei war. Düring schob sich gelassen hindurch. Henny fragte sich, wie er das machte, sie selbst mußte schon aufpassen, daß sie nicht irgendwo an einem Häkeldeckchen hängenblieb und eine Blumenvase herunterriß. Am Ende des Ganges wandte Düring sich noch einmal um.
»Halten Sie sich im Hintergrund. Von mir aus bleiben Sie hier im Flur stehen, aber hören Sie genau zu, was da drinnen besprochen wird ... Vielleicht haben Sie mir hinterher ja doch noch etwas zu sagen.«

»Meine Tochter ist noch nicht unter der Erde, da verschachert dieses Judenweib ihren gesamten Besitz!«
»Haben Sie das gehört, Herr Kommissar? Dieser Mann beleidigt mich in meinem eigenen Haus!«
»Herr Kommissar! Hiermit erstatte ich Strafanzeige gegen diese Person, und zwar ...«
»Ruhe, Ruhe! Eins nach dem andern! Pasewaldt? Haben Sie die Personalien aufgenommen?«
»Jawohl, Herr Kommissar.«

»Gut. Setzen Sie sich, Herr Pahlke, setzen Sie sich! So kommen wir nicht weiter.«
Murren und Stühlerücken. Sehen konnte Henny niemanden, sie stand im Korridor, mit dem Rücken zur Wand, die offene Tür wenige Schritte neben sich. Sie fühlte sich wie ein Eindringling, der jeden Augenblick ertappt werden konnte.
»Herr Pahlke«, hörte sie Kommissar Düring sagen, »wenn ich es recht verstanden habe, wollen Sie Anzeige erstatten gegen die hier anwesende Frau Schönfeldt, die Zimmerwirtin Ihrer verstorbenen Tochter.«
»Jawohl.« Die Stimme klang gefaßt. Wie vor Gericht.
»Wie lautet Ihr Vorwurf?«
»Diebstahl und Hehlerei.«
»Herr Kommissar! So etwas muß ich mir nicht bieten lassen! Nicht in meinem eigenen ...«
»Einen Augenblick Geduld, Frau Schönfeldt. Sie erhalten gleich Gelegenheit, sich zu äußern. – Herr Pahlke, wann sind Sie in Berlin angekommen?«
»Heute morgen um zehn, auf dem Lehrter Bahnhof.«
»Wir hatten Sie gebeten, sich gleich nach Ihrer Ankunft mit uns in Verbindung zu setzen. Warum haben Sie das nicht getan?«
Diesmal kam die Antwort etwas stockend.
»Das war beim Frühstück am Bahnhof. Verstehen Sie, plötzlich muß man da diesen *Schmutz* lesen, den die Berliner Journaille ...« Er warf eine Zeitung auf den Tisch. »Hier! Lesen Sie, da steht es: *Prostituierte!* Meine Tochter!«
Gegenüber der Tür hing ein großer goldgerahmter Spiegel. Henny reckte den Hals. Wenn sie ein bißchen weiter nach links ginge, könnte sie vielleicht jemanden sehen. Nellys Vater ...
»Was haben Sie sich eigentlich dabei gedacht, allein hierherzukommen?« fragte Düring.
»Was ich mir gedacht habe? Na, ich wollte mal sehen, was da los ist in dieser sogenannten Pension!«
Henny bewegte sich vorsichtig weiter nach links. In dem Spiegel konnte sie jetzt das Zimmer sehen. Mitten über einem langen Eßtisch hing ein großes Porträt Kaiser Wilhelms II. Die Stühle an der Tafel hatten hohe, steife Lehnen, und auf dem ei-

nen saß Kommissar Düring. Neben ihm saß mit hochrotem Gesicht ein gedrungener, stiernackiger Fünfzigjähriger mit Bürstenschnurrbart und scharf gezogenem Scheitel. Henny kannte sie zur Genüge, diese Provinzonkels in ihrem guten schwarzen Anzug. Sie hatten nur den einen. Es war immer noch derselbe, in dem sie einst geheiratet hatten.
»Ich werde jeden zur Rede stellen«, schrie er und schlug mit der Faust auf den Tisch, »der für das Unglück meiner Tochter mitverantwortlich ist!«
»Sie wissen, was Sie statt dessen hätten tun sollen«, sagte Düring. »Sich auf dem Präsidium melden.«
»Ich bin Manns genug, mit solchem Gesindel allein fertigzuwerden! Dafür brauche ich kein Polizeiaufgebot!«
»Sie verlangten dann Zutritt zum Zimmer Ihrer Tochter.«
»Und das in einer Art und Weise!« rief die Wirtin. »So etwas Unverschämtes ist mir überhaupt noch nicht vorgekommen!«
Henny lehnte sich noch etwas weiter hinüber und begegnete im Spiegel Pasewaldts Blick. Sofort wich sie zurück.
»Sehen Sie sich das Zimmer doch an!« hörte sie Nellys Vater sagen. »Da stehen nur noch die Möbel drin! Sonst ist es völlig ausgeräumt! Kleiderschrank, Kommode, sämtliche Schubladen: alles leer! Vom persönlichen Besitz meiner Tochter ist nichts mehr da, gar nichts!«
»Und Sie beschuldigen Frau Schönfeldt, die Sachen verkauft zu haben?«
»Und ob ich das tue! Wo sollen sie denn sonst geblieben sein? Schmuck, Kleider, Schuhe, alles was einen Wert besitzt, hat sie verkauft und den Rest dann beiseite geschafft, um das Zimmer wieder vermieten zu können! Herr Kommissar! Es liegt doch auf der Hand! Diese Frau steckt mit Hehlern unter einer Decke! Mit irgendwelchem Judenpack, das womöglich meine Tochter umgebracht hat, um sich an ihrem Hab und Gut zu bereichern!«
»Frau Schönfeldt«, sagte Kommissar Düring, »Sie werden uns sicher erklären können, wieso das Zimmer Ihrer verstorbenen Mieterin bereits geräumt ist.«
»Lügengeschichten!« rief Pahlke dazwischen. »Von einer Dreistigkeit, daß einem die Worte fehlen!«
»Herr Pahlke! Bitte!«

»Herr Kommissar, ich weiß wirklich nicht, was dieser Mensch von mir will! Ich habe mir nicht das geringste vorzuwerfen!«
Henny rückte nun doch wieder nach links.
Die Zimmerwirtin thronte behäbig auf ihrem Stuhl. Ihre Augen waren nur schmale Schlitze in dem breiten Gesicht. Sie trug einen riesigen Morgenmantel und ein sonderbares weißes Spitzenhäubchen.
»Also, es war so«, sagte sie. »Am Sonntag nachmittag standen hier plötzlich zwei Herren vor der Tür, sehr gut gekleidet, tadellose Haltung, und überbrachten mir in aller Form die Nachricht vom Tod Fräulein Pahlkes. Der eine, der jüngere, stellte sich als ihr Bruder vor und ...«
»Nelly *hat keinen Bruder!*« rief Pahlke. »Wie oft soll ich das noch sagen!«
»Ich hatte keinen Anlaß, an den Worten dieses Herrn zu zweifeln!« schnappte die Wirtin zurück. »Außerdem, wer, wenn nicht ihr Bruder ...«
»Ich bin ihr Vater! Ich werde doch wohl wissen, ob sie einen Bruder hat oder nicht!«
»Also, ich kann es nur so erzählen, wie es gewesen ist«, sagte die Wirtin unerschütterlich. »Schließlich hab ich mir den Bruder ja nicht eingebildet, Herr Kommissar. Er stand leibhaftig vor mir. Und er hat dann nicht nur, in zuvorkommender Weise, wie ich sagen muß, die Mietschulden seiner verstorbenen Schwester beglichen, sehr anständig, wirklich sehr anständig, sondern mir auch noch angeboten, die Räumung ihres Zimmers zu übernehmen. Warum hätte ich das ablehnen sollen? Hinterher sitze ich dann allein davor und kann sehen, wie ich das Zimmer wieder vermietet kriege! Ich, eine Witwe, die darauf angewiesen ist! Und das bei diesen Zeiten! Nein, nein, da ist man froh, wenn einem mal jemand hilft, das können Sie mir glauben. Die beiden Herren haben dann alles, was da war, in Koffer verpackt und das Zimmer sehr sauber und ordentlich hinterlassen.«
Pahlke schimpfte sofort wieder los. Henny trat von dem Spiegel zurück, blickte den Korridor entlang. Zwei der Zimmertüren standen erneut einen Spalt offen. Sie wußte nicht, was sie tun sollte. Raus hier und weg, das wäre das beste.

»Haben Sie die beiden Herren, oder einen von ihnen, vorher schon mal gesehen?« hörte sie Düring sagen.
»Nein.«
»Sie waren Ihnen völlig unbekannt?«
»Bis dahin schon.«
»Und Sie haben sich nicht einmal einen Ausweis zeigen lassen?«
»Nein ... wieso? Ich meine ...«
»Wie sahen die zwei Männer aus? Können Sie sie beschreiben?«
»Wie ich schon sagte: Tadellose Haltung. Manieren. Eben wirkliche Herren! Offiziere, wenn Sie mich fragen, oder ehemalige Offiziere. Dafür habe ich einen Blick, wissen Sie. Mein seliger Gatte ...«
»Ja, ja, gut«, sagte Düring. »Über all das werden wir uns noch ausführlicher unterhalten. Sehen wir uns das Zimmer jetzt mal an.«
Henny hörte ihn seinen Stuhl zurückschieben. Kamen die jetzt etwa alle in den Flur?
»Ist das Zimmer schon saubergemacht worden? Seit Sonntag?«
»Saubergemacht?« fragte die Wirtin, als wüßte sie nicht recht, was er meinte. Ächzend kam sie von ihrem Stuhl hoch.
»Haben Sie oder sonst jemand dort Staub gewischt?«
»Nein. Nein, es war ja schon sehr sauber.«
»Gut. Wenigstens etwas.« Düring klang verärgert. Henny zog sich zurück. Wieder den Korridor entlang. Jemand sah sie neugierig durch einen Türspalt an und machte die Tür dann schnell zu. Im Vorraum blieb sie hinter einer der roten Samtportieren stehen und horchte. Düring fragte nach einem Schlüssel. Dann war eine Weile nichts zu verstehen, offenbar war er in Nellys Zimmer gegangen. Als er wieder auf den Korridor hinaustrat, sagte er: »Und jetzt das Zimmer von Cora Meinhold. Welches ist das?«
Die Wirtin schien es ihm zu zeigen. Gleich darauf zeterte sie los: »Wollen Sie das etwa auch abschließen?«
»Es geht leider nicht anders.«
»Ja, für wie lange denn? Ich muß die Zimmer doch weitervermieten! Sie ruinieren mich!«

»Bis die Spurensicherung abgeschlossen ist«, sagte Kommissar Düring. »Herr Pahlke, wir versiegeln hier nur noch eben die beiden Türen, dann fahren wir. Sie kommen am besten gleich mit uns mit.«
»Aufs Präsidium?«
»Ja, dahin auch.«
»Wieso? Noch woanders hin?«
»Ich fürchte, ja. In die Hannoversche Straße. Ich kann Ihnen das leider nicht ersparen. Wenn Sie mich jetzt einen Augenblick entschuldigen wollen.«
Henny hörte seine Schritte näher kommen. Als er den Vorraum betrat, sagte er: »Na, Sie sind ja doch noch da.« Und dann leiser, vertraulich: »Nun?«
Henny wußte nicht recht, wie sie anfangen sollte.
»Dieser angebliche Bruder und sein Helfer ... Wenn die Sonntag nachmittag hiergewesen sind ...«
»Ja?«
»Da war Nelly ja noch gar nicht ... *identifiziert*. Wir haben sie ja erst am Montag ... gestern ...«
»Genau«, sagte Düring. »Und sie ist auch erst am frühen Montagmorgen in die Schauhalle gekommen.«
»Also können die am Sonntag noch gar nicht gewußt haben, *daß sie überhaupt tot ist.*« Sie sah Düring an. Auf einmal war ihr klar, was das bedeutete. »Es sei denn ...«
Düring nickte.
»Es sei denn, sie hatten selbst etwas mit ihrem Tod zu tun.«

Gleich darauf, während Pasewaldt und Nellys Vater schon ins Treppenhaus vorausgingen, blieb Kommissar Düring noch kurz in der Tür stehen.
»Denken Sie darüber nach«, sagte er zu Henny. »Und wenn Sie wissen, wo Cora Meinhold ist, oder wo sie sein könnte, dann sagen Sie es mir.«
»Ich kann Ihnen nichts sagen. Ich weiß es nicht.«
»Ich weiß es nicht, ich weiß es nicht. Das alte Lied.« Er wandte sich zum Gehen. Plötzlich sah er sie noch einmal an:
»Wissen Sie, wie Nelly Pahlke gestorben ist? Da draußen, nachts im Tiergarten? Man hat sie niederknien lassen, um sie

dann regelrecht hinzurichten. Mit einem Genickschuß. Das hier ist kein Spiel, verstehen Sie?«
Damit ging er hinaus. Die Tür ließ er offen, aber Henny rührte sich nicht. Sie wollte erst abwarten, bis er weg war. Während sie ihn die Treppe hinabgehen hörte, sah sie sich im Vorraum um.
Wieder fiel ihr Blick auf das Telefon.
Nelly. Cora. Das Hotel Bellevue ... Zu viele Dinge auf einmal gingen ihr im Kopf herum. *Ich fürchte, es handelt sich um ein Mißverständnis, Sie sprechen mit dem Hauptquartier der Interalliierten Militär-Kontrollkommission.*
Plötzlich hörte sie, wie sich langsame, schlurfende Schritte aus dem Korridor näherten. Sie blickte zur Wohnungstür. Raus hier. Aber irgend etwas hielt sie. Schon tauchte der gewaltige Fettleib der Wirtin, in Nachthemd und offenem Morgenrock, zwischen den Samtportieren auf. Ihre bloßen Füße steckten in Holzpantinen.
»Und wer sind Sie?« fragte sie grimmig und mißtrauisch. »Was machen Sie hier?«
Henny mußte sich entscheiden. Sie setzte ein gewinnendes Lächeln auf und sagte:
»Ich habe gehört, bei Ihnen ist ein Zimmer frei?«

Als Pasewaldt sich gerade hinters Lenkrad setzen wollte, sagte Kommissar Düring: »Nein, warten Sie, ich fahre selbst.«
Pasewaldt ließ die Wagentür wieder los und sah ihn fragend an.
»Für Sie habe ich eine andere Aufgabe. – Herr Pahlke, steigen Sie ruhig schon ein!«
Düring nahm seinen Assistenten beiseite.
»Sie warten, bis unsere Freundin herauskommt. Dann behalten Sie sie im Auge. Ich will wissen, was sie jetzt macht. Wo sie hingeht, wen sie trifft, ob sie telefoniert. Alles. Verstanden?«
»Und was ist, wenn sie mich bemerkt?« sagte Pasewaldt.
Düring sah ihn leicht belustigt an. »Dann ändern Sie Ihre Taktik«, sagte er, »und laden sie zu einer Tasse Kaffee ein. Vielleicht kriegen Sie auf die Art etwas aus ihr heraus.«

Am späten Nachmittag saß Kommissar Düring hinter seinem Schreibtisch im Polizeipräsidium, rauchte eine Zigarre und studierte ein Photo, das er zwischen Daumen und Zeigefinger hielt. Er war allein im Zimmer.

Das Photo war ein paar Jahre alt, Pahlke hatte es mitgebracht. Wie alt genau, konnte er nicht sagen. Es zeigte drei Freundinnen; die in der Mitte hatte ihre Arme um die Schultern der beiden anderen gelegt, alle drei lachten strahlend in die Kamera. Sie hatten noch ihre Aktenmappen dabei, es waren Stenotypistinnen, Tippfräuleins, die anscheinend gerade Feierabend hatten. Wer die linke war, hatte Pahlke auch nicht sagen können. Die in der Mitte war jedenfalls Cora, eigentlich Cornelia, Meinhold. Und die rechts seine Tochter Nelly. Im Hintergrund sah man Hafenkräne, eine Backsteinmauer. Es war nun doch nicht Bremen, sondern Bremerhaven, wo Pahlke in der Buchhaltung einer Konservenfabrik arbeitete. ›Fischkonserven‹, hatte er so leise hinzugesetzt, als sei das etwas, worüber er nicht gerne redete.

Drei Jahre hatte er seine Tochter nicht gesehen. Bis gestern hatte er nicht einmal gewußt, daß sie in Berlin war. Die einzigen Lebenszeichen in diesen drei Jahren seien Postkarten zu Weihnachten gewesen, die irgendwann im Januar eintrafen, die erste aus Kopenhagen, die zweite aus Rotterdam. Im letzten Jahr keine mehr.

Für die Reederei A. W. Ziemsen, bei der die drei Mädchen gemeinsam im Büro gearbeitet hatten, war 1920 nach harten Kriegsjahren das endgültige Aus gekommen, als dem Versailler Vertrag zufolge alle deutschen Schiffe über 1000 Tonnen an die Alliierten abgeliefert werden mußten. Arbeitslos geworden, hatte es zwei der jungen Frauen nicht mehr lange in Bremerhaven gehalten.

Pahlke hatte keinen Hehl daraus gemacht, daß es zu Hause immer wieder Streit gegeben hatte. Er habe darauf bestehen müssen, daß Nelly mitverdiene, aber für die einzige Arbeit, die er ihr hätte besorgen können, sei sie sich zu fein gewesen: Fische ausnehmen in der Konservenfabrik. Er hatte sogar zugegeben, daß ihm bei diesen Streitereien ›vielleicht auch mal die Hand ausgerutscht‹ sei. Eines Tages sei seine Tochter dann einfach nicht wieder nach Hause gekommen. In ihrem Zimmer hatten sie einen Zettel gefunden, auf dem nichts weiter stand als ›Putz Deine Fische alleine‹, unterzeichnet: ›N.‹

Für Pahlke war klar, wer an all dem schuld war. ›Diese Blonde da, die Cora! Mit der hat alles angefangen! Nie war ihr was gut genug. Immer nur die Großstadt, die Großstadt! Wenn die nicht gewesen wäre, Herr Kommissar, dann wäre meine Tochter nie in diesen Dreck hinabgezogen worden! Und dann wäre sie jetzt auch nicht tot!‹

Düring sah sich das Mädchen in der Mitte genau an. Cornelia. Wenn das Bild drei Jahre alt war, war sie da 22. Blond und hübsch. Lebenslustig vielleicht. Aber mehr auch nicht. ›Sehen Sie sich das Flittchen doch an!‹ hatte Pahlke gesagt. ›Da sieht man doch schon, was aus der mal werden wird!‹

Nein, das sieht man nicht, entschied Düring. Das blonde, ungeschminkte Mädchen in dem dunklen, hochgeschlossenen Kleid mit der weißen Schleife hätte jetzt genausogut verheiratet sein können. Im Grunde fiel es ihm schwer zu glauben, daß sie ihm gestern hier in diesem Zimmer gegenübergesessen hatte, in einem hautengen Abendkleid, mit Glitzerschmuck und von Tränen verschmierter Wimperntusche, bleich und zittrig.

Und rechts also Nelly. Ein bißchen schüchterner. Auch sie ungeschminkt, in einem schlichten dunklen Kostüm.

Erst vorgestern hatte er sie zum ersten Mal gesehen. Am frühen Sonntagmorgen, an der Löwenbrücke, wo sie tot auf dem Bauch lag, ein namenloses Opfer. Als er eintraf, war der Polizeiphotograph schon dabei, sein Stativ wieder abzubauen. Dr. Strassmann war da, die Spurensicherung suchte noch im nassen Gras, und die vier gußeisernen Löwen hielten wie immer die Drahtseile ihrer Brücke mit den Zähnen fest. Ringsum lag der stille, morgendliche Park, die Bäume ragten aus dem Frühdunst, und ein paar Enten saßen reglos am Ufer des Wasserlaufs.

Nasses, verwirrtes rotes Haar, ein dunkelgrünes Paillettenkleid, helle Seidenstrümpfe, Stöckelschuhe, mehr hatte er von Nelly Pahlke kaum wahrgenommen. Das rote Haar ist gefärbt, war sein erster Gedanke gewesen. Er betrachtete sie auf dem Photo. Eine hübsche junge Frau, die mehr vom Leben erwartet hatte, als in einer Fischfabrik zu arbeiten. Wieviel mußte geschehen sein in diesen drei Jahren. Er stieß eine Wolke Zigarrenrauch aus und legte das Bild aus der Hand. Die drei Freundinnen. So jung und makellos, als könnte ihnen nichts etwas anhaben ... So sahen seine zwei Söhne auch aus, auf den Photos, die zu Hause gerahmt auf dem Buffet standen. Und er wußte nicht einmal, wo sie begraben waren.

Es klopfte an der Tür. »Ja?«
Pasewaldt trat ein. »Ah, Sie sind es!« sagte Düring und lehnte sich zurück. »Lassen Sie hören!«
»Einige Merkwürdigkeiten, Herr Kommissar«, sagte Pasewaldt, bemüht, sich seine Aufregung nicht anmerken zu lassen, und zückte sein Notizbuch. »Und zwar von Anfang an. Es hat nämlich noch eine halbe Stunde gedauert, bis sie überhaupt aus dem Haus gekommen ist. Also, ich sage jetzt einfach mal ›sie‹, damit wir nicht völlig ...«
»Ja, ja. Eine *halbe Stunde*, sagen Sie?«
»Ja, ich dachte schon, sie wäre uns entwischt. Aber dann kam sie doch noch heraus.«
»Hmm. Nun gut. Weiter?«
Pasewaldt blickte in sein Notizbuch.
»Ich bin ihr dann durch die Lützowstraße gefolgt. Am Herkulesbrunnen hat sie sich auf eine Bank in die Sonne gesetzt. Zwanzig Minuten hat sie da gesessen. Drei Zigaretten geraucht. Ich stand mit einer Zeitung an der Ecke. Ich hatte den Eindruck, daß sie über irgend etwas nachdenkt. Dann wurde sie von einem Mann angesprochen, der auf einer anderen Bank saß. Sie wandte sich ab. Der Mann ging hinüber und setzte sich neben sie. Sie stand auf und ging weg. Erst über die Herkulesbrücke, dann ein Stück am Landwehrkanal entlang. Zwischendurch blieb sie mehrmals am Geländer stehen und sah aufs Wasser.«
Er blätterte um. »Dann ging sie durch die Hohenzollernstraße und auf einmal wurde ihr Schritt schneller. Ich bin aber sicher, daß sie mich nicht bemerkt hat. Es sah aus, als hätte sie plötzlich einen Entschluß gefaßt.«
Düring beugte sich nach vorn und zog mit gerunzelter Stirn an seiner Zigarre.

»Sie bog dann nach rechts in die Tiergartenstraße. Ich hielt mich eng unter den Bäumen, sie ging vor mir her, an den großen Villen entlang. Sie wußte anscheinend genau, wo sie hinwollte. Tatsächlich ging sie dann auf den Eingang einer Villa zu. Nummer 17. Sie klingelte und wurde eingelassen. Ich ging hinüber auf die andere Straßenseite und setzte mich ein Stück abseits auf eine Parkbank. Erst nach *anderthalb Stunden* kam sie wieder heraus. Sie winkte sich ein Taxi heran, stieg ein und fuhr weg. Ich habe mir das Haus Nr. 17 unauffällig näher angesehen. Es ist das Britische Generalkonsulat.«
Er klappte sein Notizbuch zu und sah seinen Vorgesetzten erwartungsvoll an.
»Gute Arbeit«, sagte Kommissar Düring, faßte sich ans Kinn und überlegte. »Das Britische Generalkonsulat ...« Er schüttelte den Kopf. »Geben Sie mir mal das Telefonbuch.«
Gleich darauf hob er den Hörer ab, sagte dem Fräulein vom Amt die Nummer und wartete auf die Verbindung. Pasewaldt sah ihm gespannt zu.
»Ja, guten Tag, Düring mein Name. Es geht um die Einreise nach England. Ich wüßte gern, welche Papiere ich dafür brauche. Bin ich da bei Ihnen richtig? – Ja. – Ja, ich bin deutscher Staatsbürger. – Ach so. Und das bekomme ich bei Ihnen? – Ja. – Ja, eins vielleicht noch. Mit welcher Wartezeit muß ich da rechnen? Angenommen, ich wäre heute nachmittag vorbeigekommen, wie lange hätte das wohl gedauert? – Ah ja. – Nein, ich habe zu danken. Auf Wiederhören!«
Düring hängte den Hörer in die Gabel. »Tja ...«, sagte er. »Was soll man davon halten?«
»Ja, meinen Sie nicht«, sagte Pasewaldt voller Eifer, »daß es sich dabei um Vorbereitungen handelt, außer Landes zu gehen? Um sich der weiteren Ermittlung zu entziehen?«
»Ach was. Ergibt keinen Sinn«, sagte Düring mürrisch und blies eine Rauchwolke über den Schreibtisch. Er lehnte sich wieder zurück. »Wie ich gerade gehört habe, braucht man für die Einreise ins Vereinigte Königreich ein Visum. Und um das Visum zu bekommen, braucht man einen gültigen Paß, der nicht älter als fünf Jahre sein darf und ein Lichtbild enthalten muß. Tja, und wenn ich nun einen Paß habe, in dem *Hendrik* Pritzkow,

männlich, steht, und auch das Lichtbild einen jungen Mann zeigt, dann gehe ich da nicht geschminkt und in Frauenkleidern hin, um ein Visum zu beantragen. Oder?«
Pasewaldt räusperte sich.
»Nein. Sicher nicht.«
»Außerdem war heute ein ruhiger Tag. Wenig Publikumsverkehr, man hätte kaum zu warten brauchen. Anderthalb Stunden sind eine lange Zeit ...«
»Das kann man wohl sagen. Ich habe noch nie so lange auf einer Parkbank gesessen.«
»Also, was hat sie da drinnen gemacht? Vielleicht gehört der britische Konsul zu ihren Verehrern?«
»Sie meinen, sie hat ...«
Düring lachte leise in sich hinein, als er Pasewaldts Gesicht sah. »Na gut«, sagte er, »wollen wir mal nicht gleich das Schlimmste annehmen.«
»Wer weiß ...« Pasewaldt war ernüchtert. »Vielleicht habe ich mich ja getäuscht. Vielleicht hat sie über gar nichts nachgedacht, sondern einfach nur gewartet. Herumgebummelt, bis sie zu ihrer Verabredung mußte.«
»Hat sie öfter auf die Uhr gesehen?«
»Eigentlich überhaupt nicht«, sagte Pasewaldt. »Aber vielleicht ist es wirklich so ... Vielleicht steht das alles in gar keinem Zusammenhang mit dem Fall.«
»O doch, das tut es«, sagte Kommissar Düring. Schwerfällig schob er seinen Stuhl zurück und stand auf. »Ich weiß nur noch nicht, in welchem.« Er trat ans Fenster und blickte hinaus auf den Innenhof des Präsidiums. »Wenn nicht«, sagte er, »dann gebe ich es wirklich auf. Dann gehe ich in Pension und züchte Rosen.«

Der Mann aus London

Hoch über den Feldern und Wiesen der Mark Brandenburg zog in der Abendsonne des 11. Juni 1923 ein brummendes Flugzeug seine Bahn. Es war ein großer Doppeldecker, ein Nachfahre der Langstreckenbomber des Weltkriegs, und der Pilot saß mit Lederhaube und Schutzbrille in der offenen Kanzel. Von Zeit zu Zeit blickte er über Bord, um sich an Flußläufen und Eisenbahnlinien zu orientieren, ansonsten verließ er sich auf seinen Kompaß. Am Vormittag war er vom Londoner Flugplatz Croydon gestartet, und nach Zwischenlandungen in Amsterdam und Hamburg hielt er jetzt Kurs auf Berlin.
Er flog die Strecke nicht zum ersten Mal. Seit knapp sechs Wochen bestand eine regelmäßige Flugverbindung zwischen der englischen und der deutschen Hauptstadt. Diesmal hatte er acht Passagiere an Bord. Etwas beengt saßen sie im geschlossenen Coupé, in Schals gewickelt, mit Wolldecken über den Knien, denn auch drinnen war es kalt und zugig. Ganz vorn saß ein Geschäftsmann um die Fünfzig, tief in seinen Astrachankragen geduckt, den Hut in die Stirn gezogen. Nur ein einziges Mal hatte er es gewagt, hinauszusehen. Seitdem starrte er nur noch leidend vor sich hin. Auch der schwarzgekleideten ältlichen Gouvernante hinter ihm, die offensichtlich gegen ihren Willen zu diesem Abenteuer genötigt worden war, schien es nicht gut zu gehen. Spätestens seit dem letzten Start sah sie aus, als sei sie fortwährend einer Ohnmacht nahe. Ihre Dienstherrin hingegen, eine schlanke junge Frau in großkariertem Reisemantel, hatte wie ihre zehnjährige Tochter ständig die Nase an der Fensterscheibe, und das begeisterte »Oh, look, look ...!« kam abwechselnd von der einen und der anderen. Hinter ihnen saß ein stilles Ehepaar, dick in Schals und Decken vermummt, das sich ab und an etwas zuflüsterte, der Mann tätschelte seiner Frau dann ermutigend die Hand. Eine junge Holländerin hinter ih-

nen, die in Amsterdam zugestiegen war, sah in ihrem schwarzen Ledermantel und der Lederhaube so aus, als hätte sie die Maschine eigentlich selbst fliegen wollen.
Neben ihr, auf der anderen Seite des schmalen Mittelganges, saß ein auffallend gutgekleideter Herr von etwa Mitte Dreißig. Sein Oberlippenbärtchen war zu einem dünnen, messerscharfen Strich gestutzt, den weichen grauen Hut hatte er ein wenig aus der Stirn geschoben, und was von seinem Haar zu sehen war, war schwarz und sehr glatt mit Pomade nach hinten gekämmt. Sein Mantel war offen, und auch seine dunkelblaue Klubjacke und die hellgrauen Flanellhosen trug er mit weltgewandter Lässigkeit. Die Beine übereinandergeschlagen, las er so unbeeindruckt seine *Times*, als säße er in einem Londoner Omnibus.
Kurz vor dem Start in Amsterdam hatte die Holländerin eine Taschenflasche gezückt und noch schnell einen Schnaps gekippt. Als sie den Blick ihres Sitznachbarn spürte, lächelte sie ihn fragend an, und er lächelte zurück und nickte. Wie sie trank er einen Schluck direkt aus der Flasche. Daß er sich nicht die Mühe machte, vorher den Flaschenhals abzuwischen, fand sie irgendwie nett. Ein Gespräch aber wollte trotzdem nicht recht in Gang kommen. Sie selbst erzählte ganz freimütig, daß ihr Vater Diplomat an der niederländischen Botschaft in Berlin sei, und daß er wahrscheinlich tot umfallen würde, wenn er ahnte, daß sie nicht mit der Eisenbahn reise, sondern mit dem Flugzeug. Von dem Engländer aber erfuhr sie nichts. Nur, daß er geschäftlich in Berlin zu tun habe und schon einmal dort gewesen sei. Zu weiteren Nachfragen ermutigte das nicht, und so wechselten sie den Rest des Fluges kaum noch ein Wort, was sie etwas enttäuschend fand.
»Oh, look! That's Berlin! Berlin!«
Aus den Augenwinkeln sah sie, wie er seine Zeitung sinken ließ und aus dem Fenster blickte. Sie wandte sich ihrem eigenen Fenster zu. Unten blieb gerade ein dunkles Waldgebiet zurück, und dahinter erstreckte sich, so weit man nur sehen konnte, die Stadt. Es war die drittgrößte Stadt der Erde. Vier Millionen Menschen lebten dort unten.
Aus den Schornsteinen der Fabriken zogen lange Rauchfahnen

über die Dächer. Hier und da wanderte der Qualm einer winzigen Lokomotive dahin. Große Hauptstraßen waren zu erkennen, schnurgerade Achsen, die scheinbar ins Endlose führten. Weit verstreut leuchteten einzelne Kuppeln und Türme. Wasser glitzerte in der Abendsonne, ein gewundener Flußlauf war zu sehen und ein großer grüner Park.
Schon ging das Flugzeug tiefer, die Dächer rückten näher, man konnte in die dunklen Schächte der Hinterhöfe hinabsehen. Grau und nüchtern reihte sich Häuserblock an Häuserblock. In den Straßen erkannte man jetzt Omnibusse, Autos, Pferdewagen, und dann plötzlich auch das Gewimmel der Menschen.

»Na, wer sagt's denn! Wir leben noch!« sagte die Holländerin, als die Landung überstanden war und das Flugzeug angehalten hatte.
»Auch wenn's mal wieder knapp war«, sagte ihr Sitznachbar mit einem Lächeln und erhob sich. Seinen Stock und seine Handschuhe in der Linken, die zusammengefaltete *Times* unterm Arm, rückte er seinen Hut wieder gerade und ging dann den engen Mittelgang entlang zur Tür.
Durch die Fenster sah man, wie sich die beiden Propeller immer langsamer drehten, bis sie schließlich stehenblieben. Das eingemummte Ehepaar hatte Mühe, sich aus den Wolldecken zu befreien. Die Gouvernante saß noch kreidebleich und mit geschlossenen Augen da, ihre Lippen bewegten sich in stillem Dankgebet.
Draußen waren Stimmen zu hören, eine kleine Treppe wurde herbeigerollt. Dann ging die Tür auf. Die junge Holländerin sah sich irritiert um. Von der Stadt, die eben doch noch dagewesen war, war nichts mehr zu sehen. Vor ihnen lag ein langer dunkler Waldrand, vor dem einsam ein anderes Flugzeug stand. Daneben ein Schuppen und eine Bretterbude mit einem Fahnenmast. Das Ganze sah aus, als wären sie an irgendeinem verlorenen Außenposten der Zivilisation gelandet.
»Willkommen in Berlin!« sagte der Engländer, neben der Treppe stehend, und reichte ihr die Hand. Hinter ihm standen die beiden Leute vom Personal, die die Treppe herangerollt hatten,

und grüßten mit knapper Verbeugung. Sie lachte unwillkürlich, als sie von der letzten Stufe ins Gras hinabstieg.
Sprachlos drehte sie sich noch einmal um und ließ ihren Blick über die ungeheure grasbewachsene Fläche wandern, auf der ihr Flugzeug stand. Der Platz war so groß, daß man die winzigen Häuser und Bäume an seinen äußeren Rändern kaum erkennen konnte.
»Ja, wo sind wir denn hier?« fragte sie.
»Mitten in der Stadt!« sagte der Engländer lächelnd. »Auf dem Tempelhofer Feld.« Mit einer Handbewegung deutete er ins Weite. »Was Sie hier sehen, war bis vor kurzem der größte Exerzierplatz Berlins.«
Erst vor zwei Monaten war auf dem alten Militärgelände der Berliner Zentralflughafen eröffnet worden.
»Ich glaube, wir müssen dort hinüber!« sagte der Engländer. Hinter ihnen kamen jetzt auch die anderen Passagiere die Treppe herab, ihre Wolldecken überm Arm. Durch das Gras gingen sie auf die Holzbaracke mit dem Fahnenmast zu.

Drinnen legte der Engländer einen Paß vor, der auf den Namen Arthur Fortescue lautete. Während sie auf ihr Gepäck warteten, streifte sich die Holländerin ihre Lederhaube ab und schüttelte ihren hübschen blonden Bubikopf. Sie und der Engländer lächelten sich an, und zu ihrer Zufriedenheit bemerkte sie in seinem Blick etwas wie leises Bedauern. Er hätte sie also schon gern kennengelernt. Nur gab es offenbar etwas, weswegen das nicht ging. Eine Frau? Sie fragte sich einmal mehr, was das wohl für Geschäfte sein mochten, die in Berlin auf ihn warteten.
Die Straße hinter dem Flugplatz war still und menschenleer, gegenüber lag ein dunkler Park, die Abendsonne stand hinter hohen Kiefern. Unten im Schatten standen drei alte schwarze Taxis in einer Reihe. Die beiden vorderen Chauffeure lasen Zeitung, der hintere schien eingenickt zu sein.
»Na dann!« sagte der Engländer und gab dem Gepäckträger ein Zeichen, daß er seinen Koffer in den vordersten Wagen laden solle.
Die Holländerin drehte sich nach den anderen Passagieren um,

die erst langsam nachkamen. »Es sind nicht genug Taxis da«, sagte sie.
»Wo wollen Sie denn hin, wenn ich fragen darf?«
»Rauchstraße. Im Westen, dicht beim Zoo.«
»Beim Zoo? Hmm. Das ist nun leider gar nicht meine Richtung.«
Sie lachte. »Woher wußte ich, daß Sie das sagen würden?«
»Sie wußten es?« sagte er mit gespieltem Erstaunen und reichte dem Gepäckträger sein Trinkgeld. »Dann wußten Sie wohl auch, daß das Flugzeug nicht abstürzen würde, was? Und uns lassen Sie zittern!«
Sie lachten beide, dann verabschiedeten sie sich, und der Engländer stieg ein. Erst als er mit seinem Stock gegen die Trennscheibe klopfte, faltete der Chauffeur seine Zeitung zusammen, zog die Scheibe auf und sagte:
»Ja?«
»Fahren Sie bitte los.«
»Und wohin?«
»Das sage ich Ihnen gleich.«
»Wie Eure Lordschaft wünschen«, brummte der Chauffeur, ein schnauzbärtiger Mann mit Schirmmütze und Lederjacke, und warf den Motor an. Als sie die Straße ein Stück entlanggefahren waren, rief er nach hinten:
»Ich muß hier gleich abbiegen! Also wohin?«
»Hotel am Zoo, bitte«, sagte Mr. Fortescue.

»83 000 Mark für einen einzigen Dollar! Können Sie sich das vorstellen?« sagte der Chauffeur über das laute Knattern des Motors hinweg. »Soweit ist es nun mit uns gekommen!« Er blickte kurz auf in den Spiegel, um zu sehen, ob sein Fahrgast auch zuhörte. »Wissen Sie, was hier im Frieden zwei Schrippen gekostet haben? Zusammen 5 Pfennig. Heute kostet eine allein 80 Mark!«
Wieder wich er so plötzlich einem Schlagloch aus, daß der Engländer sich unwillkürlich an den Türgriff klammerte.
»Ein Ei – ein ganz gewöhnliches Hühnerei, ja? Vor dem Krieg 8 Pfennige, heute 800 Mark!«
Der Engländer lächelte gezwungen, als er bemerkte, daß er

erneut im Rückspiegel gemustert wurde. Irgendeine Antwort schien der Chauffeur aber nicht zu erwarten. Ratternd und scheppernd ging die Fahrt über das holprige Pflaster, rings um sie her jetzt die Stadt, endlose Häuserfluchten, Menschenströme, Hauptstraßen, Querstraßen.
»Ein Liter Milch 1400 Mark! Ein Brot, das halbwegs anständig ist, 4500! Und kein Ende abzusehen! Der Stinnes kann lachen, sag ich Ihnen! Kauft sich eine Fabrik nach der anderen! Zahlen tun wir später, wenn das Geld nichts mehr wert ist! Mark ist gleich Mark! Man begreift es nicht, aber so geht das!« Er bremste plötzlich, dann fuhr er wieder an und bog um die Ecke. »Die einen stoßen sich gesund«, sagte er, »die andern gehen vor die Hunde.«
Der Engländer sah aus dem Fenster. Es stimmte zwar, was er im Flugzeug gesagt hatte, er war schon einmal hiergewesen, aber das war vor dem Krieg, ein paar Sommertage während einer Studienreise auf dem Kontinent. Die Stadt, die jetzt dort draußen vorüberzog, schien eine vollkommen andere zu sein.
Auf den früher so sauberen Bürgersteigen lag Abfall verstreut, Papier wehte umher. Von den prunkvollen Fassaden blätterte die Farbe, bröckelte der Putz. Bettler saßen an den Hausmauern, reglose Gestalten in zerlumpten Uniformresten, manche stellten ihre Beinstümpfe zur Schau. Eingefallene Bretterzäune gaben den Blick frei auf stilliegende Baustellen, deren Schutthalden meterhoch von Unkraut überwuchert waren. Am Straßenrand standen fliegende Händler mit Handwagen und klapprigen Verkaufstischen, einige hatten ihre Waren einfach auf Decken am Boden ausgebreitet.
Überall klebten Plakate, zerfetzt und halb abgerissen. *Streik, Widerstand, Spartakus, Stahlhelm, Versailles*. Geballte Fäuste, Hakenkreuze, Hammer und Sichel.
»Die einfachen Leute«, übertönte der Chauffeur den Motorenlärm und das Hupen der anderen Autos, »die können sich hier gar nichts mehr leisten! Nicht mal den Tod! Ist zu teuer geworden!« Er lachte. »Deshalb gibt es jetzt auch den ›Normalsarg für einfache Gebühr‹, wissen Sie? Ist bloß 50 cm hoch, mit Deckel und allem! Wissen Sie, wie das Ding schon genannt wird? Der ›Nasenquetscher‹!« Er lachte wieder und sah im Spie-

gel, daß auch der Engländer lachen mußte. »Ja, ja, Sie haben es gut! Pfund Sterling in der Tasche! Da können Sie hier die Puppen tanzen lassen! Sie werden schon sehen!«
Irgendwann hörte das Holpern und Poltern abrupt auf, und sie fuhren über glatten Asphalt, eine breite, baumbestandene Straße entlang.
»Merken Sie den Unterschied?« sagte der Chauffeur. »Jetzt sind wir gleich da.«
Am Ende der Straße sah man schon die hohen, spitzen Türme der Kaiser-Wilhelm-Gedächtniskirche. Hinter den Baumreihen zogen Cafés und Delikatessenläden vorbei, Parfumerien, Blumengeschäfte mit prächtigen Auslagen. Elegante Frauen mit Pelzkragen spazierten das Trottoir entlang.
»Tja, das ist die andere Seite der Medaille!«
Tanzpaläste, Lichtspielhäuser, große Caféterrassen waren zu sehen, als sie in den Kurfürstendamm einbogen.
»So, da wären wir!« sagte der Chauffeur, als er vor dem Hotel am Zoo hielt.
Der Engländer öffnete seine Wagentür.
»Was bekommen Sie?«
Der Chauffeur drehte sich um.
»Eigentlich 8000 Mark«, sagte er, seine Schirmmütze aus der Stirn schiebend. Er grinste. »Aber weil Sie es sind, nehm ich auch englische Währung.«

Am späteren Abend betrat Mr. Fortescue ein kleines, verqualmtes Cabaret in der Bülowstraße. Drinnen war es so dunkel, daß er im ersten Moment nicht viel mehr erkennen konnte als die Tischlämpchen unter ihren grünen Schirmen und im Hintergrund, in einem schwarzen Netz an der Wand, eine große, von innen leuchtende giftgrüne Spinne. Ein Kellner führte ihn an einen kleinen runden Tisch und nahm seine Bestellung entgegen.
»Eine halbe Flasche Champagner. Sehr wohl, der Herr.«
Er zündete sich eine Zigarette an und sah sich um. Das Lokal war beinahe vollbesetzt. Stimmengemurmel, leises Lachen. Ein fetter Zigarrenraucher am Nebentisch sah in dem grünen Licht aus wie ein Bronzebuddha, und die bleichgepuderten Frauen

wie eben auferstandene Tote. Auf der Bühne wurde es hell, der Conférencier trat in den Lichtkegel des Scheinwerfers und kündigte die nächste Nummer an.
Der Engländer trank seinen Champagner, rauchte und sah zu. Als erstes sah er einen ›Tanz der sieben Schleier‹, der aber nicht zur vollen Zufriedenheit des Publikums ausfiel. »Das waren erst sechs!« wurde der Tänzerin nachgerufen. Es folgte eine Reihe ermüdender Zauberkunststücke, dann erst kam der Auftritt, auf den er wartete.
»... mit einem Lied von Leo Heller«, sagte der Conférencier. »Musik und am Klavier Moritz Birnbaum.«
Der Klavierspieler erhob sich zu einer kurzen Verbeugung, setzte sich wieder und fing leise an zu spielen. Aus dem dunklen Bühnenhintergrund kam eine schlanke Gestalt nach vorn. Der Engländer erkannte sie sofort, noch bevor sie ins Licht trat.
Henny. Sie trug ein langes, enges schwarzes Kleid und lange schwarze Satinhandschuhe. Ihre Schultern und Oberarme waren nackt, an ihrem Hals glitzerte ein kleines Straßcollier. Neben dem Klavier blieb sie stehen und wartete kühl und gelangweilt auf ihren Einsatz.
Sie fing an, ihr Lied zu singen. Er wußte selbst nicht recht, was er erwartet hatte, aber so etwas nicht. »Neben dem Kohlenkeller ist unsere Stube ...«, sang sie. Es war das rührselige Lied eines armen Mädchens, das mit seiner Mutter und einem Schlafgänger in einem winzigen Kellerloch hausen mußte. Es paßte überhaupt nicht zu ihr, und sie sang es auch so provozierend gleichgültig, als wollte sie sagen: ›Na, das ist genau das richtige für euch Idioten, was?‹ Das Publikum wurde immer stiller, so als fragte es sich langsam, ob es sich diese Unverschämtheit einfach so bieten lassen solle. Der Engländer trank einen Schluck Champagner und hörte mit wachsender Besorgnis zu.

»Nur am Sonnabend schläft noch einer hier,
Da bleibt mein Schatz bei mir!«

Schlagartig änderte sich die Klaviermusik. Moritz Birnbaum griff entschieden in die Tasten, spielte ein hartes, treibendes Stakkato, und Henny sang mit spöttischem Schwung:

> »Mein Schatz ist Schlachter, er schlägt das Vieh
> Daß es einfach so umfällt!
> Zu schwach schlägt er nie.
> Er tötet im Schlachthof mit eisernem Hieb
> Von morgens bis abends. Aber mich hat er lieb.
> Am Sonnabend vertrinkt er den Wochenlohn
> Bis zum letzten Rest, das kenne ich schon.
> Und wenn er betrunken ist, dann sieht er rot,
> Dann hab ich mit ihm meine liebe Not,
> Dann schlägt er um sich in blinder Wut
> Und sieht überall nur noch Blut ...
> Nur noch Blut ...«

Hennys Lächeln hatte etwas Lauerndes, jetzt machte ihr das Lied schon sichtlich mehr Spaß. Um sich her hörte der Engländer erstes Hüsteln.

> »Und dann wirft man uns aus der Kneipe hinaus
> Und ich ziehe ihn weg: Komm, wir gehen nach Haus!
> Zum Kohlenkeller torkeln wir dann,
> Ich stütze ihn, so gut ich kann ...
> Neben dem Kohlenkeller, in unserem Zimmer,
> Schlafen meine Mutter und der Schlafgänger,
> So ruhig wie immer.
> Dann taumelt mein Schatz in die Stube hinein
> Und schlägt sofort alles kurz und klein!
> Meine Mutter und der Schlafgänger
> Rennen schreiend hinaus
> Und nehmen, so wie sie sind, Reißaus.
> Und mein Schatz, der lacht noch hinter ihnen drein!
> Und dann sind wir endlich, endlich allein ...«

Henny wich ein wenig zurück, bis ans Klavier. Ihre schmalen nackten Schultern ließen sie sehr verletzlich erscheinen.

> »Und ich küsse ihn und sag ihm:
> Ich lieb dich, ich lieb dich!
> Und dann packt er mich fest –«

Als würde jemand sie herumreißen, drehte sie sich dem Klavier zu. Erst jetzt war zu sehen, daß ihr Kleid vollkommen rückenfrei war. Sie reckte ein wenig den Po heraus und lächelte, über die Schulter zurückgewandt.

»Und dann schlägt er auch mich.«

Ein letzter schriller Klavierakkord und auf der Bühne ging das Licht aus. Ein paar Sekunden war Stille, dann erhob sich in dem grünen Halbdunkel ein zögernder Applaus, der rasch verebbte. Als das Rampenlicht wieder anging, war Henny verschwunden. Nur der Klavierspieler war noch da, stand kurz auf, verbeugte sich, und setzte sich wieder.
Der Engländer wartete auf die nächste Ansage des Conférenciers. Nein, Henny kam nicht noch einmal. Seine Zigarette rauchend, behielt er den Durchgang neben der Bühne im Auge. Aber nur die beiden Kellner gingen dort ein und aus. Er fragte sich, ob Henny ihn im Publikum entdeckt hatte. Wenn, dann hatte sie es sich nicht anmerken lassen.
Schon begann die nächste Nummer, ein Tanz mit einem Seidenschal, der anfing wie eine Schlangenbeschwörung. Er wußte nicht recht, was er davon halten sollte, aber die Tänzerin war hübsch und bis auf den Schal war sie nackt. Plötzlich legte sich von hinten eine Hand auf seine Schulter, und eine sanfte Stimme flüsterte ihm seinen wirklichen Namen ins Ohr.
»Arthur Rowland ...« Henny ließ sich auf den freien Stuhl gleiten. »Oder wie möchten Sie diesmal genannt werden, Sir?«
Lächelnd sahen sie sich an.
»Fortescue, wenn ich bitten darf«, sagte er so leise, daß ihn an den Nebentischen niemand verstehen konnte. »Arthur Fortescue.«
»Was denn? Einfach so?« fragte Henny. »Kein Lord und nichts?«
»Nein.« Er lächelte, wie über eine harmlos kindliche Vorstellung. »Kein Lord.«
Er hörte noch seinen Vorgesetzten in London sagen: ›O nein, mein lieber Rowland, Sie werden *nicht* als reicher Müßiggänger reisen. Schlagen Sie sich das gleich aus dem Kopf.‹

Tatsächlich war sein erster Vorschlag ›Lord Ashbourne‹ gewesen und sein zweiter, ebenfalls abgelehnter: ›Harold Duke of Berwick‹. Er öffnete sein silbernes Zigarettenetui, hielt es Henny hin.
»Trittst du heute abend noch mal auf?«
Sie nahm sich eine Zigarette und sah sich um. »Vor diesen Kretins? Ich denke gar nicht daran.«
Er gab ihr Feuer. »Bei dir waren sie immerhin still«, sagte er.
»Nur bei dir.« Auch jetzt wurde an den meisten Tischen ganz unbekümmert geredet und gelacht. Henny zuckte die Achseln, pustete Rauch aus.
»Und wenn schon. Dafür kann ich mir auch nichts kaufen.«
Einen Moment lang sah Rowland der Tänzerin zu, dann sagte er:
»Weißt du etwas in der Nähe, wo wir ungestört reden können?«
Henny lächelte. »Ich weiß sogar etwas, wo man immer ungestört ist. Egal, was man macht.«

»Hier geht's lang!« sagte sie, als sie auf die Bülowstraße hinaustraten, und hakte sich bei Rowland ein. »Es ist gleich da vorn!«
Zwischen anderen Nachtschwärmern bummelten sie das Trottoir entlang, durch die Lichter der Bars und Tanzcafés. Einige der jungen Männer, die ihnen entgegenkamen, waren gepudert und geschminkt. Unter der Hochbahn sah man dunkle Gestalten langsam auf und ab gehen.
Sie überquerten die Potsdamer Straße. Vor dem Eingang eines kleinen Hotels sagte Henny: »Da sind wir schon!« Die Nutten, die links und rechts an der Hausmauer standen, warfen ihr mißgünstige Blicke zu. Rowland fragte sich, ob sie Henny kannten. Es sah fast so aus. Er folgte ihr hinein.
Die alte Frau an der Rezeption musterte ihn mit Kennerblick, nahm dann ihre Zigarettenspitze aus dem rot bemalten Mund und verzog anerkennend das Gesicht.
»Alle Achtung, Kindchen«, sagte sie leise zu Henny. »Du machst dich.« Ohne hinzusehen, nahm sie einen Schlüssel vom Brett und reichte ihn ihr.

»Ah, die Fürstensuite.« Henny ließ den Schlüssel um ihren Zeigefinger kreisen. »Wir haben Glück!«

»Mein Gott, in so einer Absteige bin ich seit dem Krieg nicht mehr gewesen.« Beinahe andächtig sah Rowland sich in dem Zimmer um. Ein großes Bett, ein Waschtisch, ein Frisiertisch, alles alt und angestoßen, die Tapeten verblichen, das Licht rot und gedämpft.
»Und? Gefällt es dir noch?« fragte Henny und zog ihre Jacke aus.
Rowland lachte: »Ja!« Er kam sich beinahe vor wie in einer der anderen Absteigen, in denen sie ganze Nächte miteinander verbracht hatten, in London, in Brighton, in Folkestone.
»Ja ...?« sagte sie und legte ihm erst den einen, dann den anderen Arm um den Hals. Er zog sie an sich. Als sie sich küßten, klopfte es an der Tür.
»Der Sekt«, sagte Henny lächelnd.
Ein linkischer Kellner kam herein, stellte die zwei Gläser auf das Frisiertischchen und öffnete dann umständlich die Sektflasche.
»Gut, gut, den Rest machen wir schon«, sagte Rowland und gab ihm ein Trinkgeld. Als sie wieder allein waren, schenkte er ein und reichte Henny ein Glas. In dem roten Licht standen sie sich nahe gegenüber.
»Also dann, Sir!« sagte Henny. »Auf den Erfolg unserer – kleinen Unternehmung!«
Rowland wirkte plötzlich verlegen. »Henny ... Ganz soweit ist es noch nicht.«
Hennys Augen wurden schmal.
»Ah ja? Und wieso nicht?«
Sie stellte ihr Sektglas beiseite.
Rowland lächelte bedauernd.
»Es ist nicht mehr so wie früher, weißt du.« Er stellte sein Glas auf das Frisiertischchen zurück. »Die Zeiten sind einfach andere. Das Geld ist knapp. Seit der Krieg vorbei ist, wird überall nur noch gespart. Unser Budget ist drastisch gekürzt worden.«
Henny kam näher und legte ihm eine Hand aufs Revers. »Arthur ...«, sagte sie zärtlich, »du bist doch nicht aus London angereist, um mir hier solchen Mist zu erzählen, oder?«

Er lachte leise und faßte sie sanft mit beiden Händen in der Taille.
»Trotzdem ...«, sagte er. »Die Mittel werden heute nicht mehr so einfach bewilligt wie früher. Das ist nun mal so.«
»Und was machst du dann hier?«
»Wer weiß ...?« Er küßte sie auf die nackte Schulter. »Vielleicht bin ich ja deinetwegen gekommen.«
»For old times' sake, hmm? Und das soll ich dir glauben?« Sie löste sich von ihm.
»Nun ja. Eigentlich bin ich hier, um herauszufinden, ob an der Sache was dran ist.«
Henny horchte auf. »Und wer beurteilt das?« fragte sie. »Du selbst?« Sie nahm ihr Sektglas vom Tisch.
»In gewisser Weise schon. Ich schreibe einen Bericht.«
»Und je nachdem, wie der ausfällt ...?«
»... wird vielleicht etwas draus oder nicht.«
»Na also! Das klingt doch schon ganz anders.«
»Erst einmal brauche ich jetzt die Fakten«, sagte er. »Und zwar alle. Wer, wann, was, wie, wo, warum.«
Henny nahm einen kleinen Schluck Sekt und sah ihn an.
»Jetzt gleich? Sofort?«
Er lächelte. »Ich weiß ja nicht, wie lange das dauert. Meinst du, es hat Zeit bis morgen früh?«

Drei Tage zuvor hatte Arthur Rowland in London, unweit des St. James's Parks, in einem dämmrigen Büro voller alter Bücher und Seekarten und Schiffsmodelle eine längere Besprechung mit seinem obersten Vorgesetzten gehabt, einem kleinen, dicklichen Herrn von Mitte Sechzig, der wie immer Marineuniform trug und im rechten Auge ein goldgerändertes Monokel.
»Ich finde das alles ein bißchen wenig«, hatte der Vorgesetzte, Sir Mansfield Smith-Cumming, gesagt, indem er Rowlands schriftliche Eingabe auf den Schreibtisch zurücklegte. »Zu wenig jedenfalls, um daraus eine eigenständige Operation zu machen. Sie wissen ja, wie man uns zusetzt. Bald werden wir jeden Penny umdrehen müssen.«
Unlängst hatte sich ein aufgebrachter Abgeordneter vor dem versammelten Unterhaus darüber beschwert, daß ein Offizier

dieser Organisation innerhalb einer einzigen Woche die Summe von 120 000 Pfund durchgebracht hätte, mit dem Ziel, in Rußland eine Konterrevolution auf die Beine zu stellen.
»Eine Schande, diese Kleinkrämerei«, sagte Rowland. »Und noch dazu gefährlich kurzsichtig.«
»Sie sagen es, mein Lieber. Aber was ändert das? Ich muß so eine Sache auch vertreten können, vor allem dem Foreign Office gegenüber. Und soweit ich sehe, haben wir hier nichts als ein paar vage Vermutungen.«
»Einen Augenblick, Sir.« Rowland streckte die Hand nach seinem Antrag aus. »Darf ich?« Er überblätterte die ersten beiden Seiten, dann sagte er:
»Einiges sind auch unbestreitbare Tatsachen. Der Anruf bei der Kontrollkommission zum Beispiel, am 24. Mai. Ein Major Conway vom Stab der Kommission hat das nachgeprüft. Hier steht es: Die Frau hat mit einem Sergeant Haynes gesprochen, der sie für den kommenden Montag ins Hauptquartier bestellte. Dort ist sie aber nie erschienen. Am Tag davor, am Sonntag, dem 27., wurde sie ermordet aufgefunden. Und das Pensionszimmer, in dem sie gewohnt hatte, wurde noch am selben Tag von zwei Unbekannten unter einem Vorwand komplett ausgeräumt.«
»Sicher, sicher«, sagte Sir Mansfield Smith-Cumming, schon leicht ungeduldig mit seinem Drehstuhl hin- und herschwingend. »Das bezweifle ich ja auch gar nicht. Aber was wissen wir denn über diese angeblich brisanten Informationen, die Ihre Anruferin verkaufen wollte? Doch nur das, was da drinsteht, oder?«
»Das ist richtig, Sir.« Rowland legte die zusammengehefteten Seiten auf den Schreibtisch zurück. »Ich gebe zu, bis jetzt ist das nicht viel. Aber Major Conway hat auch lediglich die Stichwortprotokolle einsehen können, die routinemäßig über alle Anrufe geführt werden, mehr nicht. Sergeant Haynes hatte zu diesem Zeitpunkt schon keinen Dienst mehr in der Telefonzentrale, sondern befand sich, wie auch jetzt noch, als Dolmetscher eines höheren Stabsoffiziers auf Dienstreise nach Köln. Man hat versucht, ihn zu erreichen, aber leider ohne Erfolg.«
»Sie reden drumherum, merken Sie das?« sagte Cumming. »Aber mir läßt man so was nicht durchgehen. Ich werde gefragt: Eine

Operation in Berlin? Worum geht es dabei? Und was sage ich dann? Oh, so genau weiß ich das auch nicht. Irgend jemand hat da so gewisse Andeutungen gemacht, über Dinge, die vollkommen unmöglich klingen. Aha? werde ich gefragt: Und wer? Einer Ihrer Agenten? Nein, sage ich, eine Frau, die mir gänzlich unbekannt ist. Kennenlernen werde ich sie leider auch nicht mehr, sie ist nämlich tot. Aber eines weiß ich immerhin doch: Sie war eine kokainsüchtige Prostituierte!« Er lachte leise in sich hinein, nahm dann sein Monokel aus dem Auge und fing an, es mit einem Taschentuch zu polieren. »Früher hätte ich das ja glatt gemacht. Nur, um die Gesichter zu sehen. Aber heute ... Nein, nein, mein lieber Rowland, das ist nicht die Art Scherz, die man sich kurz vor der Pensionierung erlauben kann. Da glaubt einem womöglich keiner mehr, daß es ein Scherz ist!«
»Mit Verlaub, Sir, aber es ist auch keiner. Die Frau ist deswegen ermordet worden.«
Cumming setzte sein Monokel wieder ein. »Das sagen *Sie*. Woher wollen Sie das wissen?«
»Das Pensionszimmer. Ich denke, es ist eindeutig, daß etwas in ihrem Besitz vermutet wurde, das für gewisse Personen von größter Bedeutung ist.«
»Und was sollte das sein?«
»Aufzeichnungen«, sagte Rowland mit einer Sicherheit, die ihn selbst überraschte. »Aufzeichnungen über das, was sie der Kontrollkommission verkaufen wollte. Man hat sie zum Schweigen gebracht, aber man kann eben nicht sicher sein, daß sie nicht etwas Schriftliches hinterlassen hat.«
Cumming lehnte sich zurück und sah ihn an. »Hmm«, brummte er schließlich. »Sie scheinen ja recht überzeugt zu sein. Oder ... vielleicht möchten Sie auch einfach gern daran glauben?«
»Sir?«
Cumming lächelte nachsichtig. »Ach, wissen Sie«, sagte er, »dafür habe ich volles Verständnis, auch jetzt noch. Ich selbst bin auch nie ein großer Freund von Schreibtischarbeit gewesen. Eine richtige Operation, draußen, das ist etwas ganz anderes, keine Frage. Sie wollen die Sache doch selbst übernehmen, oder? Vor Ort in Berlin?«
»Das halte ich für das beste, Sir.«

»Ja, ich habe schon gesehen ...«, Cumming zog eine Schublade auf, »... der Hinweis stammt ja auch aus einer Ihrer ganz besonderen Quellen.«
Er holte eine Aktenmappe heraus und legte sie vor sich auf den Schreibtisch. Rowland sah mit einem Blick, daß sie aus der Registratur stammte. Auf dem angestaubten Pappdeckel konnte er die Archivnummer sehen und die Jahreszahl 1917/18.
»Ich habe mir daraufhin mal die alte Akte raussuchen lassen«, sagte Cumming und schlug die Mappe auf. »Oktober 1917.« Es klang wie ›Das waren noch Zeiten‹. »Intelligence Corps, Außenstelle Rotterdam. Verantwortliche Offiziere: Captain Sigismund Payne Best, Lieutenant Arthur Rowland ...« Er blätterte weiter. Das Papier war schon ganz vergilbt. Schlechte Kriegsqualität. »Alles da. Major Wallingers Berichte, Ihre eigenen Berichte. Moment? Ja. Hier geht es los ...«
Rowlands Haltung spannte sich etwas an. Cumming las weiter vor.
»Polizei Rotterdam teilt mit: Deutscher Deserteur, am Morgen des 5. Oktober 1917 in IJzendijke, Zeeländisch-Flandern, interniert, bestätigt in der Vernehmung, Angehöriger des Deutschen Militärischen Nachrichtendienstes zu sein, der sogenannten Abteilung III b. Bei seiner Flucht befand er sich in Begleitung eines jungen Mädchens. Vermutlich seine Geliebte. In Klammern: Ebenfalls interniert.«
Cumming blätterte um. »Ah, da haben wir sie ja!« Einen Moment lang studierte er ein kleines braunes Photo. Dann hielt er es Rowland hin. »Das ist sie doch, oder?«
Rowland erkannte das Bild sofort wieder. Er war dabeigewesen, als es aufgenommen wurde. Henny, siebzehn Jahre alt, in einem schmal geschnittenen Seidenkleid, wie man es damals trug, mit zweireihiger Perlenkette und einem Hut mit breiter, geschwungener Krempe. Ihr Gesicht geschminkt, ihre Lippen leicht geöffnet.
»Ja, Sir, das ist sie.«
Wie um alles in der Welt war das Bild in diese Akte gekommen? Cumming sah es sich noch einmal selbst an.
»Kaum zu glauben ...«, sagte er. »Sie sind wirklich sicher, daß das ein Junge ist?«

Sollte das eine Fangfrage sein? Rowland wurde vorsichtig.
»Unsere Militärärzte waren sicher. Ich habe mich auf ihr Urteil verlassen, Sir.«
»Ja. Natürlich.« Cumming lächelte undurchsichtig. »Die Holländer haben es ja angeblich nicht bemerkt. Stimmt das eigentlich?«
»Ja, das stimmt, Sir.« Rowland mußte an Hennys Antwort denken, als sie danach gefragt wurde. Das sind eben anständige Leute, hatte sie gesagt. Die fassen einem nicht gleich zwischen die Beine.
Cumming blätterte weiter. »Aha. Hier hatte man schon etwas näher untersucht, was da ins Netz gegangen war. Hendrik Pritzkow ... Angeblich aus gutbürgerlichen Verhältnissen. Höhere preußische Verwaltungsbeamte. Kommt offenbar in den besten Familien vor, so was ... Tja, wie ich sehe, hatten sich auch die deutschen Militärärzte nicht beirren lassen. Im Mai 1917 gemustert, für tauglich befunden und zum Kriegsdienst eingezogen. Immerhin glimpflich davongekommen. Mai bis Oktober 1917 Offiziersbursche bei einem Leutnant Friedrich Kallbach, geboren 1892 in Berlin. Nachrichtenoffizier der Abteilung III b, stationiert in Gent. Ah ja ... und der andere Deserteur, das war sein Kraftfahrer. Ein gewisser Max Janosz, geboren 12. 3. 1900. Mein Gott, auch erst siebzehn Jahre alt.«
Er blätterte eine Seite weiter. Rowland ahnte schon, was jetzt kam. Er hoffte, daß Cumming es wenigstens kurz machen würde.
»November 1917. Abberufung Captain Bests, Übergabe der Außenstelle Rotterdam an Lieutenant Ivone Kirkpatrick. Verantwortlich für die Überführung der Internierten nach England: Lieutenant Rowland, der dann auch die Vernehmungen durchführte ... Die Protokolle füllen ja mehrere Ordner, habe ich mir sagen lassen!«
»Das ist richtig, Sir. Dieser Leutnant Kallbach war der zuständige III b-Offizier für den Raum Gent, einen unserer wichtigsten operativen Bereiche. Die beiden Deserteure hatten ihn monatelang tagtäglich begleitet, jede Kleinigkeit, an die sie sich erinnerten, konnte von entscheidender Bedeutung sein.«
»Mm hm. Den Aussagen des Kraftfahrers Janosz haben Sie aber

offenbar keine große Bedeutung beigemessen. Jedenfalls waren Sie mit seiner Vernehmung ziemlich schnell fertig, wie ich sehe. Dann wurden die beiden getrennt, und Sie widmeten sich ausschließlich ...«
»Wenn ich dazu gleich etwas sagen darf, Sir. Mir ging es einzig und allein darum, so viel wie möglich über diesen Leutnant Kallbach und die Abteilung III b zu erfahren. Und ein Offiziersbursche steht natürlich in einem besonders engen Verhältnis zu seinem Vorgesetzten. Er hört und sieht so gut wie alles. Daher lag der Schwerpunkt bei den Vernehmungen ...«
»Ja, ja, das verstehe ich schon. Ihr hübsches Kind hier hatte ja wohl in der Tat ein besonders enges Verhältnis zu diesem Leutnant, oder? Eines, das über den gewöhnlichen Burschendienst weit hinausging?«
»Allerdings, Sir.«
»Wie weit hinaus?«
»Sehr weit, Sir«, sagte Rowland. Jetzt waren sie endgültig in vermintem Gelände angelangt. Jeder weitere Schritt wollte genau bedacht sein. »Auch dieser Frage bin ich seinerzeit nachgegangen.«
»Und zwar bis auf den Grund, könnte man sagen.« Cumming lachte und sah Rowland scharf durch sein Monokel an. »Die Geschichte hätte Sie damals beinahe Ihren Ruf als Frauenheld gekostet, ist Ihnen das klar?«
»Ich verstehe nicht, Sir.«
»Hier, hören Sie zum Beispiel, was Major S. T. Weaver schreibt. War Office, 7. Mai 1918.« Cumming drehte sich so weit mit seinem Stuhl herum, daß Rowland ihn genau von der Seite sah, und las vor:
»›Ich bin nicht der einzige in diesem Ministerium, der sich langsam zu fragen beginnt, ob Ihr Lieutenant Rowland unter ausreichender Dienstaufsicht steht. Seine letzte, äußerst merkwürdige Reihe von Vernehmungen, die er immer wieder aufnimmt, ohne sie je zu Ende zu führen, scheint auf eine Art zunehmender Besessenheit hinzudeuten. Wie Sie den Protokollen entnehmen können, gelten seine Nachforschungen kaum noch etwas anderem als den widernatürlichen Ausschweifungen deutscher Offiziere in Belgien, wobei er sich bevorzugt

immer dann in Einzelheiten verliert, wenn es um deren unsägliche Praktiken geht. Welchen Nutzen das alles für unsere Kriegführung haben soll, vermag sich hier niemand vorzustellen.‹«

Cumming drehte sich wieder zurück und sah Rowland an.

»Nun, mein Lieber? Was würden Sie dem guten Major heute antworten? Welchen Nutzen hatte es für die Kriegführung?«

»Einen Major Weaver habe ich leider nie kennengelernt, Sir«, sagte Rowland, scheinbar unbeeindruckt. »Wenn er es vorgezogen hätte, mich offen zu fragen, statt mich hinterrücks anzuschwärzen, hätte ich ihm sicherlich den Unterschied erklärt zwischen einer Schreibtischarbeit in Whitehall und einer Operation in feindlichem Gebiet.« Er setzte sich auf.

»Sir! Zu der Zeit, als ich in England die Vernehmungen durchführte, gab es immer noch Tausende von Belgiern, die Tag für Tag ihr Leben riskierten, indem sie im Untergrund gegen die deutschen Besatzer kämpften. Viele von ihnen gehörten zu den Agentennetzen, die Captain Best und ich von Rotterdam aus geleitet hatten. Nach den Ereignissen im Herbst 1917 schien ihre Sicherheit aufs äußerste gefährdet. Wir wußten einfach nicht, was dieser Kallbach als nächstes tun würde. Daß sein Offiziersbursche und sein Kraftfahrer desertiert waren, stand ja in unmittelbarem Zusammenhang mit unserer Operation in Gent. Die Frage war: Was passiert jetzt? Bekommt er Schwierigkeiten deswegen? Wird er versetzt? Oder gelingt es ihm womöglich, die Abteilung III b von seiner Schuldlosigkeit zu überzeugen und am Ende eine großangelegte Vergeltungsaktion in die Wege zu leiten? Auf diesen schlimmsten Fall mußten wir vorbereitet sein. *Das* war der Sinn der Vernehmungen: belastendes Material zu beschaffen, das unsere Belgier notfalls gegen Leutnant Kallbach verwenden konnten, indem sie es der Abteilung III b zuspielten. Denn daß er mit seinem Offiziersburschen heimlich ein Verhältnis gehabt hatte, das war sein schwacher Punkt. Damit konnte er zu Fall gebracht werden. Was wir brauchten, waren genaue, wenn möglich nachprüfbare Einzelheiten. Eben jene Einzelheiten, Sir, die Major Weaver für überflüssig hielt.«

»Aha. So war das also«, nickte Cumming scheinbar zufrieden. »Und was ist dann aus diesem Leutnant geworden?«

Rowland zuckte die Achseln. »Seine Spur verliert sich 1917 in Gent. Niemand von unseren Leuten hat ihn je wiedergesehen.«
»Meinen Sie, er lebt noch?«
»Wir wissen es nicht. Ich suche noch heute bei jeder Meldung, die wir aus Deutschland erhalten, nach seinem Namen. Aber er ist nie wieder aufgetaucht.«
»Mm hm ...«
Cumming schien nur noch müßig weiterzublättern. Rowland entspannte sich etwas. Aber zu früh.
»Ah, ich sehe hier gerade, Sie haben die Vernehmungen eine Zeitlang in Colonel Merrimans Haus durchgeführt?«
»Das ist richtig, Sir.«
Colonel Merriman war ein kinderlos verstorbener Offizier der Indischen Armee, dessen einsames Landhaus in der Grafschaft Kent, direkt am Ärmelkanal gelegen, seit seinem Tod als eine Art Gästehaus diente – für sehr spezielle Gäste allerdings, mit denen man sich in Ruhe unterhalten wollte, ohne daß die Welt etwas davon mitbekam. An der Einrichtung hatte man praktisch nichts verändert, es war immer noch dieselbe düstere Trophäenhöhle voller golden schimmernder Buddhas, vierarmiger Götterbilder und ausgestopfter Affen und Kobraschlangen. Auch das Tigerfell lag noch vor dem Kamin.
Von neuem beunruhigt, sah Rowland zu, wie Cumming in der Aktenmappe las und dabei ab und zu lächelte.
»Hören Sie sich das mal an. Kennen Sie einen Captain Crawford?« fragte Cumming, während er sich langsam mit dem Drehstuhl von ihm abwandte.
»Ich bin mir nicht sicher, Sir.«
»2. Juni 1918. Streng vertraulich. ›Ich fühle mich nun doch verpflichtet, Sie von dem Vorfall in Kenntnis zu setzen. Wie Sie wissen, verfüge ich über einen Schlüssel zu Colonel Merrimans Haus, und da die Besprechung in Folkestone kürzer ausgefallen war als erwartet, beschloß ich auf dem Rückweg, dort noch schnell nach dem Rechten zu sehen. Als ich ankam, war es vier Uhr nachmittags, und mir fiel sofort auf, daß alle Vorhänge zugezogen waren. Es war mir zwar bekannt, daß Lieutenant Rowland in dem Haus Verhöre durchführte, aber von außen sah es

so verlassen aus, daß ich dachte, er wäre schon damit fertig und das Haus stünde leer. Ich klingelte also nicht, sondern schloß die Tür gleich selbst auf. Sofort schlug mir ein Dunst entgegen, der mir von früher noch gut bekannt war. Vor dem Krieg war ich an mehr als einer Razzia im East End beteiligt, und den Geruch von Opium vergißt man nicht so schnell. Als ich auf mein Rufen keine Antwort erhielt, ging ich vorsichtig weiter hinein. Schon in dem dunklen Flur stolperte ich über eine Batterie leerer Flaschen, was einen erheblichen Lärm verursachte. Nichts rührte sich. Als ich die Tür zum Salon öffnete, fand ich ein wüstes Durcheinander vor. Im Halbdunkel sah ich zwei Personen, die offenbar nicht bei Bewußtsein waren. Zwischen ihnen, mitten auf dem Orientteppich, stand die prächtige alte Wasserpfeife, die ich als eines von Colonel Merrimans Sammlerstücken kannte. Sie war offenbar wieder in Gebrauch genommen worden. Lieutenant Rowland lag, nur mit einem halboffenen Morgenmantel bekleidet, lang ausgestreckt auf einem Diwan. Die zweite Person lag auf dem Tigerfell vor dem Kamin.‹«

Cumming hatte sich so weit herumgedreht, daß Rowland nur noch seinen Hinterkopf sah, der die hohe Rückenlehne knapp überragte.

»›Ich hielt sie zunächst für ein sehr junges Mädchen. Ihr Gesicht war geschminkt, und bis auf etwas Schmuck war sie völlig nackt. Mehrere lange Halsketten aus Jade, Muscheln und Korallen reichten bis zu ihrem Bauchnabel, an jedem Arm trug sie silberne Armreifen und auch um die Fußgelenke je einen Silberreifen. Noch im Schlaf hielt sie einen Schlauch der Wasserpfeife in der Hand. Erst bei näherem Hinsehen bemerkte ich zu meinem größten Erstaunen, daß ich in Wirklichkeit einen Jungen vor mir hatte. Wenn man so etwas denn einen Jungen nennen kann. Auch Lieutenant Rowland atmete ruhig und gleichmäßig, so daß ich es für das beste hielt, die beiden ihren Opiumrausch ungestört ausschlafen zu lassen. Ich schloß das Haus wieder ab und sprach weder mit meinem Chauffeur noch mit sonst jemandem ein Wort darüber. Ich kenne Lieutenant Rowland als einen zuverlässigen Offizier, dessen Verdienste unbestritten sind, und ich wünsche hiermit in keiner Weise ...‹ und so weiter und so fort.«

Bei diesen Worten schwang Cumming seinen Drehstuhl wieder herum und sah Rowland ins Gesicht.
»Nun? Was sagen Sie dazu?«
Rowland räusperte sich. »Ich gebe zu«, sagte er, »daß meine Methoden zuweilen recht ungewöhnlich waren. Bei einem Betrachter, der darauf nicht vorbereitet ist, kann das natürlich zu Mißverständnissen führen.«
»In der Tat, das kann es«, sagte Cumming, blätterte zurück und betrachtete noch einmal Hennys Bild. »Wissen Sie, was auf der Rückseite dieses Photos steht?«
Rowland sah ihn nur an.
»Die Adresse eines Photographen in der Baker Street. Und aufgenommen wurde das Bild im April 1918. Zu der Zeit also, als sich das junge Fräulein in Ihrer Obhut befand ... Nun könnte man natürlich fragen: Woher hatte sie das Kleid? Den Hut? Wieso ist sie geschminkt? Und wie ist sie überhaupt nach London gekommen?«
Rowland sagte immer noch kein Wort.
»Aber dem wollen wir jetzt nicht weiter nachgehen. Wir kennen die Antwort, nicht wahr?«
Cumming schloß die Aktenmappe und legte sie auf den Schreibtisch, ein Stück beiseite.
»Schach und matt, mein Lieber!« sagte er mit zufriedenem Lächeln und lehnte sich wieder zurück. »So schnell kann das gehen, wenn man nicht aufpaßt. Sie werden sich sicher gefragt haben, wie das Photo in diese Akte kommt. Ganz einfach: Sie haben es in Colonel Merrimans Haus vergessen, in einer Kommodenschublade. Sie sind damals sehr nachlässig geworden. Die Sache hätte Sie Kopf und Kragen kosten können, wenn wir nicht hinter Ihnen hergeräumt hätten.«
»Sir, ich ...«
Cumming winkte ab. »Ich wollte Ihnen das nur noch mal vor Augen führen. Für den Fall, daß es tatsächlich zu einer Operation in Berlin kommt, rate ich Ihnen dringend: Sehen Sie sich diesmal besser vor. Kompromittieren Sie sich nicht. Wenn irgend etwas schiefläuft, werden Sie sich wundern, wie schnell diese Akte hier wieder aus der Versenkung auftaucht. Und dann wird es nicht mehr so leicht sein, diese Dinge zu vertuschen.«

»Verstehe ich das richtig, Sir, daß Sie der Operation im Prinzip ...«
»Immer langsam! Das habe ich nicht gesagt.« Cumming überlegte einen Moment. »Wie ist das eigentlich?« fragte er. »Wird Ihr – Fräulein Pritzkow irgendwo in unseren Listen geführt?«
»Nur als nichtamtliche Mitarbeiterin.«
»Ich hoffe, sie bezieht keine Gelder von uns?«
»Nein, nein, es ist nur eine ganz lose Verbindung. Nichts – Kompromittierendes, Sir.«
»Um so besser.« Cumming nickte bedeutungsvoll. Dann fragte er:
»Wie kam es damals eigentlich dazu? War das Ihre Idee?«
»Ja und nein, Sir. Man könnte sagen, es hat sich so ergeben. Der Krieg war zu Ende und damit auch die Internierung. Wir mußten zu irgendeinem Abschluß kommen. Und da dachte ich: Mein Gott, jemand wie Henny ... Sie ist erst achtzehn. Und jetzt geht sie zurück nach Berlin. Wer weiß, was dort aus ihr wird.«
»Wem sie noch alles den Kopf verdreht, meinen Sie.«
»Zum Beispiel, ja. Denken Sie nur an die Prostituierten, die während des Krieges auf unserer Gehaltsliste standen. Alle möglichen Neuigkeiten, sogar Geheimpapiere aus deutschen Oberkommandos, stammten aus den Offiziersbordellen von Gent und Brüssel.«
»Nun, ich höre, Sie hatten doch schon eine recht genaue Vorstellung, was aus ihr werden würde.«
»Vor allem war mir eines klar: Jetzt lassen wir sie gehen und denken uns nicht viel dabei. Aber ein, zwei Jahre weiter, da kennt sie ein Berlin, das wir nie kennenlernen werden. Sie wird tausend Dinge sehen und hören, von denen wir nie etwas erfahren. Sie wird Zugang zu Informationsquellen haben, an die wir sonst nie herankommen. Ich dachte einfach: Was für eine Verschwendung.«
»Wenn Sie das so sagen. Da ist schon etwas dran.«
»Wenn ich mir die Bemerkung erlauben darf, Sir: Das gleiche gilt auch für die Ermordete in Berlin. Gerade Prostituierte haben oftmals ...«

»Ich weiß. Sie erwähnten ja eben die leuchtenden Vorbilder aus der Kriegszeit. Haben Sie damals noch mehr freie Mitarbeiter angeworben?«
»Für den Einsatzbereich Berlin nur noch einen, Sir. Max Janosz, der andere Deserteur, hatte sich ebenfalls bereit erklärt.«
»Janosz. Ja, richtig. Über den habe ich ja noch nicht viel gehört.«
»Aus wohlhabender jüdischer Familie stammend. Intelligent, begabt, soweit ich das beurteilen kann. Jemand, der vielleicht in Intellektuellenkreisen landet, dachte ich, oder bei einer Zeitung. Der jedenfalls einiges über den politischen Zustand seines Landes wissen wird.«
»Und ... wozu genau hat er sich bereit erklärt?«
»Beide haben schriftlich eingewilligt, als eine Art Reserve zur Verfügung zu stehen, für den Fall, daß wir eines Tages eine Operation in Berlin durchführen und Leute brauchen, die sich dort auskennen.«
»Ah ja.«
»Als Gegenleistung haben wir die beiden mit ordentlichen Entlassungspapieren eines englischen Kriegsgefangenenlagers ausgestattet, komplett mit Legende: wann und wo in Gefangenschaft geraten und so weiter. Auf diese Weise waren die Spuren verwischt, und sie brauchten auch nicht als Deserteure nach Deutschland zurückzukehren. Was ihnen sehr recht war. Insgeheim schienen sie immer noch Angst davor zu haben, an die Wand gestellt zu werden.«
»Bis jetzt haben wir ihre Dienste aber noch nicht in Anspruch genommen, oder?«
»Nein, Sir. Ich habe auch all die Jahre nichts von ihnen gehört. Ich war selbst überrascht, in Captain Foleys Bericht den Namen Henny Pritzkow zu lesen.«
Cumming schwang noch ein wenig mit seinem Drehstuhl hin und her. Dann hielt er plötzlich an und schlug mit der flachen Hand auf den Schreibtisch.
»Also gut, in Gottes Namen! Fahren Sie nach Berlin.« Er lächelte Rowland wohlwollend zu. »Damit Sie mal rauskommen!«
»Soll das heißen, Sir, daß Sie ...«

»Nur für ein paar Tage, versteht sich. Erst einmal überprüfen Sie Ihre angeblichen ›Tatsachen‹ und erstatten mir darüber Bericht. Dann sehen wir weiter.«
»Ja, Sir.«
»Gut. Das wäre vorerst alles.«
Rowland erhob sich. Cumming sah ihn noch einmal an und lächelte.
»Viel Erfolg, junger Mann.«
»Danke, Sir.«
Dann schwang der Drehstuhl herum, und von Cumming war nur noch der Hinterkopf zu sehen.

Noch halb im Schlaf hörte er einen Zug in einen Bahnhof einfahren. Autos hupten. Er mußte in einer Stadt sein. In London? Er machte die Augen auf.
Nein. Das Zimmer, in dem er lag, kam ihm völlig unbekannt vor. Es war klein und stickig. Durch einen Vorhangspalt fiel graues Morgenlicht herein. Da sah er Henny neben sich im Bett liegen, und auf einmal wußte er wieder, wo er war. In Berlin. Hochbahnhof Bülowstraße. Er hörte die Schiebetüren der Abteile zuknallen, dann den Pfiff einer Trillerpfeife.
Henny seufzte leise und streckte sich. »Oh«, sagte sie lächelnd, »ich hab also doch nicht geträumt.«
»Guten Morgen.« Er küßte sie auf die Stirn. »Gut geschlafen?«
»Nicht sehr lange, oder? Ich glaube, es wurde schon hell.«
»Gut möglich.«
Er küßte sie auf den Hals, auf die Schulter, streifte die Bettdecke weiter zurück. Henny schmiegte sich an ihn und spürte, daß er am liebsten gleich da weitermachen würde, wo er aufgehört hatte.
Wohlig, verschlafen drehte sie sich herum. Er lag auf dem Rücken, sie beugte sich über ihn und küßte sich dann ganz langsam immer weiter an ihm hinab.
»Mmm, ja ...«, sagte er leise. Anfangs sah er noch zu, wie ihr Kopf in seinem Schoß auf- und abging, dann atmete er aus und ließ sich zurück in die Kissen sinken. Auf einmal unterbrach sie sich.

»Gut so, Sir?«
»Hm? Ja, ja ...«
Sie machte weiter. Er schloß seine Augen. Da hörte sie schon wieder auf.
»Wir haben noch gar nicht über meine Bezahlung gesprochen.«
»Was?« Er sah sie ungläubig an.
Sie lächelte entschuldigend. »Fällt mir gerade so ein.«
»Ach, tatsächlich.«
»Na ja. Du weißt doch: Ich bin gut, aber auch teuer. Also, wie sieht es aus damit?«
»Henny, komm, laß den Unsinn, ja? Wir reden nachher darüber.«
»Ah, ah. Jetzt gleich.«
Er atmete tief durch. »Du weißt doch, daß noch nichts entschieden ist.«
»So in etwa. Wieviel?«
»Henny, bitte.« Er sah ein, daß es keinen Zweck hatte. »Also gut. Wenn es wegen der Inflation ist ... Da mach dir mal keine Sorgen. Ich werde zusehen, daß deine Bezüge irgendwie dem Tageskurs angepaßt werden.« Er lächelte schwach. »Zufrieden?«
Sie sah ihn an, als ob sie ihn zum ersten Mal so sehen würde, wie er wirklich war.
»Ihr wollt mich *in Mark bezahlen?*«
»Das ist hier die Landeswährung, oder nicht?«
»Warum nicht gleich mit Glasperlen?« Sie schüttelte den Kopf. »Perfides Albion«, sagte sie.
»Henny! Ich sagte doch gerade, ich werde dafür sorgen ...«
»Ich verlange Pfund Sterling!«
»Ich sagte, ich werde dafür sorgen, daß der Kursverfall entsprechend ...«
»Pfund Sterling! Oder aus der Sache wird nichts. Überleg dir das.«
Plötzlich lächelte sie. Ihre Augen wurden schmal. »Warte«, sagte sie sanft, »ich werde dir die Entscheidung etwas leichter machen.« Ihr Kopf senkte sich wieder über seinen Schoß.
»Mmm ...«

Na also, warum nicht gleich so, dachte er. Dann zuckte er zusammen.
»Was machst du da! Bist du verrückt!«
Ganz langsam biß sie fester zu.
»Nicht! Hör auf! Du bekommst ja, was du – «
»Hnn?«
»Pfund Sterling!«
Das war das Zauberwort. Er sank zurück und atmete auf.
Henny hob ihren Kopf, sah ihn an und lächelte.
»Gut. Abgemacht.«

»Kann man sich hier nicht ein Frühstück aufs Zimmer kommen lassen?« fragte Rowland eine Stunde später, über den Waschtisch gebeugt. Aus der Schüssel klatschte er sich kaltes Wasser ins Gesicht.
Henny lachte. Sie saß aufrecht im Bett, die Decke über den Knien, und rauchte eine Zigarette. »Das ist hier nicht das Adlon! Hier hat noch nie ein Mensch gefrühstückt.«
Er richtete sich auf, nahm das Handtuch und trocknete sich das Gesicht ab.
»Dann nehmen wir uns ein Taxi und fahren in mein Hotel. Wenn ich schon nicht in meinem Zimmer geschlafen habe, kann ich dort wenigstens frühstücken.«

Im Taxi fuhren sie durch die grauen Straßen, Rowland sah aus dem Fenster, sah von neuem die Bettler an den Hausmauern sitzen, und plötzlich mußte er daran denken, wie er Henny damals in England mit zum Cricket genommen hatte.
Es mußte im Sommer 1918 gewesen sein, jedenfalls waren sie noch in Colonel Merrimans Haus. Im nächsten Gasthof, im Black Swan, hatte er zufällig den Zettel gesehen, auf dem das Spiel angekündigt wurde. Ein lokales Team sollte gegen ein auswärtiges spielen, das sich ›Arms & Legs‹ nannte. Bei dem Namen hatte er sich nichts weiter gedacht. Er hatte es einfach für eine gute Gelegenheit gehalten, Henny mal etwas britische Lebensart vorzuführen.
Als er dann gesehen hatte, was der Name bedeutete, war es bereits zu spät gewesen. Es waren nur wenige Zuschauer er-

schienen, so daß es kaum möglich war, noch unauffällig zu verschwinden. ›Arms & Legs‹ war eine Mannschaft von Kriegsamputierten, allen elf Spielern fehlte entweder ein Arm oder ein Bein. Das andere Team hielt sich zwar deutlich zurück, aber je länger das Spiel sich dahinschleppte, desto schwerer erträglich wurde es für das Publikum. Die ganze Zeit hörte man das dumpfe Donnergrollen von der anderen Seite des Ärmelkanals. Und irgendwann konnte man einfach nicht mehr mit ansehen, wie ein Einbeiniger, unsicher schwankend auf seine Krücke gestützt, das dritte oder vierte Mal zum Schlag ausholte, und der Ball lag immer noch da.

Monate später, im November, war er eines Morgens in Hennys Zimmer gestürmt und hatte die Vorhänge aufgerissen: »Komm, komm, steh auf! Du weißt wohl nicht, was heute für ein Tag ist!« Sie hatte sich auf die andere Seite gedreht und etwas gemurmelt wie: »Ist mir auch egal.« Er hatte ihr die Decke weggezogen und sie aus dem Bett geworfen. Noch während sie sich schminkte, stand er ungeduldig daneben, blickte auf die Uhr und sagte: »So, das reicht, du bist hübsch genug.« Im Automobil raste er mit ihr die Landstraße nach Dover hinab. »Was ist denn los? Wo fahren wir hin?« wollte sie wissen. »Wart's ab! Du wirst staunen!« war die einzige Antwort. Auch während der Fahrt sah er dauernd auf die Uhr. »Es wird knapp!« Henny starrte nur verständnislos in den trüben Herbstmorgen hinaus, sie war immer noch müde und ihr war kalt. »Was willst du denn hier?« fragte sie, als er schließlich auch von der Landstraße abbog und einen holprigen Feldweg entlangfuhr. Irgendwo auf einer Wiese hielt er an und stieg aus. »Komm!« rief er ihr zu. Sie mußte ihren Hut festhalten, so windig war es. Schreiende Möwen flogen hoch über ihr hin und her. In ihren hochhackigen Schuhen stakste sie durch nasses Gras. Plötzlich sah sie vor sich die bleigraue See: den Ärmelkanal. Sie standen auf den weißen Klippen von Dover. Er sah sich um, als suchte er etwas. Sie sagte: »Kannst du mir vielleicht mal erklären ...« Er hob die Hand: »Warte! Warte!« Dann ließ er wieder seine Taschenuhr aufschnappen, fluchte und sagte: »Zu spät! Wir haben es verpaßt! Nur weil du morgens nicht aus dem Bett zu kriegen bist!« – »*Was* denn, um Himmels willen? *Was* haben wir verpaßt?« – »Ach!« Er winkte ab, ließ sie am Klippenrand stehen und stapfte hinüber zum Wagen. Als er gleich darauf zurückkehrte, lächelte er wieder. In der einen Hand hatte er eine Flasche Champagner und in der anderen zwei Gläser. »Halt mal die Gläser«, sagte er und fing an, die Flasche zu öffnen. Château Vaux stand auf dem Etikett. »Die habe ich extra für diese Gelegenheit aufgehoben!« Der Korken knallte und flog in hohem Bogen über die Klippe, eine Schaumfontäne schoß hinterher. Der Champagner war während der Fahrt so geschüttelt worden, daß die Flasche halb leer war. »Und was ist das für eine Gelegenheit?« fragte Henny. Rowland schenkte ein und sagte: »Hörst du das nicht?« Ihr Glas in der Hand, horchte sie, ohne zu wissen worauf. Auf einmal verstand sie, was er meinte. Sie mochte es kaum glauben. Das ferne, rollende Donnern der Artillerie, das immer dagewesen war, Tag und Nacht, all die Wochen und Monate, überall, in Gent, in Rotterdam, in Colonel Merrimans Haus ... es hatte aufgehört. »Ist das wahr?« fragte sie leise. »Ja«, sagte er. »Der Krieg ist vorbei.« Eine Weile sah sie einfach nur auf den Kanal hinaus. Irgendwo dort hinten, unsichtbar in dem grauen Dunst, mußte Flandern liegen. »Und seit wann?« Rowland warf einen Blick auf seine Uhr. »Etwa seit einer halben Stunde.«

Am Abend nahm er sie mit nach London, die ganze Stadt schien außer Rand und Band, Henny war begeistert. Am Himmel blitzte und knallte das Feuerwerk, überall wurde auf offener Straße gefeiert, gesungen, die Doppeldeckerbusse kamen kaum noch durch, auf ihren Oberdecks stand man dichtgedrängt und schwenkte englische Fahnen. Irgendwann standen sie mitten in einer wogenden, singenden Menschenmenge vor dem Buckingham Palace. Sie sahen den König auf dem Balkon. Und später, in einem lauten, überfüllten Lokal, in dem unaufhörlich Konfetti und Luftschlangen durcheinanderflogen, erzählte ihnen Lieutenant Davies, wie der Krieg zu Ende gegangen war.

Sie hatten ihn vorn an der Bar kennengelernt, er war vom Royal Flying Corps und erst am Abend in England eingetroffen. Morgens war er noch in Nordfrankreich gewesen. »Wir hatten eigentlich Befehl, am Boden zu bleiben. Aber dann rückte die

Stunde Null immer näher, der 11. 11., 11 Uhr vormittags, und ich wollte doch unbedingt sehen, wie der Krieg zu Ende ging. Und dafür mußte ich natürlich an die Front. Unser Stützpunkt lag in dichtem Nebel, aber ich startete trotzdem. Bis ich an der Front war, hatte es tatsächlich aufgeklart. Kurz vor elf war ich über dem Niemandsland und flog genau in der Mitte zwischen den Schützengräben dahin. Unten schossen sie noch genauso erbittert aufeinander wie immer, die Maschinengewehre knatterten, Kanonen donnerten, Granaten schlugen ein. Es war wirklich die letzte Minute des Krieges, und da unten starben immer noch Soldaten. Und dann, punkt elf Uhr, hörte das Schießen plötzlich auf. Ich flog nur etwa hundert Fuß hoch, und ich konnte sehen, wie die Männer nach und nach aus ihren Gräben geklettert kamen. Sie warfen ihre Helme und Gewehre in die Luft und gingen langsam, von beiden Seiten, ins Niemandsland hinaus. Dort trafen sie schließlich zusammen, schüttelten sich die Hände, redeten miteinander und kümmerten sich um die Verwundeten. Das war das Ende des Krieges, und ich habe es mit meinen eigenen Augen gesehen. Ich flog zurück zum Stützpunkt. Und das war's dann.«

In Rowlands Zimmer im Hotel am Zoo lag Henny nach dem Frühstück auf der Chaiselongue, rauchte und beantwortete seine Fragen. Rowland selbst saß am Tisch und schrieb zwischen Krümeln und leeren Kaffeetassen in sein Notizbuch. Er wollte alles ganz genau wissen, von Anfang an.
»Und woher kennst du diese Nelly Pahlke?«
»Die Welt ist klein«, sagte sie, »vor allem rund um die Gedächtniskirche. Irgendwann kennt man sich einfach. Es sind ja immer dieselben Gesichter.« Sie lächelte ihn an. »Nur die Herrenbegleitung wechselt.«
Er fragte nach allem, nach Cora Meinhold, nach der Pension und auch danach, was die Polizei gefragt hatte.
»Diese Pension Schönfeldt ...«, sagte er nachdenklich. »Dort muß es doch noch andere geben, die die beiden gekannt haben. Die hin und wieder mit ihnen gesprochen haben. Die vielleicht irgend etwas wissen, das uns weiterhelfen könnte ...«
Henny blickte ihrem Zigarettenrauch nach.

»Du weißt nicht zufällig, ob die Zimmer schon wieder vermietet sind, oder?«
»Doch. Sind sie.«
»Beide?«
»Ja.«
»Hmm. Na ja, da kann man nichts machen.«
»*Ich* habe eins davon gemietet.«
»Was? Ist das wahr?«
»Ich sagte doch, ich bin gut. Du glaubst es mir bloß nicht.« Sie schwang ihre Beine herum und setzte sich aufrecht hin. »Letzte Woche bin ich eingezogen. Gleich nachdem die Polizei das Zimmer freigegeben hat.« Sie drückte ihre Zigarette im Aschenbecher aus und blickte auf. »Ich wohne jetzt in dem Zimmer, in dem Nelly Pahlke gewohnt hat.«

Als sie wenig später aus dem Fahrstuhl in die Hotelhalle hinaustraten, fragte Rowland ganz nebenbei:
»Was ist eigentlich aus Max Janosz geworden? Siehst du ihn noch manchmal?«
»Kaum.«
»Was macht er jetzt? Weißt du das?«
»Er studiert. Jura, glaube ich.«
»Hier in Berlin?«
»Ja.«
»Moment mal eben.« Rowland gab seinen Schlüssel ab und besprach noch kurz etwas mit dem Mann an der Rezeption. Henny stand solange allein da, unter dem eisigen Blick des Empfangschefs. Er musterte sie von Kopf bis Fuß. Ihr geschminktes Gesicht, ihren schäbigen Pelzkragen. Sie wußte genau, daß ihm nichts entging, nicht einmal, daß ihre hochhackigen Schuhe schiefgelaufene Absätze hatten. Sie sah ihn leise trotzig an. ›Sieh zu, daß du rauskommst, du kleine Nutte‹, sagte sein Blick.
»So, das hätten wir!« sagte Rowland und nahm Henny wieder lächelnd beim Arm. »Die Direktion läßt mein Gepäck in ein Doppelzimmer verlegen.«
»Aha? Erwartest du noch jemanden?«
Er lachte kurz, faßte sie um die Taille und ging mit ihr hinaus. Draußen auf dem Kurfürstendamm winkte er ein Taxi heran.

»Also. Bis heute abend«, sagte er, als der Wagen vor ihnen am Straßenrand hielt. »Ach, und falls du ihn doch sehen solltest, rein zufällig vielleicht ...«
»Wen?« fragte Henny.
»Janosz. Wenn du mit ihm redest, dann denk dran: Kein Wort über den Fall Nelly Pahlke! Ganz egal, was darüber schon in den Zeitungen stand.«
»Ja, gut ...« Sie sah ihn verständnislos an.
»Daß wir uns für die Sache interessieren, geht niemanden etwas an, hörst du? Auch Janosz nicht, solang er nicht daran beteiligt ist. So sind die Regeln. Halte dich besser daran.« Er lächelte. »Sonst wird es womöglich nichts mit deinen Pfund Sterling.«
Damit stieg er ins Taxi. »Zum Britischen Generalkonsulat, Tiergartenstraße 17«, hörte Henny ihn noch sagen, dann klappte die Tür.
Unschlüssig bummelte Henny ein Stück den Kurfürstendamm hinunter, warf mal hier einen Blick in ein Schaufenster, blieb dort an einem Zeitungskiosk stehen. Was sollte das eigentlich heißen? Ob er *will*, daß ich schon mal mit Max rede? Zögernd blickte sie die Uhlandstraße entlang. Ein Stück weiter war schon die Carmerstraße. Vielleicht soll ich ja mal hören, was er sagt. Ob er sich noch daran erinnert, was er damals in England unterschrieben hat. Egal. Sie mußte sowieso darüber reden. Und mit wem sonst?

Wieder stieg Henny die endlosen Treppen des Hinterhauses in der Carmerstraße hinauf. Diesmal war hinter der Tür mit dem Namensschild ›M. Janosz‹ nur das Tacken einer Schreibmaschine zu hören.
»Ach, Henny«, sagte Max, flüchtig aufblickend, als sie eintrat. Eine Zigarette im Mundwinkel, hämmerte er weiter mit zwei Fingern auf die Tasten ein. Die enge Dachstube war dicht verqualmt. »Moment. Nur noch eben diesen Satz ...«
»Puh!« sagte Henny und wedelte mit der Hand vor ihrem Gesicht. »Was rauchst du denn da für einen Kamelmist?«
Zwischen leeren Weinflaschen und halb umgesackten Zeitungsstapeln der *Roten Fahne* ging sie vorsichtig drei, vier Schritte ins

Zimmer und öffnete beide Flügel des kleinen Gaubenfensters. Rauchschwaden zogen hinaus. Sie drehte sich um.
»Ganz allein heute?«
»Sie kauft nur ein bißchen was ein«, sagte Max, halb abwesend, während er noch einmal durchlas, was er zuletzt geschrieben hatte. Er steckte sich die Zigarette wieder zwischen die Lippen und tippte weiter.
Henny sah sich im Zimmer um, betrachtete das Lenin-Bild und das Grammophon. Über dem Ofenrohr waren Handtücher zum Trocknen aufgehängt. Vor dem ungemachten Bett lagen verstreute Kleidungsstücke am Boden.
»Die ist ja ganz niedlich, die Kleine. Wie alt ist sie denn?«
Max zog unwillig die Augenbrauen zusammen.
»Neunzehn.«
Er hörte auf zu tippen. Über die Schreibmaschine hinweg sah er Henny an, als fragte er sich plötzlich, weshalb sie hier war. Er lehnte sich zurück, nahm noch einen letzten Zug aus seiner Zigarette.
»Wolltest du neulich nicht irgendwas mit mir besprechen?«
»Was? Ach so, das hat sich erledigt.« Henny setzte sich auf die Bettkante. »Ist sie aus Berlin?«
»Aus dem Wedding!« Max schien stolz darauf zu sein, daß sie aus einem richtigen Arbeiterviertel kam. »Ihr Vater ist Dreher bei Borsig. Schon der Großvater war Sozialist und Gewerkschafter.«
»Crème de la crème sozusagen, was?« Henny hob etwas vom Boden auf. Es war ein kurzes Seidenhemdchen, oben mit Spitzenrand. Sie hielt es an beiden Trägern in die Höhe und begutachtete es. »Hübsch, hübsch«, sagte sie und sah Max dabei an.
Max lächelte nur etwas verlegen. Ansonsten schien er sich nichts dabei zu denken. Typisch, dachte Henny. Der hat natürlich keine Ahnung, was so was kostet. Ein Seidenhemdchen von Levy. Feinste Luxuswäsche, Potsdamer Platz. Nicht schlecht für ein Arbeiterkind ... Sie sagte aber nichts.
»Ich wollte dir ja eigentlich das Neuste erzählen!« Sie ließ das Hemdchen wieder zurückfallen. »Rate mal, wer in der Stadt ist!«

»Na, wer?«
»Arthur Rowland!«
»Was? Im Ernst?« Max sah sich um, als hätte er Angst, daß jemand den Namen gehört haben könnte. »Und was will er?«
»Was soll er denn wollen?« sagte Henny. »Er ist einfach ein paar Tage in Berlin. Und da hat er gefragt, wie es dir geht.«
»So, so, wie nett.« Max sah sie mißtrauisch an. »Mir geht es gut, vielen Dank. Und das soll auch so bleiben. Hat er dich hergeschickt?«
»Unsinn!«
»Mach mir nichts vor.«
»Also wirklich, du tust ja, als ob er ...«
»Henny, bitte!« Max hob beide Hände. »Das alles ist vorbei und vergessen, verstehst du? Er kann jetzt nicht einfach ankommen, nach all den Jahren, und sich einbilden, daß ich hier irgend etwas für ihn ...«
»Max, ich sage doch gerade ...«
»Meine Antwort ist nein! Sag ihm das. Ich will mit so was nichts mehr zu tun haben!«
»Wie kommst du denn darauf, daß er ...«
»Womit willst du nichts mehr zu tun haben?« fragte plötzlich eine Stimme. In der offenen Tür stand Lina, den Einkaufskorb auf dem Arm.
»Und wer ist das, dieser Rowland?« fragte sie. »Ein Amerikaner?«
Max seufzte. Das hatte gerade noch gefehlt: daß er ihr das alles erklären mußte. Er schüttelte den Kopf. »Nein. Ein Engländer.«

Schlechtgelaunt betrat Kommissar Düring das kleine Vorzimmer, in dem Fräulein Lamprecht an der Schreibmaschine saß und tippte.
»Können Sie nicht mal einen Augenblick mit dem Geklapper aufhören! Ich muß nachdenken.«
Fräulein Lamprecht sah ihn beleidigt an.
»Aber beschweren Sie sich nachher nicht, daß die Protokolle nicht fertig sind!«
»Ja, ja ...« Düring öffnete die Tür zu seinem Büro und drehte sich noch einmal um: »Wo ist Pasewaldt eigentlich?«

»Na, auf Zeugenermittlung in der Mordsache Schürmann.«
»Was? Wer hat das angeordnet?«
»Sie selbst, Herr Kommissar.«
Düring brummte noch etwas vor sich hin, dann machte er die Tür hinter sich zu. Er trat an den Aktenschrank, nahm zwei Ordner heraus, knallte sie mürrisch auf seinen Schreibtisch und setzte sich hin. Erst als er sich eine Zigarre angezündet hatte, beruhigte er sich etwas. Er kam gerade aus einer Besprechung mit Kriminaldirektor Brandes, die wenig erfreulich verlaufen war.
Brandes hatte ihm vorgehalten, mit den Ermittlungen noch keinen Schritt weitergekommen zu sein. Nach seiner Sicht der Dinge wurden täglich Prostituierte ermordet, weshalb man sich mit einer einzelnen nicht so lange aufhalten könne. Düring ärgerte sich über sich selbst, weil er dazu nichts weiter gesagt hatte als ›Jawohl, Herr Kriminaldirektor‹.
Sicher, inzwischen gab es andere Fälle, die dringend bearbeitet werden mußten, und beinahe täglich kamen neue hinzu. Gestern erst hatte man fünf Leichenteile aus der Spree gefischt. Keine Frage, er stand unter Druck. Aber der Fall Nelly Pahlke ... das war alles andere als ein gewöhnlicher Prostituiertenmord. Das sagte ihm sein Instinkt, und auf den hatte er sich noch immer verlassen können. Er nahm sich noch einmal die Akten vor. Vielleicht hatte er ja doch etwas übersehen. Irgendeine Kleinigkeit. Also noch einmal von vorn.
Das Projektil. Eine 9-mm-Parabellum-Patrone. Weiteste Verbreitung, hatte der Sachverständige dazu angemerkt. Bei der Tatwaffe handele es sich mit hoher Wahrscheinlichkeit um eine Armeepistole Luger 08, wie sie im Krieg verwendet wurde. Heute gehöre sie zur Ausrüstung der Reichswehr, außerdem sei es die Standard-Dienstwaffe der Berliner Schutzpolizei. Düring selbst hatte so eine Pistole im Schreibtisch liegen. Sie war die Waffe, die bei Kriegsende am häufigsten unterschlagen wurde. Die Stückzahl der nicht ordnungsgemäß abgegebenen Pistolen ging in die Hunderttausende. Sehr ermutigend.
Zeugen hatten sich auch keine mehr gemeldet. Nicht, daß er ernsthaft darauf gehofft hatte. Wer sich nachts im Tiergarten herumtrieb, der ging nicht auch noch freiwillig zur Polizei, um

sich ausfragen zu lassen. Die Obdachlosen sowenig wie die Strichjungen, von der Kundschaft der Strichjungen ganz zu schweigen.
Nur die Zeitungsberichte hatten zu einer ganzen Reihe von Anrufen geführt. Er blätterte in den Protokollen. Gräßliche Schreie wollte einer gehört haben. Leider am falschen Tag. Ein anderer hielt es für seine Pflicht, darauf hinzuweisen, daß es sich hier um einen ›typisch jüdischen Ritualmord‹ handele. Die Beamten am Telefon hatten das alles unterschiedslos und präzise, mit spitzer Feder notiert: Diese Hure habe ihre gerechte Strafe gefunden. Sie habe es nicht anders verdient.
Düring seufzte und blätterte weiter.
Pension Schönfeldt. Die Durchsuchung der Zimmer hatte rein gar nichts ergeben. Gut, man hatte einen Haufen nicht identifizierter Fingerabdrücke, aber das nützte im Augenblick auch nichts. Dann die Vernehmung der übrigen Bewohner. An dem Sonntagnachmittag, an dem Nelly Pahlkes Zimmer leergeräumt worden war, hatte sich angeblich keiner von ihnen in der Pension aufgehalten. Frau Schönfeldt bestätigte auch, daß sie niemanden gesehen oder gehört habe und mit den beiden unbekannten Besuchern allein gewesen sei. Deren Beschreibung blieb dürftig und nichtssagend. Der eine vielleicht etwas älter, der jüngere etwas größer. Genaueres war nicht aus ihr herauszubekommen. Offenbar hatte man sie nicht allzu schlecht bezahlt.
Dann Cora Meinhold, die noch immer spurlos verschwunden war. Auch in Bremerhaven war sie nicht wieder aufgetaucht. Dreimal war er jetzt schon in die Hannoversche Straße gefahren, weil man die Leiche einer unbekannten jungen Frau eingeliefert hatte. Die Anweisung blieb bestehen, ihn auch künftig sofort zu benachrichtigen. Nach der Vermißten wurde weiter gefahndet.
Eine Sache hatte er selbst noch notiert und am Rand mit einem großen Fragezeichen versehen. Laut Zeugenaussage trug Nelly Pahlke in der Mordnacht einen kleinen grünen Turban mit drei ebenfalls grünen Federn. Außerdem hatte sie eine Handtasche dabeigehabt. Beides war am Tatort nicht gefunden worden.
Er blätterte noch eine Weile in den Akten, aber er wußte genau: Das war alles. Mehr hatte er nicht in der Hand.

Der entscheidende Fehler war gleich am Anfang gemacht worden, am Montagmorgen im Leichenschauhaus. Nicht von ihm selbst, sondern von dem jungen Kriminalsekretär, der dort Dienst gehabt hatte. Er hätte die Zeuginnen Meinhold und Pritzkow sofort voneinander trennen müssen, anstatt sie fast eine Stunde lang zusammen auf einer Bank sitzen zu lassen. Es war ihm sogar noch aufgefallen, daß sie miteinander getuschelt hatten. Zu spät. Düring war sicher, daß sie die Gelegenheit genutzt hatten, sich abzusprechen. Er war sicher, daß sie ihm beide etwas verschwiegen hatten. Und zwar das Entscheidende.

Die Kontrollkommission

Paris, Gare du Nord, am Abend des 12. September 1919.
An einem der Bahnsteige in der großen, dunklen Halle wartete abfahrbereit ein langer Sonderzug. Es war der erste Zug seit fünf Jahren, der von Paris nach Berlin fahren sollte. Auf der Plattform vor den offenen Waggontüren standen Offiziere verschiedener Nationen in kleinen Gruppen beieinander. In den scharfen Lichtkegeln der Bogenlampen konnte man deutlich die Uniformen unterscheiden: das helle Blau der Franzosen, das Khaki der Engländer. Auch einige graue und dunkelblaue Uniformen waren dabei: Belgier und Italiener. Etwas abseits standen sogar zwei japanische Offiziere.
Hinter der Barriere, deren Durchgang von Gendarmen abgesperrt wurde, drängte sich eine neugierige Menge. Ein englischer Major, gefolgt von seinem Offiziersburschen und einem schwerbeladenen Gepäckträger, hatte Mühe, sich seinen Weg hindurchzubahnen.
Die Gendarmen drängten einige der Zuschauer zur Seite, und der Major trat hinaus auf den Bahnsteig. Sein Bursche holte ihn mit wenigen raschen Schritten ein.
»Er sagt, der Gepäckwagen ist dort hinten, Sir.«
»Gut. Passen Sie auf, daß nichts verlorengeht. Moment, der Koffer da kommt in mein Abteil!«
Der Major ging hinüber zu den anderen britischen Offizieren.
»Major Conway! Guten Abend«, sagte General Morgan. »Dann sind wir ja vollzählig. Wie sieht's bei den anderen aus?«
»Nollet ist noch nicht da.«
Die beiden Lokomotivführer standen vorne mit einem Bahnbeamten zusammen, der ihnen besondere Instruktionen zu geben schien.
»Wie ist denn der Zustand der Strecke?« fragte Conway etwas besorgt. »Haben Sie was gehört?«

»Nein, nichts Genaues«, sagte Major Scott. »Aber ich fürchte, schlecht.«
Er und Conway gingen noch einmal am Zug entlang, vorbei am Speisewagen und an den Abteilen für die Mannschaften, bis ganz zum Ende. Hinten waren noch zwölf offene Waggons angekoppelt. Auf den Ladeflächen standen, festgezurrt und unter Abdeckplanen, die Kraftfahrzeuge.
»Sehen Sie?« zeigte Scott mit seinem Reitstock. »Das waren die Gepäckträger.«
Auf jeder der schwarzen Planen stand in großen Kreidebuchstaben: *à Berlin*. Fünf Jahre zuvor hatten die deutschen Soldaten, ebenfalls mit Kreide, ›Nach Paris!‹ an ihre Waggons geschrieben. Die Gepäckträger standen noch da und betrachteten mit grimmiger Genugtuung ihr Werk.
»Tja ...«, sagte Major Conway. »Wir können nur hoffen, daß wir den Erwartungen gerecht werden.« Besonders zuversichtlich klang er nicht.
Es waren etwa vierzig Offiziere, die an diesem Abend nach Berlin abreisten. Sie bildeten das Vorauskommando der Interalliierten Militär-Kontrollkommission, die in den nächsten Monaten darüber wachen sollte, daß das besiegte Deutschland die Abrüstungsbestimmungen des Versailler Vertrages erfüllte. Jeder von ihnen wußte, wie die Bedingungen dieses Vertrages in Deutschland aufgenommen worden waren. Seit Wochen war in den deutschen Zeitungen von nichts anderem die Rede als vom ›Gewaltfrieden der Siegermächte‹ und dem ›Schandvertrag von Versailles‹.
»Ich glaube, da vorne tut sich was!« sagte Major Scott.
Die französischen Offiziere nahmen plötzlich Haltung an und salutierten. Durch die Barriere kam Général Nollet, der Präsident der Kontrollkommission.
»Na, dann geht es wohl los. Kommen Sie.«
»En voiture, messieurs, s'il vous plaît!« rief der Schaffner. Nach und nach klappten die Türen zu. Der Pfiff einer Trillerpfeife, und schnaufend, stampfend setzte sich der Zug in Bewegung. Einige der französischen Offiziere winkten noch aus den offenen Fenstern, dann blieb die Plattform langsam zurück. Der Zug wurde schneller, der Qualm der Lokomotive wehte herein,

und die Fenster wurden eines nach dem anderen geschlossen.
Major Conway ging durch den schmalen Korridor und suchte sein Abteil. Draußen zogen die Lichter von Paris vorbei. General Morgan hatte die Tür zum Gang offengelassen und richtete sich gerade ein. Conway hatte das Abteil nebenan. Sein Offiziersbursche hatte schon das Bett gemacht, das Handgepäck stand bereit. »Wann wünschen Sie den Morgentee, Sir?« – »Wann sind wir denn in Köln?« – »Darauf wollte sich niemand festlegen, Sir. Kommt auf den Zustand der Gleise an, und wie wir durchkommen, Sir.« – »Na gut, das müssen wir halt abwarten. Den Morgentee also ... irgendwann. Wenn die anderen ihn auch bekommen.« – »Sehr wohl, Sir. Ich wünsche eine gute Nacht, Sir.« – »Ja. Ihnen auch.« Der Offiziersbursche ging durch den Zug nach hinten, zum Waggon für die Mannschaften.
Major Conway stopfte sich seine Pfeife, zündete sie an und trat dann ebenfalls wieder hinaus auf den Korridor.
»Ach ... Major?« General Morgan ließ das Buch sinken, in dem er gelesen hatte.
»Ja, Sir?«
»Ich bekomme noch eine Unterschrift von Ihnen.«
Morgan suchte in seiner Aktenmappe. Conway warf einen Blick auf das Buch, das auf dem Sitz lag. Es war ein deutsches Buch: Goethe, *Dichtung und Wahrheit*.
»Ich sehe, Sie stimmen sich schon etwas auf Deutschland ein, Sir?«
»Nun ja, wie man's nimmt.« General Morgan zog ein Formular aus der Mappe, hielt dem anderen einen Füllfederhalter hin. »Unten rechts, bitte.« Conway unterzeichnete. Morgan drehte den Füller wieder zu und steckte ihn ein.
»Ich fürchte, es wird nicht gerade das Land Goethes sein, das uns erwartet.«
»Nein, das wohl nicht ...«, sagte Conway. »Aber meinen Sie nicht, daß manche Berichte auch übertrieben sind?«
»Das wollen wir hoffen«, sagte General Morgan. »Schließlich werden wir in Berlin ganz auf uns allein gestellt sein. Dort sind die nächsten alliierten Truppen Hunderte von Meilen entfernt.«

Das Abteil war plötzlich hell erleuchtet, der Zug fuhr durch einen Vorortbahnhof.
»Kein sehr angenehmer Gedanke, Sir.«
»Nein«, sagte General Morgan. »Aber so sieht es aus.«
Was in Deutschland auf sie zukam, ein knappes Jahr nach dem Waffenstillstand, das wußte keiner von ihnen. Aber die Meldungen und Berichte waren besorgniserregend genug. In endlosen Marschkolonnen waren die Soldaten des deutschen Westheeres in ihre Heimat zurückgekehrt. Dort herrschten Bürgerkrieg und Revolution, die ganze riesige Armee hatte sich ungeordnet aufgelöst. Hunderttausende, hieß es, seien noch immer in Uniform, viele hätten ihre Waffen nicht abgegeben. Überall im Land hatten sich wilde Söldnertrupps gebildet, die zu allem bereit waren, nur nicht zu einer Rückkehr ins bürgerliche Leben.
»Wissen Sie«, sagte Morgan, »was Marschall Foch in Versailles gesagt hat? Das sei kein Frieden, das sei ein Waffenstillstand für zwanzig Jahre.«
Conway runzelte die Stirn und nahm die Pfeife aus dem Mund. »Und 1939 kommt dann der neue Weltkrieg, wie? Na, wir werden ja sehen, ob der alte Knabe recht behält.«
»Falls wir so lange leben, Major.«
Beide lachten kurz. »Ja«, sagte Conway. »Falls wir so lange leben!«
In seinem Abteil schaltete er dann ebenfalls die kleine Leselampe ein, packte ein paar Sachen aus dem Koffer aus und setzte sich in die Ecke am Fenster. Er goß sich einen Fingerbreit Whisky ein und blätterte dann gemächlich in der *Times* von vorgestern.
Draußen war es jetzt dunkel. Auf dem Korridor waren Stimmen zu hören. Ein paar britische Offiziere standen dort zusammen, immer wieder lachten sie laut auf. Scott und Ewald schienen sich wieder gegenseitig mit ihren Geschichten zu überbieten. Aber das Rattern der Räder war zu laut, Major Conway konnte nichts verstehen. Er stopfte sich eine zweite Pfeife, zündete sie an und las weiter in seiner Zeitung.
Ein, zwei Stunden mochten so vergangen sein, da ließ er die Zeitung sinken. Etwas hatte sich verändert. Aber was? Der Zug war langsamer geworden. Er schaltete die Lampe aus und blickte

hinaus. Der Mond schien. Flaches, einsames Land zog draußen vorbei. Nirgendwo ein Licht. Die Telegraphenmasten längs der Bahnlinie waren verschwunden. Im Mondlicht war kein Baum und kein Strauch zu sehen. Der Zug schien immer noch langsamer zu werden. Man hörte das schnaufende Stampfen der Lokomotive.
Auf dem Korridor war alles still. Wie lange eigentlich schon? Seltsam beunruhigt, legte Major Conway die Zeitung beiseite, stand auf und öffnete seine Abteiltür. Die Offiziere, die er vorhin lachen gehört hatte, waren alle noch da. Schweigend sahen sie aus den Fenstern. Ein Stück weiter standen ein paar französische Offiziere, die ebenfalls hinaussahen. Es war jetzt beinahe Mitternacht. Es war kalt geworden, der Atem dampfte.
Auch General Morgan hatte sein Abteil verlassen und stand mit den anderen am Fenster. Conway trat an seine Seite. Im ersten Moment wußte er gar nicht, was das war, was er da draußen sah. Der Zug fuhr jetzt nur noch im Schrittempo. Riesige schwarze Silhouetten wanderten langsam und gleichförmig vorüber. Dann erkannte er, daß es die stehengebliebenen Giebelwände von zerstörten, ausgebrannten Häusern waren. Eine nach der anderen kamen sie näher, schwenkten herum, blieben zurück. Sie fuhren durch eine Stadt.
»Mon Dieu!« sagte einer der französischen Offiziere. Nur diese zwei Worte, mehr nicht.
Endlos zogen die Reihen der ausgebrannten Häuser an ihnen vorbei. Zwischendurch fiel ihr Blick immer wieder in verlassene Straßen. Alles schien von einem hellen, dünnen Staub überzogen, wie von wehender Asche. An manchen Ecken hatte der Wind den Staub hoch aufgehäuft, gegen die Mauern der Ruinen, und in dem bleichen Mondlicht sahen die Halden aus wie Schneeverwehungen. Nirgends auch nur das geringste Anzeichen von Leben.
Major Conway mußte daran denken, was General Morgan ihm neulich von den Siegesfeiern in Paris erzählt hatte. Die Straßen seien voller Menschen gewesen in dieser Nacht, aber alle waren merkwürdig still. So als gäbe es nichts zu feiern. Die Champs-Élysées waren nur von vier rauchenden Feuern erhellt, die aus vier großen Urnen emporloderten, und die vier

großen Altäre, auf denen die Urnen standen, trugen jeder den Namen einer ausgelöschten Stadt: Arras, St. Quentin, Cambrai, Peronne.
Freie Flächen tauchten aus der Dunkelheit auf, die einmal Gärten und Parks gewesen sein mußten. Von den Bäumen waren nur schwarz verkohlte Stümpfe übrig. Geisterhaft verschwand die Stadt schließlich in der Nacht. Die Offiziere, Engländer wie Franzosen, blieben an den Fenstern stehen.
Jetzt erkannte Major Conway auch, daß er sich vorhin nicht getäuscht hatte. Das ganze weite, mondbeschienene Land war vollkommen kahl und leer. Nicht einmal Gras war mehr zu sehen. Alles verbrannt und vernichtet. Von den Franzosen war kein Wort mehr zu hören, die ganze Zeit nicht.
Immer wieder wurde der Zug langsamer, manchmal kam er fast völlig zum Stehen. Dann waren die Lokomotivführer nicht sicher, ob etwas Dunkles vor ihnen auf den Gleisen wirklich nur ein Schatten war. Je länger Major Conway mit den anderen auf dem Korridor stand und hinausblickte, desto mehr wurde ihm bewußt, wie verschwindend klein ihre Gruppe war. Vierzig Offiziere. Eine Handvoll. Und die ganze Kontrollkommission, im nächsten Jahr, würde auch bloß vierhundert Mann stark sein ...
Noch mehrmals in dieser Nacht hielt der Zug auf freier Strecke an, einmal so plötzlich, mit kreischenden Bremsen, daß Major Conways Koffer aus dem Gepäcknetz fiel. Der Major schreckte aus dem Schlaf hoch, stand benommen auf, zog sein Abteilfenster herunter und sah hinaus in die Dunkelheit. Vorn auf den Gleisen geisterte jemand mit einer Sturmlaterne umher. Mehr konnte er nicht erkennen. Fröstelnd schloß er das Fenster und legte sich wieder hin. Irgendwann ruckten die Waggons wieder an.
Als Major Conway nach kurzem, unruhigem Schlaf erwachte, schien die Sonne in sein Abteil. Draußen huschten Bäume vorbei, flirrendes, leuchtend grünes Laub, der Zug fuhr an einem bewaldeten Hang entlang.
Schon klopfte es an der Abteiltür.
»Ja, bitte?«
Es war sein Offiziersbursche, mit einem Tablett.

»Ihr Morgentee, Sir!«
»Ah ja! Ich danke Ihnen.«
»Im Speisewagen wird auch bereits fürs Frühstück gedeckt.«
»Sehr schön, sehr schön.«
Die Untertasse in der einen, die Tasse Tee in der anderen Hand, stand Major Conway am Fenster und sah hinaus. Die letzte Nacht kam ihm so unwirklich vor wie ein Traum. Er schüttelte den Kopf und nahm vorsichtig einen ersten Schluck, der Tee war dampfend heiß.
Wenig später versammelten sich die Offiziere am Frühstückstisch, die Sonne schien in den Speisewagen, man setzte sich, wünschte sich einen guten Morgen, und hier und da wurde gelacht. Von der letzten Nacht sprach niemand. Mit stampfender, qualmender Lokomotive fuhr der Zug dahin, durch die grünen Täler der Ardennen, in Richtung Deutschland.

»Wenn mir damals jemand gesagt hätte, daß ich vier Jahre später noch immer in dieser Stadt sein würde, ich hätte ihn einfach ausgelacht!«
Am frühen Nachmittag des 12. Juni 1923 saß Major Conway im Fond eines schwarzen Automobils und sah zu, wie die Villen der Tiergartenstraße an seinem Fenster vorbeizogen. Er war auf dem Weg zum Generalkonsulat, um sich mit Captain Foley und dem Mann aus London zu treffen.
»Mein Gott, diesen Herbst werden es wirklich vier Jahre.«
»Mein Onkel war zwanzig Jahre in Indien, Sir!« rief Corporal Jenkins, der am Steuer saß. »Und das, obwohl er die Hitze nicht vertragen konnte!«
Major Conway runzelte leicht die Stirn, aber es war nicht mehr nötig, daß er etwas dazu sagte. Sie bogen in die Einfahrt des Konsulats. Er zog seine Uhr aus der Westentasche, ließ sie aufschnappen und stellte zufrieden fest, daß er pünktlich war.
»Ich denke, es wird nicht lange dauern«, sagte er, als er ausstieg. Er drückte den Hut etwas fester auf den Kopf, überprüfte kurz den Sitz seines Tweed-Jacketts und ging dann auf den Haupteingang zu. Uniform trug er hier in Berlin nur noch selten, aber auch in Zivil hielt ihn kaum jemand für irgend etwas anderes als für einen britischen Offizier. Seine Haltung war stets betont

aufrecht, sein rotblondes, an den Stirnseiten etwas zurückgetretenes Haar militärisch kurz geschnitten, und sein Schnurrbart zu einer kleinen, gesträubten Bürste gestutzt.
»Sie wünschen, Sir?« fragte der junge Konsulatsangestellte am Empfang.
»Conway ist mein Name. Major Conway. Captain Foley erwartet mich.«
»Wenn Sie bitte mitkommen würden, Sir.«
Captain Foley war der Paßkontrolloffizier und als solcher zuständig für die Vergabe von Einreisevisa. Daneben aber nahm er noch eine andere Aufgabe wahr, von der im Konsulat nur die wenigsten etwas wußten.
Major Conway hatte es von ihm selbst erfahren. Auf einem Botschaftsempfang vor zwei Jahren hatten sie sich angeregt über Fragen der deutschen Abrüstung unterhalten. Daß sie sich schon wenige Tage später an der Bar des Hotels Esplanade wiedertrafen, hatte Conway damals für Zufall gehalten, heute tat er das nicht mehr. Drei Wochen später hatte Captain Foley ihm bei einem Whisky-Soda eröffnet, daß er neben seiner offiziellen Tätigkeit auch noch der Berliner Statthalter einer britischen Behörde sei, die im allgemeinen der Secret Service genannt werde.
Die Unterredung hatte hinter eben jener Tür stattgefunden, an die jetzt der junge Konsulatsangestellte klopfte. ›Passport Control Office‹ stand auf dem Schild. Captain Foleys Stimme sagte: »Herein!«
Als Major Conway damals eingewilligt hatte, ihn über die Arbeit der Kontrollkommission auf dem laufenden zu halten, hatte er noch gar nicht absehen können, welchen Unterschied das nebenbei verdiente Geld einmal für ihn ausmachen würde. Inzwischen aber war das Pfund Sterling so rapide im Kurs gestiegen, daß er sich schon oft zu seiner Entscheidung beglückwünscht hatte. Er war also guten Willens, auch in dieser Angelegenheit weiterzuhelfen, von der er nicht viel mehr wußte, als daß es dabei um einen merkwürdigen Anruf im Hauptquartier ging, der schon zwei, drei Wochen zurücklag.
Captain Foley kam ihm entgegen und begrüßte ihn. Am Fenster stand der Mann aus London.

»Darf ich vorstellen«, sagte Foley, »Mr. Fortescue, Major Conway.«
Conway ahnte natürlich, daß Fortescue nicht sein richtiger Name war. Er gab ihm die Hand, und sein militärisch knappes Lächeln besagte soviel wie ›Schon gut, ich nehm's nicht persönlich‹.

Corporal Jenkins brauchte tatsächlich nicht lange zu warten. Nach einer Viertelstunde kam Major Conway wieder heraus, begleitet von einem Unbekannten mit einem schmalen Schnurrbärtchen. Als die beiden beim Wagen ankamen, blieben sie noch draußen stehen.
»Das liegt ganz in der Nähe«, hörte er den Major sagen, »wir brauchen nur einmal um den Block zu fahren, dann können Sie es sehen.«
Er wußte sofort, was gemeint war: das Reichswehrministerium. Die beiden stiegen hinter ihm ein.
»Jenkins, wir fahren zurück zum Bellevue. Aber andersherum, am Lützow-Ufer entlang.«
»Ja, Sir«, sagte Corporal Jenkins und ließ den Motor an. Wie befohlen fuhr er durch die Hohenzollernstraße und über die Lützowbrücke.
»Langsam, langsam«, sagte der Major, als sie am Ufer des Landwehrkanals entlangfuhren.
»Das da drüben, das ist es. Sehen Sie es sich gut an«, sagte er zu seinem Gast.
Auf der anderen Seite des Kanals sah man durch das leuchtend grüne Laub der Kastanien ein großes graues Gebäude mit einem griechischen Tempelgiebel und mächtigen Säulenreliefs. Links und rechts des Hauptportals standen Wachtposten mit Stahlhelm und geschultertem Gewehr.
Corporal Jenkins war erst zwanzig, er hatte den Krieg nicht mitgemacht, aber trotzdem fand er es jedesmal ziemlich dreist, wie die Posten da standen, mit ihren glänzenden schwarzen Stiefeln und mit genau den Helmen, die sie im Krieg getragen hatten.
»Die Höhle des Löwen, was?«
»Hauptquartier Seiner Exzellenz, des Generals von Seeckt«, sagte

der Major. »Was immer diese Bastarde vorhaben mögen, Sie können sicher sein, daß er dahintersteckt.«
Auch Corporal Jenkins bemerkte, daß einer der Zivilisten, die drüben scheinbar zufällig am Ufer entlanggingen, ein Fernglas auf sie richtete.
»Fahren Sie schneller«, sagte der Major. »Aber nicht zu auffällig.«

»So, und da vorne sehen Sie *unser* Hauptquartier!« sagte er, als sie auf den Potsdamer Platz hinausfuhren.
»Wo?« sagte Rowland, aber zu spät. Eine Straßenbahn schob sich links an ihnen vorbei und versperrte ihm die Sicht. Dann klingelte sie plötzlich und schwenkte vor ihnen nach rechts herüber, Corporal Jenkins mußte scharf bremsen, hinter ihnen wurde laut gehupt.
Aus irgendeinem Grund hatte Rowland die Vorstellung gehabt, das Hotel Bellevue stünde an einem ruhigen, beschaulichen Platz mit einer kleinen Grünanlage in der Mitte. Er fragte sich, wie er darauf gekommen war. Tatsächlich war der Potsdamer Platz nichts anderes als eine große, unübersichtliche Kreuzung, auf der ein Verkehr tobte wie auf dem Piccadilly Circus. Aus allen Himmelsrichtungen führten breite Hauptstraßen auf den Platz, in dessen Mitte ein Polizist mit Tschako und Wickelgamaschen stand, den Gummiknüppel an der Seite. Schon drehte er sich in ihre Richtung, die Arme waagerecht ausgestreckt. Corporal Jenkins trat von neuem auf die Bremse. Zeitungsjungen kamen an den Reihen der haltenden Wagen entlang und riefen ihre Schlagzeilen.
»Da oben, das ist mein Büro«, sagte Major Conway.
Auch das Hotel selbst hatte Rowland sich anders vorgestellt. Kleiner, und vor allem unauffälliger. Ein Grandhotel an einem der belebtesten Plätze der Stadt, das wäre so ziemlich das letzte gewesen, was er für die Kontrollkommission ausgesucht hätte.
»Wir haben es uns nicht ausgesucht«, erklärte Major Conway. »Die deutschen Behörden waren verpflichtet, für unsere Unterbringung zu sorgen, und da haben sie das Bellevue beschlagnahmt. Ich nehme an, es hat leergestanden. Von außen sieht es

ja noch ganz anständig aus. Aber drinnen ...« Der Wagen fuhr wieder an. »Na, Sie werden es ja gleich sehen.«
Kurz darauf hielten sie vor einer großen überdachten Caféterrasse, auf der weder Tische noch Stühle standen. Während Major Conway dem Fahrer noch kurz seine Anweisungen gab, stieg Rowland schon aus und blickte an der Fassade des massigen, fünfgeschossigen Hotels hinauf, zu dem das Café einmal gehört hatte.
»Kommen Sie«, sagte der Major.
Sie nahmen einen Seiteneingang. Hinter der Tür saß ein schnurrbärtiger Mann in französischer Uniform an einem kleinen Tisch. Er ließ seine Zeitung sinken und sah sie an, als fühlte er sich gestört. Neben ihm an der Wand lehnte ein Gewehr mit aufgepflanztem Bajonett. Major Conway schien er aber zu kennen, sie nickten sich nur kurz zu, und auch Rowland wurde ohne weiteres eingelassen.
Der Major ging durch eine Schwingtür voran, die in den Innenraum des Cafés führte. Die leeren Tische waren an die Wand gerückt, darauf standen die Stühle, mit den Stuhlbeinen nach oben. Blinde Spiegel hingen an den Wänden. Es roch nach Staub und modriger Feuchtigkeit. Ihre Schritte hallten in dem kahlen Raum. Sie waren die einzigen hier.
»Scheint ja nicht erst seit gestern geschlossen zu sein«, sagte Rowland.
»Nein, ich denke, das Bellevue hat irgendwann im Krieg dichtgemacht«, sagte der Major. »Und heruntergewirtschaftet war es wahrscheinlich schon vorher. So schnell ist so ein Zustand gar nicht zu erreichen.«
Durch die Schwingtür am anderen Ende kamen sie in die dämmrige Hotelhalle. An der ehemaligen Rezeption saßen zwei weitere Franzosen in Uniform, in einer Sitzecke unterhielten sich ein paar britische Unteroffiziere, sonst war auch hier niemand zu sehen. Die großen Fenster waren vor Staub beinahe undurchsichtig. Man hörte den dröhnenden Verkehr auf dem Potsdamer Platz.
Als sie durch die Halle gingen, fiel Major Conway auf, wie Rowland den Kronleuchter ansah, der voller Spinnweben hing. »Jetzt geht's hier ja schon«, sagte er. »Sie hätten es mal ganz am

Anfang sehen sollen! General Morgan hat gleich gesagt, daß die uns das heruntergekommenste Hotel gegeben haben, das sie finden konnten. Ich hielt das damals für übertrieben, aber inzwischen weiß ich es besser.«
Sie gingen die Freitreppe hinauf. Der rote Teppich auf den Stufen war verschlissen und schmutzig.
»Nehmen Sie hier bloß nie den Fahrstuhl«, sagte der Major. »Da hängen Sie den halben Tag zwischen zwei Stockwerken fest.«
Im Vorbeigehen warf Rowland hier und da einen Blick in einen Korridor. Lange Reihen geschlossener Türen. Nirgends rührte sich etwas. Als ob hinter all diesen Türen nur leere Hotelzimmer wären. Einmal klingelte irgendwo ein Telefon, das war alles.
Sie bogen in den nächsten Treppenlauf. Jemand kam von oben. Major Conway blickte auf und schnaufte unwillig, als er sah, wer es war.
Ein kleiner, beleibter Herr in Zivil kam ihnen entgegen, seinen Spazierstock über den Arm gehängt und einen flachen Strohhut in der Hand. Er war vielleicht um die vierzig, sein rundes, gerötetes Gesicht war glattrasiert und glänzte ein wenig, wie auch seine spiegelblanke Glatze. Nur auf Höhe der Ohren war ein spärlicher Kranz dunkler Haare verblieben. Er trug Stehkragen und Fliege, das Jackett seines dunkelgrauen Anzugs war offen, und über seinen kugelrunden Bauch spannte sich eine etwas gewagte, pastellgrüne Weste. Seine kurzen, dicken Beine steckten in Hosen mit scharfer Bügelfalte, und seine schwarzen Lackstiefeletten trug er mit weißen Gamaschen.
»Ah, bonjour, Major Conway! Comment ça va?« sagte er etwas gönnerhaft. Rowland kam er vor wie der Bürgermeister eines Provinzstädtchens, der auf dem sonntäglichen Kirchgang die anderen Honoratioren begrüßt.
»Danke, danke«, sagte der Major kurz angebunden.
Einige Stufen über ihnen blieb der Franzose stehen und musterte Rowland mit unverhohlener Neugier.
»Sieh an, ein neues Gesicht«, sagte er.
Offenbar wollte er den Major dazu bringen, sie miteinander bekanntzumachen. Der aber nickte nur knapp und ging an ihm vorbei. Der Franzose schien nichts anderes erwartet zu haben,

er lächelte selbstgefällig und sah Rowland an, als wollte er sagen: ›Keine Sorge, ich werde schon herausfinden, wer Sie sind.‹
Major Conway stapfte mit mürrischem Gesicht die Stufen hinauf.
»Dieser schmierige Froschfresser«, hörte Rowland ihn vor sich hin murmeln.
»Wer war das?«
»Lucien Gaspard. Weinhändler aus Bordeaux, jedenfalls nach außen hin. Ansonsten, wenn man so will, ein Kollege von Ihnen. Deuxième Bureau.«
»Aha ...?«
Unwillkürlich blickte Rowland die Treppe hinab. Unten auf dem Absatz stand der Franzose und sah zu ihm herauf, so als hätte er genau gewußt, daß er sich noch einmal umdrehen würde. Seinen Strohhut in der Hand, verneigte er sich lächelnd.

»Wenn ich daran denke, was wir von diesem Fenster aus schon alles gesehen haben ...«, sagte Major Conway in seinem Büro im vierten Stock. Er schüttelte den Kopf. Rowland stand neben ihm, sie blickten hinab auf den Potsdamer Platz, den man von hier aus wie von einem Beobachtungsposten übersehen konnte.
»So lange ist es noch gar nicht her, da sind dort unten Menschen um ihr Leben gerannt. Am hellen Nachmittag waren plötzlich Schüsse zu hören, ich sah aus dem Fenster, so wie jetzt, und auf dem ganzen Platz liefen die Menschen in Panik auseinander. Die deutschen Soldaten schossen einfach in die Menge, Tote und Verwundete blieben liegen. Da unten, wo die Leute jetzt friedlich im Café sitzen.«
»Wann war das?« fragte Rowland.
»Vor drei Jahren. Beim letzten Putschversuch.«
Es war tatsächlich schwer vorstellbar. Rechts unten, auf der Terrasse vom Café Josty, saßen Damen mit kleinen Hüten und Pelzkragen und plauderten miteinander, einige Herren lasen Zeitung. Unablässig fuhren Straßenbahnen hin und her. Fußgänger drängten sich zwischen den haltenden Automobilen hindurch. Drüben standen Blumenverkäuferinnen, umgeben von Blecheimern voller Schnittblumen, die rot und gelb herüberleuchteten. Major Conway wandte sich vom Fenster ab. »Wissen Sie«,

sagte er, »wie Seeckt von seinen eigenen Leuten genannt wird?«
Rowland nickte. »Die Sphinx.«
Er hatte schon einige Dossiers über ihn gelesen. General Hans von Seeckt, Chef der Heeresleitung. Auf den Photos war er stets in blankpolierten Reitstiefeln mit Sporen zu sehen, die kaiserlichen Orden an der Brust und den Degen an der Seite: eine schmale, elegante Gestalt mit Monokel und weißem Schnurrbart, um die Lippen den Anflug eines ironischen, überlegenen Lächelns.
»Ja. Die Sphinx...«, sagte Conway. »Schweigsam und undurchschaubar. Und sehr viel gefährlicher als die Hitzköpfe, die damals den Putsch angezettelt haben. Seeckt ist ein kühler, weitblickender Stratege. Der weiß genau, daß er uns nicht so einfach wieder los wird, nicht in diesem Jahr, und auch nicht im nächsten. Aber er weiß auch, daß es nicht ewig so weitergehen wird. Früher oder später werden die Kontrollen nachlassen, und irgendwann werden sie ganz aufhören, und sei es bloß, weil unsere Parlamente keine Mittel mehr dafür bewilligen. Deutschland ist ein großes Industrieland, es hat Kohle und Stahl, und seine Macht wird wieder wachsen, niemand kann das auf Dauer verhindern, auch Frankreich nicht. Und auf diesen Zeitpunkt arbeitet er hin. Nach außen muß er sich an den Versailler Vertrag halten, aber im verborgenen tut er alles, um die Bestimmungen zu umgehen und Grundlagen für später zu schaffen. Wirklich alles, darauf können Sie sich verlassen!«
Major Conway zog den Stuhl zurück und setzte sich hinter seinen Schreibtisch.
»Nehmen Sie nur die heutige Reichswehr«, sagte er. »Laut Versailler Vertrag ein 100 000-Mann-Heer. Ich bin sicher, Sie könnten nachzählen, und die Zahl würde stimmen. Aber dann sehen Sie mal etwas genauer hin. Was sind das eigentlich für Leute, diese 100 000 Mann? Und Sie werden feststellen, sie sind alle erstaunlich gut ausgebildet. Die Zahl der Offiziere und Unteroffiziere würde schon jetzt für eine Armee ausreichen, die dreimal so groß ist, und sie alle werden jeden Tag weiter auf ihre Aufgaben vorbereitet, nämlich Truppen zu führen und Rekruten auszubilden. Es ist eine Kaderarmee, nichts anderes! Man brauchte nur die Wehrpflicht wieder einzuführen, und von

einem Tag zum anderen hätte das deutsche Heer wieder seine alte Größe.«
Rowland blickte nachdenklich vor sich hin. »Und die Gerüchte über illegale Verbände? Über die Schwarze Reichswehr?«
»Wir haben Hinweise, daß sie den Tatsachen unangenehm nahekommen«, sagte Conway. »Und wenn das so ist, dann gibt es eine ganze Reservearmee, die sich irgendwo in den Wäldern versteckt hält und auf den Rittergütern der preußischen Junker. Und auch hier vor der Stadt, in Döberitz.«
»Döberitz? Kamen von dort nicht die Truppen der Putschisten?«
»Ja, die Freikorps, mit diesem neuen Zeichen am Stahlhelm. Ich habe es damals zum ersten Mal gesehen: das Hakenkreuz.«
Döberitz war ein altes Truppenübungsgelände im Westen Berlins, ein riesiges, unüberschaubares Gebiet mit sandigen Kiefernhügeln, Heide und Wäldern.
»Für uns ist das alles Terra incognita«, sagte der Major. »Kein Gedanke daran, dort einen Fuß hineinzusetzen. Dafür brauchten wir schon selbst eine Armee. Und die haben wir hier nicht.«
Es klopfte an der Tür.
»Herein!«
»Sie wollten mich sprechen, Sir?«
Sergeant Haynes sah jünger aus, als Rowland erwartet hatte. Immerhin hieß es, daß er schon die Verhandlungen in Versailles als Dolmetscher mitgemacht hätte. Er trug Zivil, aber die Haltung, in der er vor Major Conways Schreibtisch stehenblieb, war unverkennbar militärisch.
»Ja. Es geht um einen Anruf, den Sie entgegengenommen haben. Am 24. Mai.« Major Conway überflog noch einmal das Stichwortprotokoll. Dann drehte er die Mappe um und schob sie Haynes über den Schreibtisch zu. »Das ist doch Ihre Schrift, nicht wahr? Unterzeichnet haben Sie hier auch.«
»Ja, das ist richtig, Sir.«
»Erinnern Sie sich an das Gespräch?«
Sergeant Haynes las kurz die Eintragung durch.
»Ja. Ich denke schon, Sir.«
»Wir möchten ganz genau wissen, was die Frau am Telefon gesagt hat.«

»Warten Sie ...« Haynes überlegte einen Moment. »Sie fragte mich, ob ich Offizier sei. Ich sagte nein. Sie sagte: ›Dann verbinden Sie mich bitte weiter. Ich spreche nur mit einem Offizier.‹ Ich sagte, es sei schon zu spät, da wäre keiner mehr im Hause. Ich glaube, es war schon halb sieben. Ich selbst hatte eigentlich auch schon Dienstschluß. Moment ... Ja, hier steht es: Achtzehn Uhr vierzig.«
»Was hat sie dann gesagt?«
»Daß die Sache wichtig sei. Ich fragte sie, worum es denn ginge. Sie sagte: ›Das werde ich Ihrem Vorgesetzten schon selber erzählen. Aber Sie können ihm gleich sagen, daß wir uns erst mal über den Preis unterhalten müssen.‹«
»Hat sie gesagt, wieviel sie verlangen wollte?«
»Nein.«
»Weiter?«
»Sie sagte, wir würden uns noch wundern, wenn wir hörten, was in Deutschland so alles vor sich ginge. Dann fing sie wieder mit dem Offizier an, den sie sprechen wollte. Ich sagte ihr noch einmal, daß ich sie im Moment nicht verbinden könnte.«
»Versuchen Sie, sich so genau wie möglich zu erinnern.«
»Sie sagte: ›Sie haben ja keine Ahnung, worum es hier geht!‹ Und dann, daß es um Flugzeuge ginge. Um deutsche Militärmaschinen. Jagdflugzeuge.« Er blickte auf. »Ja. Das war das, was sie sagte, Sir.«
Major Conway nahm die Mappe mit den Protokollen, drehte sie wieder zu sich herum und las noch einmal den entscheidenden Satz:
Behauptet, etwas über deutsche Jagdflugzeuge zu wissen.
»Was hielten Sie davon?« fragte er.
»Offen gesagt, hatte ich den Eindruck, daß die Frau nicht ganz nüchtern war. Obwohl, angetrunken wirkte sie auch nicht. Nur so merkwürdig überdreht, wissen Sie.«
Er sah erst den Major und dann Rowland an. Der Major nickte ihm zu.
»Sie gab einfach nicht auf. Sie bestand darauf, einen Offizier zu sprechen. Dann fing sie an, mich zu beschimpfen. Ich war nahe daran, aufzulegen. Ich sagte ihr, sie solle morgen noch

mal anrufen. Sie sagte: ›Dann hab ich wieder jemand anders am Apparat, und das Spiel geht von vorne los.‹ Ich bot ihr an, einen Termin zu vereinbaren. Und das haben wir dann auch getan. Sie sollte sich am folgenden Montag hier im Hauptquartier melden. Ob sie tatsächlich gekommen ist, weiß ich nicht.«
Offenbar las er keine deutschen Zeitungen. Major Conway schien es nicht für nötig zu halten, ihn über diesen Punkt aufzuklären. Auch Rowland, der mit verschränkten Armen am Fenster stand, sagte nichts.
»War sie gleich damit einverstanden, hierherzukommen?« fragte der Major.
»Nein, das nicht«, sagte Haynes. »Sie wollte sich an einem Ort ihrer Wahl treffen. Unter vier Augen. Ich habe ihr das gleiche gesagt, was ich immer sage: Das ist vollkommen ausgeschlossen. Keiner unserer Offiziere trifft sich allein mit einem Unbekannten in einem dunklen Hinterhof. Ich habe ihr gesagt: ›Sie geben mir Ihren Namen, und wenn Sie herkommen, weisen Sie sich unten beim Wachtposten aus. Dann werden Sie in Empfang genommen und können mit einem zuständigen Offizier sprechen. Sie brauchen sich keine Sorgen zu machen, es wird alles streng vertraulich behandelt.‹ Es dauerte noch eine Weile, aber schließlich hat sie sich darauf eingelassen. Sie erkundigte sich noch nach Hintereingängen, wollte nicht gesehen werden ... Ja. Das war alles, Sir.«
»Gut. Ich danke Ihnen, Sergeant.« Major Conway sah Rowland an. »Haben Sie noch Fragen?«
Rowland wandte sich zum ersten Mal an Sergeant Haynes.
»Der Anfang des Gesprächs ... Sie sagten, sie hätte Sie gefragt, ob Sie Offizier seien. War das wirklich der Anfang? Ich meine, irgend etwas muß sie doch vorher noch gesagt haben. Was sie überhaupt wollte, zum Beispiel.«
»Ja, sicher, das hat sie wohl. Aber nicht zu mir.«
»Und zu wem sonst?«
»Zu dem Telefonisten.«
»Moment. Was für ein Telefonist?«
»Der, von dem ich das Gespräch übernommen habe.«
Rowland kam langsam die zwei, drei Schritte vom Fenster herüber.

»Es hat noch jemand anders mit der Frau gesprochen?«
»Ja, am Anfang schon. Wie gesagt, ich hatte eigentlich Dienstschluß. Ich stand nur noch da und unterhielt mich mit Corporal O'Connor, und dabei fiel mir auf, daß einer der Telefonisten Schwierigkeiten zu haben schien. Wir haben hier manchmal Anrufer, die man kaum wieder los wird. Schließlich ging ich hinüber und sagte: ›Na, was gibt's denn hier?‹ Er sagte: ›Eine Frau, die unbedingt einen Offizier sprechen will.‹ Da hab ich dann den Hörer genommen und mit ihr geredet.«
»Wie ist der Name dieses Telefonisten?«
»Das weiß ich nicht. Es war einer von den Deutschen.«
»Wie bitte?« Rowland glaubte, sich verhört zu haben.
»Ja, das ist so«, sagte Major Conway, »wir beschäftigen hier auch ein paar Deutsche. Alles Leute natürlich, die überprüft sind.«
»Wo ist die Telefonzentrale?«
»Hier oben im vierten Stock«, sagte Haynes, »ein Stück den Korridor runter.«
»Sehen Sie nach, ob dieser Telefonist jetzt da ist. Aber sagen Sie nichts zu ihm, ja? Sehen Sie einfach nur nach.«
Sergeant Haynes, offenbar wenig geneigt, von einem fremden Zivilisten Befehle anzunehmen, sah seinen Vorgesetzten fragend an.
Major Conway nickte ihm zu. »Tun Sie das«, sagte er.

»Deutsche Telefonisten?« fragte Rowland, als sie allein waren. »Wie kommen Sie dazu? Ist das nicht ein unnötiges Sicherheitsrisiko?«
»Es sind nur ein paar Mann«, sagte Major Conway, »insgesamt sechs, glaube ich, für die Anrufe auf den öffentlichen Leitungen.« Er zuckte die Achseln. »Wir sind darauf angewiesen. Wir selbst verstehen die Leute am Telefon einfach nicht.«
Er stand auf, kam um den Schreibtisch herum und trat an die Landkarte, die an der Wand hing.
»Die meisten Hinweise, die wir erhalten, kommen von Anrufern aus der tiefsten Provinz.« Er deutete auf die weiten ländlichen Gebiete zwischen Berlin und der Ostsee und der polnischen Grenze. »Sehen Sie, das geht zum Beispiel so: Der Leutnant der

Schwarzen Reichswehr, der da draußen im Wald sein verstecktes Waffenlager bewacht, der langweilt sich irgendwann und fängt mit der Magd vom nächsten Gutshof was an. Früher oder später wird die Magd schwanger, der Leutnant läßt sie sitzen, sie kommt in Schwierigkeiten, verliert ihre Stellung, und was macht sie dann? Sie sinnt auf Rache. Um sie zu beeindrucken, hat er ihr einmal sein Depot im Wald gezeigt, und wenn sie nicht ganz auf den Kopf gefallen ist, dann ruft sie irgendwann, wenn sie sich durchgefragt hat, bei uns an. Tja, und was sie zu sagen hat, das sagt sie natürlich in ihrer heimischen Mundart. Stellen Sie sich vor, sie wären Deutscher und hätten Englisch gelernt, und am Telefon redet dann ein Cockney aus dem East End auf Sie ein. Sie würden das nicht einmal für dieselbe Sprache halten. Und so geht es uns mit dem Deutsch, das diese Leute sprechen.«
»Ja, ja, das glaube ich«, sagte Rowland. Seine Bedenken schienen aber nicht weniger geworden zu sein. »Und wo haben Sie die her, diese – Telefonisten?«
»Die haben sich bei uns beworben, auf Zeitungsannoncen hin.«
Bevor Rowland noch etwas sagen konnte, ging die Tür auf und Sergeant Haynes trat wieder ein.
»Der Mann ist nicht da, Sir.«
»Was heißt das?« sagte Conway. »Nur heute nicht, oder gar nicht mehr?«
»Das weiß ich nicht, Sir. Ich wollte nur sagen, ich habe ihn nicht gefunden.«
Rowland wandte sich an den Major.
»Sie haben doch sicher eine Personalakte, oder? Mit Lichtbildern der Beschäftigten?«
»Ja, das haben wir«, sagte der Major. »Ich muß sie nur eben heraufholen lassen.«
Zehn Minuten später sah Sergeant Haynes die Akte durch.
»Das ist er, Sir.«
»Darf ich mal sehen?« fragte Rowland.
Otto Schaffranek, geboren am 14. April 1890 in Magdeburg. Kanzleigehilfe, Magistratsschreiber, Kriegsteilnehmer, 1916 an der Somme verwundet. Nach dem Krieg im Kleinhandel tätig.

Seit 1922 Mitglied der Sozialdemokratischen Partei. Das Paßphoto zeigte sein mürrisch verschlossenes Gesicht.
»Danke, Sergeant, Sie können dann gehen«, sagte Major Conway.
»Einen Moment noch«, sagte Rowland und sah den Major mit hochgezogenen Augenbrauen an.
»Ja, richtig. – Sergeant Haynes! Über das alles hier bewahren Sie strengstes Stillschweigen! Das ist ein Befehl.«
»Jawohl, Sir«, sagte Haynes. Obwohl er in Zivil war, nahm er Haltung an. Und ging dann hinaus, ohne Rowland noch einmal anzusehen.

Laut Plan hatte Otto Schaffranek schon am nächsten Tag wieder Dienst in der Telefonzentrale.
»Gut«, sagte Rowland, »dann nehmen wir ihn uns morgen mal vor.« Sie verabredeten noch eine Uhrzeit, zehn Uhr vormittags.
»Was halten Sie denn davon?« fragte Rowland zum Schluß.
»Daß die Deutschen noch irgendwo Jagdflugzeuge versteckt haben sollen?« Der Major schüttelte den Kopf. »Halte ich für ausgeschlossen. Zwei, drei Stück vielleicht, die auseinandergebaut in irgendeiner Scheune stehen, aber mehr auch nicht.« Er zögerte. »Andererseits ...«
»Ja?«
»Wenn die Deutschen wirklich etwas vorhaben, wäre der Zeitpunkt nicht schlecht gewählt.«
»So? Inwiefern?«
Major Conway lachte kurz. »Sie haben sich vorhin gefragt, warum hier so wenig los ist, nicht wahr? Ich hab's Ihnen angesehen. Die Sache ist die, daß die Kontrollkommission im Moment praktisch lahmgelegt ist. Wegen der Ruhrbesetzung.«
Am 11. Januar waren französische und belgische Truppen ins Ruhrgebiet einmarschiert, mit der offiziellen Begründung, Kohlenlieferungen sicherstellen zu wollen, die zu den Reparationsverpflichtungen gehörten. Die militärische Besetzung von deutschem Territorium war allerdings ein klarer Verstoß gegen den Friedensvertrag von Versailles.
»Darauf hat Seeckt natürlich nur gewartet«, sagte Conway.

»Nach diesem Vertragsbruch, hieß es, sehe sich die Reichswehr leider gezwungen, Kontrollbesuche durch französische und belgische Offiziere abzulehnen. Die Volksstimmung sei zu erregt, die Sicherheit der Offiziere könne nicht gewährleistet werden. Rührend, wie er immer um uns besorgt ist, nicht wahr? Nollet hat sich natürlich geweigert, die Kommission spalten zu lassen, und seitdem geht das diplomatische Tauziehen hin und her, und wir sitzen hier und halten so eine Art Notdienst aufrecht. Letzte Woche hat die Botschafterkonferenz eine Wiederaufnahme der Kontrollen in vollem Umfang verlangt, aber soweit ist es noch lange nicht.«
»Also *jetzt* ...«, sagte Rowland. »Wenn es etwas wirklich Heikles ist, dann findet es jetzt statt ...«
»Ja«, sagte der Major. »Aber was sollte das sein?«

Mit dem Taxi fuhr Rowland zurück zum Hotel am Zoo. Als er seinen Schlüssel abholte, reichte ihm der Empfangschef einen kleinen Zettel.
»Vor einer halben Stunde hat jemand für Sie angerufen. Eine Dame, die um Ihren Rückruf bittet.«
Rowland warf einen Blick auf den Zettel, auf dem die Initialen H. P. und eine Telefonnummer standen. Er nahm gleich die Telefonkabine in der Halle. Als die Vermittlung sich meldete, sagte er:
»Geben Sie mir bitte Nollendorf 49 22.«
Er wartete einen Moment, dann hörte er eine zaghafte weibliche Stimme.
»Pension Schönfeldt?«
»Guten Tag. Ich hätte gern Henny gesprochen. Henny Pritzkow.«
»Ja ... eine Sekunde bitte.«
Er blickte hinaus in die Hotelhalle. Dann war dieselbe Stimme wieder dran.
»Entschuldigung, aber ... wie war gleich der Name?«
Ganz schön neugierig, dachte Rowland. Er tat so, als hätte er nicht richtig verstanden, und sagte noch einmal:
»Henny Pritzkow.«
Plötzlich war Henny am Apparat.

»Ich kann heute abend nicht kommen!« sagte sie. »Ich hab nichts anzuziehen!«
Er ahnte, worauf das hinauslief, und hörte gefaßt weiter zu.
»Ich hab vorhin so ein traumhaftes Kleid gesehen! Aus schwarzem Crêpe Georgette, weißt du, mit Pailletten in Rosa und Silber. Und auch gleich die Schuhe, die dazu passen! Ist das nicht phantastisch?«
»Aber ja. Ich freue mich für dich.«
»Arthur ... Kannst du mir nicht einen Vorschuß geben? Wirklich nur einen ganz, ganz kleinen?«
Er wußte: wenn er jetzt nicht hart blieb, war er verloren.
»Henny! Ich habe keinen Vorschuß zu vergeben, das weißt du genau.«
»Arthur ... Wegen ein paar Pfund wirst du dich doch nicht anstellen, oder?«
»Darum geht es nicht.«
»Worum denn sonst?«
»Ums Prinzip.«
»Ach, du liebe Zeit. Für was hältst du dich, sag mal? Für meinen Vormund oder so was?«
»Wie wäre es, wenn ich dich zum Essen einlade?« sagte er. »Und hinterher gehen wir noch irgendwo ...«
»Nichts da.«
»Na komm. Warum nicht?«
»Aus Prinzip nicht«, sagte Henny und hängte ein.

»Votre passeport, s'il vous plaît«, sagte der französische Soldat, der noch genau wie gestern an seinem kleinen Tisch saß und Zeitung las. Auch das Gewehr mit dem Bajonett lehnte noch hinter ihm an der Wand. Rowland gab ihm seinen Paß, zündete sich eine Zigarette an und wartete auf Major Conway, der ihn abholen sollte. Sie hatten sich hier am Seiteneingang verabredet. Er hatte gerade entschieden, daß der Franzose wohl doch ein anderer war als gestern, da kam der Major auch schon durch die Schwingtür.
»Mr. Fortescue! Guten Morgen.«
Heute war er in Uniform.
»Schließlich wollen wir einen Deutschen vernehmen«, sagte er,

während sie wieder durch das verlassene Café gingen. »Eine Uniform beeindruckt sie immer.«

Rowland hatte vor, sich im Hintergrund zu halten.
»Gut, dann gehen Sie ins Nebenzimmer, und wir lassen die Tür auf«, sagte Conway. »Wir setzen ihn da auf den Stuhl, dann können Sie ihn sehen.«
Rowland sah sich kurz in dem Nebenzimmer um, das bis unter die Decke mit Aktenordnern vollgestopft war. Dicht bei der Tür standen ein kleiner Tisch und ein Stuhl.
»Ja«, sagte er, »das wird gehen.«
Als Otto Schaffranek hereinkam, war Rowland scheinbar mit der Durchsicht einer Akte beschäftigt, die er auf den kleinen Tisch gelegt hatte. Durch die offenstehende Tür konnte er, schräg von hinten, Major Conway sehen, der an seinem Schreibtisch saß.
»Herr Major haben mich rufen lassen?« Etwas gebeugt stand Schaffranek da, die Arme unbeholfen herabhängend.
»Ja. Nehmen Sie bitte einen Augenblick Platz. Ich habe nur ein paar Fragen.«
Schaffranek sah wirklich so aus wie auf seinem Paßbild. Das gleiche starre, magere Gesicht, mit den tiefen Falten um die herabgezogenen Mundwinkel. Sein Haarschnitt war von einer Art, die Rowland dieser Tage in Berlin schon öfter gesehen hatte: der Schädel war praktisch kahlrasiert, nur ganz oben drauf saß noch ein messerscharf gescheiteltes Etwas, das aussah wie ein Toupet, das drei Nummern zu klein war. Er trug einen abgewetzten schwarzen Anzug, an seiner Weste fehlte der oberste Knopf, und sein Hemdkragen schien nicht sehr sauber zu sein. Er war höchstens mittelgroß und von schmächtiger Statur, und beim Gehen zog er das linke Bein etwas nach. Aha, die Kriegsverletzung, dachte Rowland.
Schaffranek setzte sich auf den Stuhl vor Major Conways Schreibtisch, und Rowland senkte seinen Blick wieder auf die Akte. Conway begann, wie vereinbart, mit ein paar einleitenden, allgemeinen Fragen.
»Herr Schaffranek, wie lange sind Sie schon bei uns beschäftigt?«

»Seit Anfang des Jahres.«
»Sie hatten sich auf unsere Annonce hin gemeldet?«
»Ja.«
»Was haben Sie vorher gemacht?«
»Straßenhandel mit Eisenwaren.«
So ging das noch eine Weile weiter. Rowland räumte die Akte weg und hielt sich erst einmal von der offenen Tür fern. Schaffranek fragte sich bestimmt schon, was das alles zu bedeuten hatte.
»Sie sind Sozialdemokrat?« fragte Major Conway.
Die Antwort kam nur zögernd.
»Ich bin Mitglied der Partei, ja.«
Sehr überzeugt klang das nicht. Aber Rowland, zwischen den Regalen voller Aktenordner stehend, hatte jetzt keine Zeit, darüber nachzudenken. Die Frage nach der Sozialdemokratie war ein vereinbartes Zeichen. Er nahm irgendeinen anderen Ordner und ging damit an den Tisch. Schaffranek schien zum ersten Mal auf ihn aufmerksam zu werden.
»Nun gut«, sagte der Major, »deswegen habe ich Sie auch nicht hergebeten. Was ich eigentlich wissen will, steht in Zusammenhang mit dem Telefondienst.«
Rowland blätterte in seiner Akte und wartete. Major Conway nahm ein Blatt Papier zur Hand, als müßte er etwas ablesen.
»Sagt Ihnen der Name Nelly Pahlke etwas?«
Rowland blickte auf.
Schaffranek war ein schlechter Schauspieler. Man sah ihm deutlich an, daß das genau die Frage war, die er insgeheim gefürchtet hatte.
»Nein«, sagte er unsicher.
»Ganz bestimmt nicht?«
»Nein, ich hab den Namen ... noch nie gehört.«
»Sie haben selber mit der Frau gesprochen. Sie hat hier angerufen, und Sie waren am Apparat.«
»Hier rufen so viele Leute an. Ich sitze den ganzen Tag am Telefon. Wann soll denn das gewesen sein?«
Major Conway ließ die Frage unbeantwortet.
»Ich glaube, das wissen Sie ganz genau.«
Schaffranek fühlte sich in die Enge getrieben. Sein Blick ging

hastig hin und her. Auch Rowland sah er jetzt mißtrauisch von der Seite an.
»Was habe ich damit zu tun?« fragte er. »Gar nichts! Überhaupt nichts!«
»Womit?« fragte der Major ruhig.
»Was weiß ich! Mit dieser Frau! Ich kenne sie nicht, hab den Namen nie gehört.«
»Was glauben Sie, warum ich Sie nach dieser Frau frage? Nach Ihrem Gespräch mit Nelly Pahlke?«
»Nur, weil ich das Gespräch zufällig angenommen habe? Was kann ich denn dafür? Das Telefon klingelt und ich gehe ran, dafür werde ich bezahlt. Dafür kann ich doch nichts.«
»Sie erinnern sich also doch daran, mit ihr gesprochen zu haben?«
»Nein, das sage ich doch. Ich weiß es nicht mehr.«
»Wissen Sie, was aus der Frau geworden ist? Was hinterher mit ihr passiert ist?«
»Nein, nein, nichts weiß ich. Woher denn?«
»Wissen Sie, daß sie tot ist?«
»Nein!«
Dabei blieb es. Aber Rowland hatte auch so schon genug gehört. Und gesehen. Er klappte seinen Aktenordner zu, stand auf und zündete sich eine Zigarette an. Das war das Zeichen für den Major.
»Schade, es hätte uns vielleicht weitergeholfen«, sagte der Major und schob seinen Stuhl zurück. »Aber da kann man nichts machen. Trotzdem vielen Dank.«
Als der Telefonist gegangen war, kam Rowland aus dem Nebenzimmer.
»Nun? Was sagen Sie?« fragte Major Conway.
»Reichlich nervös.«
»Der war nicht bloß nervös, der hatte ein schlechtes Gewissen«, sagte der Major. »Und eine ganz erbärmliche Angst.«

Als Rowland das Hotel Bellevue verließ, riefen die Zeitungsjungen auf dem Potsdamer Platz alle die gleiche Meldung aus.
»Dollarstand 100 000!«
»B. Z. am Mittag! Dollarstand 100 000!«

Secret Service

Am Morgen des 15. Juni stand Arthur Rowland neben einem wartenden Taxi auf dem Kurfürstendamm und verabschiedete sich von Henny. Nachdem er ihr das schwarze Kleid mit den Pailletten in Rosa und Silber und auch die passenden Schuhe gekauft hatte, hatten sie die beiden letzten Nächte doch noch zusammen verbracht.
»Also dann«, sagte er. »Ich hoffe, bis bald.«
»Du schaffst das schon.« Henny gab ihm noch einen Kuß. »Und dann schickst du mir ein Telegramm, ja? Ich hab noch nie ein Telegramm bekommen!«
»Gut! Mache ich!« sagte er lachend und stieg ein. »Zum Flughafen Tempelhof, bitte«, sagte er zu dem Chauffeur. Aus dem fahrenden Taxi blickte er noch einmal zurück, aber Henny war nirgends mehr zu sehen.

Am Croydon Aerodrome wurde er von einem Wagen erwartet. Der Fahrer begrüßte ihn mit so steifer Zurückhaltung, daß es selbst für englische Verhältnisse auffällig war.
»Humphrey!« sagte Rowland. »Was machen Sie für ein Gesicht? Haben Sie aufs falsche Pferd gesetzt?«
»Es ist etwas passiert, Sir.«
»So?«
»Sir Mansfield Smith-Cumming. Er ist gestern gestorben, Sir.«

Mit einem Schlag war alles zunichte. Rowland konnte es kaum fassen. Er war wieder da, wo er angefangen hatte ... Während der Fahrt nach London starrte er nur mit verschlossener Miene vor sich hin. Der Fahrer erzählte ihm, wie es geschehen war. Am Nachmittag hätte Cumming noch Besuch von einem alten Freund gehabt. »Von Mr. Valentine Williams, dem Schriftsteller.« Rowland war das herzlich gleichgültig, und er war kurz davor, das zu sagen. Die beiden hätten über alte Zeiten geredet und viel

gelacht. Gegen sechs sei Mr. Williams gegangen, Cumming hätte in einer Sofaecke gesessen und ihn gutgelaunt verabschiedet. Als seine Sekretärin kurz darauf hereinkam, fand sie Cumming noch immer auf dem Sofa sitzend vor, aber er war tot.
In den nächsten Tagen drehte sich alles um die Beerdigung, und die ganze Zeit wurde über nichts anderes geredet als über Cumming, oder C, wie er seine dienstlichen Schreiben stets unterzeichnet hatte, immer mit grüner Tinte. Rowland kannte all diese Geschichten, aber jetzt hörte er sie alle noch einmal. Das C habe einfach für Cumming gestanden, sagten die einen, nein, für Commander, behaupteten die anderen. Schon wurde vorgeschlagen, daß Cumming zu Ehren auch der neue Chef des Secret Service mit C unterschreiben solle. Mit grüner Tinte selbstverständlich.
»Sie kennen doch auch noch das alte Hauptquartier, oder?« wurde Rowland gefragt. »In Whitehall Court, ganz oben unterm Dach? Wissen Sie noch? Wenn man zu Cumming wollte, mußte man diese schmale Treppe hinaufgehen und stand plötzlich vor einer Ziegelmauer. Dort mußte man warten. Die Sekretärin drückte dann einen Geheimknopf, die Mauer schob sich beiseite, und dahinter gingen die Stufen weiter.«
»Ja«, sagte ein anderer, »und dann kam man rein, und Cumming schwang mit seinem Drehstuhl herum und sah einen durch sein Monokel an. Auf dem Schreibtisch stand ein halbes Dutzend Telefone, alles hing voller Seekarten, und unter der Decke hing ein großes U-Boot-Modell. Ich glaube, irgendwo stand auch noch ein Schiffskompaß. Und wenn die Sekretärin den Tee brachte, kam sie durch eine Luke im Fußboden nach oben!«
»Ach ja, Whitehall Court ... Wissen Sie noch, dieser verdächtige Mann mit Vollbart, der den Besuchern manchmal im Treppenhaus begegnete? Einige waren schwer beunruhigt. Sie waren sicher, ihn schon mal irgendwo gesehen zu haben. Und was stellte sich heraus? Es stimmte, sie hatten ihn schon mal gesehen. In der Zeitung! Es war George Bernard Shaw, der zufällig weiter unten im Haus wohnte.«
Im Krieg hatte Cumming ein halbes Bein verloren, nachdem sein Rolls-Royce auf der Straße nach Paris gegen einen Baum gerast war. Zurück in London, schaffte er sich einen Kinderroller an,

und für alle, die es je gesehen hatten, blieb der Anblick unvergeßlich, wie er in voller Marineuniform mit seinem neuen Holzbein auf dem Roller stand, sich mit dem gesunden Bein abstieß und so die langen Korridore von Whitehall entlangfuhr.

Sein Nachfolger wurde Konteradmiral Hugh ›Quex‹ Sinclair, der frühere Direktor des Marinenachrichtendienstes, der sein neues Amt allerdings nicht in Uniform antrat, sondern im schwarzen Geschäftsanzug. Rowland kannte ihn nicht persönlich und hatte anfangs Mühe, zu ihm vorzudringen. Erst eine Woche nach der Beerdigung kam es zu einem ersten Gespräch. Rowland berichtete ihm, daß Cumming der geplanten Operation in Berlin größte Bedeutung beigemessen habe. Sie sei gewissermaßen sein Vermächtnis. Auch das Budget sei schon bewilligt gewesen, nähere Einzelheiten werde man ohne Zweifel in Cummings nachgelassenen Papieren finden.
Damit hatte er getan, was er konnte. Jetzt hieß es abwarten. Nach einigen Tagen ließ Sinclair ihn zu sich rufen. Es war immer noch ungewohnt für Rowland, einen nüchternen Beamten in Zivil auf Cummings Stuhl zu sehen. Die Operation werde zwar genehmigt, hieß es. Aber es gebe da noch ein paar Dinge, über die man sich einmal grundsätzlich unterhalten müsse ...

Am Dienstag, dem 3. Juli, kam Henny nachmittags in die Pension und wurde gleich im Korridor von der aufgeregten Zimmerwirtin gerufen.
»Fräulein Pritzkow! Es ist ein Telegramm für Sie gekommen!«
»Ein Telegramm?!«
Henny riß den Umschlag auf.
WE ARE IN BUSINESS. ANKOMME BERLIN FREITAG. FORTESCUE.
»Es ist doch hoffentlich nichts Schlimmes?« fragte Frau Schönfeldt neugierig.
»Nein, etwas Gutes.« Henny lächelte. »Etwas sehr Gutes sogar!«

Am Freitag, dem 6. Juli, stieg Arthur Fortescue, Sonderkorrespondent der Londoner *Times*, im besten Hotel Berlins ab, im Hotel Adlon, Unter den Linden Nr. 1.

Ein Page in himmelblauer Uniformjacke, mit Käppi und weißen Handschuhen, nahm ihn an der Drehtür in Empfang. Ein Gongschlag verkündete die Ankunft des neuen Gastes, und in den Klubsesseln der Halle ließ man hier und da die Zeitung sinken, um zu sehen, wer gekommen war. Der Page begleitete ihn zur Rezeption. Aus der prunkvollen Halle mit ihren Marmorsäulen ging der Blick in einen großen Palmengarten, dahinter war ein Springbrunnen zu sehen, und durch das gedämpfte Stimmengewirr hörte man von irgendwo die Geige eines Wiener Kaffeehaus-Ensembles.

Von der Rezeption brachte der Page ihn zum Fahrstuhl und fuhr mit ihm hinauf in den dritten Stock, wo er die großen Doppeltüren aufschloß und ihm mit einer Verbeugung den Vortritt ließ. Drinnen zog er noch die Vorhänge auf, dann bedankte er sich für sein Trinkgeld und verschwand.

Der neue Gast sah sich um, zündete sich eine Zigarette an und trat ans Fenster. Direkt vor ihm stand das Brandenburger Tor im Sonnenschein des späten Nachmittags.

Gleich am ersten Abend ließ er sich Champagner kommen. Der Kellner stellte zwei Gläser und den Eiseimer mit der Champagnerflasche auf den Tisch, verbeugte sich und wandte sich zum Gehen. Er tat so, als bemerkte er das schlanke junge Mädchen gar nicht, das nur im Hemdchen, barfuß und mit langen nackten Beinen, in der offenen Tür des Badezimmers stand und eine Taschenuhr in der Hand hielt, als wollte es die Zeit stoppen. Er konnte sich schon denken, welche Zeit, und lächelte kaum merklich, als er im Hinausgehen ihren Ausruf »Tatsächlich! Keine zwei Minuten!« hörte. Damit der Gast das Wasser nicht unbeaufsichtigt einlaufen ließ, stand über jeder Badewanne im Hotel Adlon der warnende Hinweis, daß die Wanne schon nach zwei Minuten voll sei.

Rowland ließ den Korken knallen. Gleich darauf erhob Henny ihr Glas.

»Jetzt aber!«

Er lächelte ihr zu. Sie lag in der Badewanne, er selbst saß im Smoking auf der Chaiselongue daneben.

»Bevor die Inflation vorbei ist!« sagte er. Dann stießen sie an.

Es war der Tag, an dem die Notenpresse die ersten 500 000-Mark-

Scheine an die Reichsbank geliefert hatte. Auch die Druckplatten für die neuen Scheine zu 1 Million lagen bereits vor. Wer jetzt Valuta zum Spekulieren hatte, der ging goldenen Zeiten entgegen.

Am Sonntagnachmittag fuhr Henny mit dem Taxi in die Carmerstraße. Für so eine Operation brauche man schon ein paar Leute, hatte Rowland gesagt, und Max Janosz werde seit Jahren in den Listen geführt. Wenn er nicht mitmache, könnten in London unangenehme Fragen gestellt werden.
Es paßte Henny eigentlich nicht, daß noch andere mitmachen sollten. Am Anfang, als sie selbst noch nicht wußte, was sie tun sollte, hätte sie gern mal mit Max über alles gesprochen. Aber jetzt, wo es nur noch darum ging, die Pfund Sterling einzustreichen?
Andererseits hatte sie kaum eine Vorstellung davon, was es hieß, eine Operation durchzuführen. Womöglich eine Menge Lauferei. Vielleicht war man noch froh, wenn man jemanden hatte, der mal etwas für einen erledigen konnte ...
Hauptsache, das geht nicht von meinem Anteil ab, dachte sie, als das Taxi vor dem Haus hielt. Sonst müssen wir Max eben in Mark bezahlen. Der hat schließlich auch nicht die Ausgaben wie ich.
Auf der Treppe kam ihr jemand entgegen, der vor sich hin pfiff. Es war Lyssenko.
»Pjotr Pawlowitsch!« sagte sie. »So guter Dinge?«
»Ich hab endlich mal wieder eine Nacht richtig geschlafen!«
»Wieso, ist oben keiner da?«
»Max schon. Nur sie ist weg. Sag es nicht weiter, ja, es ist wirklich gemein: Aber von mir aus kann sie auch wegbleiben!«
»Na, na«, sagte Henny. Sie lächelten sich zu und gingen beide weiter. Lyssenkos Pfeifen entfernte sich.
Vor der Tür mit dem Schild ›M. Janosz‹ zögerte Henny kurz, dann klopfte sie. Keine Antwort. Sie drückte die Klinke herunter und öffnete die Tür.
Max saß auf der Bettkante, eine Zigarette in der Hand. Seine dunklen Augen waren noch dunkler umschattet als sonst. Er sah aus, als hätte er eine miserable Nacht hinter sich.
»Was ist los?« fragte sie.

»Ach ...« Er schüttelte nur müde den Kopf. Nahm dann den letzten Zug aus seiner Zigarette.
»Sehr schlimm?«
Henny machte die Tür hinter sich zu.
»Mir reicht es.«
»Aber sie kommt doch wieder? Oder?«
»Ja. Das hoffe ich jedenfalls. Es ist einfach dieses verdammte *Geld!*« Wütend drückte er die Kippe in den vollen Aschenbecher. »Geld, Geld, Geld! Als ob es überhaupt nichts anderes mehr gibt!«
»Was denn ... abgebrannt bist du auch noch?«
»Das ist es ja gerade.«
»Ach so.«
»Nein, nichts ›ach so‹!«
Es dauerte noch eine halbe Stunde, bis Henny nach und nach aus ihm herausbekommen hatte, was eigentlich los war. Sein Vater hatte ihm von einem Tag zum anderen die Unterstützung gestrichen, nachdem er erfahren hatte, daß sein Sohn bei den Kommunisten war und dafür das Jurastudium verbummelte. Und wo er sonst Geld hernehmen sollte, wußte Max auch nicht. Selbst die Internationale Arbeiterhilfe hatte er in letzter Zeit vernachlässigt, und die Artikel, die er hin und wieder verschiedenen Zeitungen anbot, wurden entweder nie gedruckt oder erst so spät bezahlt, daß das Honorar nichts mehr wert war.
»Theaterkritiken sollen ja noch was einbringen«, sagte er. »Ich hab bloß kein Geld, ins Theater zu gehen.«
Lina war ›Geld besorgen‹ gegangen, Max hatte sie nicht davon abbringen können. Er schien das Schlimmste zu befürchten.
»Na komm, was stellst du dir denn vor?« fragte Henny. »Daß sie mit Stiefeln und Reitpeitsche am Tauentzien steht?«
»Nein ... Natürlich nicht«, sagte Max und rückte umständlich damit heraus, daß Lina, als er sie gestern morgen zuletzt gesehen hatte, wie ein braves Schulmädchen gekleidet war, mit weißem Kragen und weißen Söckchen. Die weißen Söckchen schienen ihn besonders niederzuschmettern.
»Auf unschuldig gemacht ...«, sagte Henny und dachte: Also die Tour. Vater-Tochter-Spielchen, wahrscheinlich mit älterem Stammkunden.

»So kenne ich sie überhaupt nicht!« sagte Max. »Ich hab auch die Sachen, die sie anhatte, noch nie gesehen.«
»Wieso, wo hat sie sich denn umgezogen?«
»Sie hat noch ein eigenes Zimmer. Zur Untermiete.«
Henny schüttelte den Kopf. »Max, Max, was muß ich da hören. Du bist ihr nachgegangen.«
»Ich mußte einfach wissen, wo sie hingeht. Ich hab auf der Straße gewartet, natürlich so, daß sie mich nicht sieht. Und als sie wieder herauskam ... da war sie wie ausgewechselt!«
»Und du bist ihr weiter gefolgt.«
Max nickte schuldbewußt. »Im Bahnhof Zoo hab ich sie dann im Gedränge verloren.« Er zündete sich eine neue Zigarette an. Wortlos saß er auf der Bettkante und rauchte.
»Weißt du was!« sagte Henny, als sei ihr eben eine Idee gekommen. »Warum läßt du dich für so was nicht bezahlen?«
»Wofür?«
»Na, du weißt schon. Ein bißchen die Augen und Ohren offenhalten.« Sie lächelte ihm aufmunternd zu. »Überleg mal. Dann bist du es, der das Geld verdient ...«
Fast hätte sie noch eine Anspielung auf die weißen Söckchen gemacht.
Max sah sie finster an. »Rowland, hm?«
»Und wenn?« sagte Henny. »Wär das so schlimm?«

Abends war Lina wieder da. Sie sah aus, als wäre überhaupt nichts gewesen. Aber ihre Handtasche war voller Geldscheine. Mehrere hunderttausend Mark. Als Max sie fragte, woher sie die hatte, zuckte sie die Achseln. »Wir brauchen Geld. Hier ist Geld. Fertig«, sagte sie und lächelte. Es schien ihr Spaß zu machen, ihn im ungewissen zu lassen.
Er küßte sie heftig, drängte sie rücklings aufs Bett und fing dann sofort an, sie auszuziehen, so ungeduldig, daß er zwei Knöpfe von ihrer Bluse abriß. Wie besessen suchte er ihren Körper nach den leisesten Spuren einer fremden Berührung ab, einem Geruch, was auch immer. Sie wußte genau, wonach er suchte, aber sie ließ es sich einfach gefallen. Er wollte sie nur noch zurückhaben, ganz und gar, sie besitzen.
Als Pjotr Pawlowitsch nach Hause kam und die Treppen hin-

aufstieg, hörte er schon von weitem, daß ihm eine schlaflose Nacht bevorstand.

Am folgenden Abend klopfte es an Rowlands Tür im Hotel Adlon. Er ließ den *Börsen-Courier* sinken und sagte: »Ja? Herein!«
Als erstes tauchte ein großes Paket im Türspalt auf, dann Henny, die das Paket auf den Armen hielt. Dann, hinter ihr, ein Mann in Lederjacke und Schirmmütze, der mit einem Stapel weiterer Pakete beladen war. Es schien ein Taxifahrer zu sein. »Arthur«, sagte Henny, »sei doch so lieb und bezahl mal eben den netten Herrn hier, ja? Ob du es glaubst oder nicht, ich hab alles ausgegeben! Es war einfach himmlisch!«
Rowland bezahlte. Das Trinkgeld war offenbar ausreichend, jedenfalls nahm der Mann seine Mütze ab und bedankte sich mit einer Verbeugung. Rowland schloß die innere Tür.
»Na, wie seh ich aus?« fragte Henny strahlend und drehte sich einmal um sich selbst. Vom Hut bis zu den Schuhen war alles neu.
»Fein, fein ...«, sagte er.
Sie lachte, gab ihm flüchtig einen Kuß und fing dann an, das große Paket zu öffnen.
»Du glaubst gar nicht, was ich alles für die paar Pfund gekriegt habe! Der Dollar steht bei 180 000!«
»Henny!« sagte er, etwas schroffer, als er es vorgehabt hatte. »Es geht nicht darum, das Geld einfach *auszugeben*.«
Sie sah ihn erstaunt an, als fragte sie sich, wie man an einem so wundervollen Tag schlechte Laune haben konnte.
»Na komm, das Allernötigste werde ich wohl noch kaufen dürfen. Ich konnte mich ja schon nirgends mehr sehen lassen.«
»Ja, ja. Natürlich ...« Er schenkte sich einen Whisky ein und gab aus dem Siphon etwas Soda hinzu. »Aber genau so hatte ich mir das ja vorgestellt.«
»Na und? Dann hast du eben recht gehabt.« Henny seufzte leise. »Sonst noch was? Dann sag es lieber gleich. Verdirb mir nicht den Tag, ja?«
Das Glas in der Hand, drehte Rowland sich wieder um und sah sie an. Er trank einen kleinen Schluck.

»Henny. Es geht los.«
»Aha ...?«
Er schien es ernst zu meinen. Henny nahm ihren neuen Hut ab, setzte sich auf das Empiresofa und schlug die Beine übereinander. Sie hatte sich schon länger gefragt, wie es wohl eigentlich losgehen würde. Sie zupfte an den Fingerspitzen ihrer neuen Handschuhe und zog sie aus.
»Wir haben einen weiteren Verschwundenen«, sagte Rowland.
»Wen denn?« Henny nahm ihre Zigaretten aus der Handtasche und steckte sich eine zwischen die Lippen.
»Ich war vorhin bei Major Conway im Bellevue«, sagte Rowland und gab ihr Feuer. »Der Telefonist, den wir neulich vernommen haben, Otto Schaffranek, wird seit dem 20. Juni vermißt. An diesem Tag – genau eine Woche nach der Vernehmung – ist er morgens nicht zum Dienst erschienen, und seitdem haben sie nichts mehr von ihm gehört.«
»Vielleicht ist er krank.«
»Das ist natürlich überprüft worden. Nach ein paar Tagen haben sie jemanden zu ihm nach Haus geschickt. Telefonisch war er nicht zu erreichen.«
»Wieso, wo wohnt er denn?«
»In irgendeinem Arbeiterviertel im Norden der Stadt. Zur Untermiete. Aber er war nicht da, und seine Zimmerwirtin wußte auch nicht, wo er ist.«
Henny nahm einen tiefen Zug aus ihrer Zigarette. *Verschwunden.* Davon wollte sie nichts mehr hören. Sie mußte oft genug an Cora denken, sie träumte nachts schon davon. Ewig wird einem alles vermiest, dachte sie. Wenn man bloß mal zu ein paar Pfund Sterling kommen will ...
»Und was jetzt?« fragte sie. »Willst du ihn suchen?«
»Auf jeden Fall müssen wir mehr über ihn herausfinden.«
»Das wär doch was für Max! Der kennt sich da bestimmt aus, bei seinen geliebten Arbeitern.«
»Was ist überhaupt mit ihm?« fragte Rowland. »Er muß sich langsam entscheiden.«
»Ich rede morgen noch mal mit ihm.«
»Gut, tu das.«

Henny lehnte sich zurück. »Was darf ich ihm denn nun sagen, und was nicht?«

Max war immer noch unschlüssig; Henny kannte ihn lange genug und hatte nichts anderes erwartet. Unter den hohen Bäumen des Tiergartenufers gingen sie am Landwehrkanal entlang und redeten noch einmal über alles. Max versprach, am nächsten Tag endgültig Bescheid zu geben.
Abends mußte er auch mit Lina darüber reden, sie hatte natürlich gemerkt, daß ihm irgend etwas im Kopf herumging. Das erste, was sie sagte, war:
»Spitzeldienste? Für die britischen Imperialisten? Geht's dir noch gut?«
»Nicht so laut!«
Er deutete auf die dünne Trennwand.
Inzwischen wußte Lina, wer Rowland war und für wen er arbeitete. Sie hatte keine Ruhe gegeben, bis Max ihr widerwillig davon erzählt hatte, was damals im Krieg passiert war.
»Nun hör doch erst mal zu.«
Pjotr Pawlowitsch Lyssenko, der nebenan auf seinem Bett saß und eine russische Tageszeitung las, die in Berlin herauskam, wunderte sich zwischendurch, daß die beiden heute nur redeten und redeten. Verstehen konnte er nichts. Manchmal schienen sie sich zu streiten, aber auch das taten sie so leise, als sollte niemand mitbekommen, worum es ging. Ihm war das recht, alles war ihm recht, Hauptsache, das Mädchen blieb ruhig.
Sie redeten stundenlang, bis tief in die Nacht. Nachdem Max ihr erzählt hatte, welche Vermutungen es über die Hintergründe der Affäre gab, begann Lina, die Dinge mit anderen Augen zu sehen. Wenn das stimmte, wenn vielleicht die Schwarze Reichswehr ihre Hände im Spiel hatte, oder ein militärischer Geheimbund, dann war die britische Unternehmung ja, ganz gleich aus welchen Gründen, gegen den größten Feind der deutschen Arbeiterklasse gerichtet.
»Gegen die Mörder Rosa Luxemburgs ...«, sagte Lina.
Im ersten Moment war Max erleichtert, daß sie an seinen zweifelhaften Plänen eine gute Seite entdeckt hatte. Doch dann nahm alles eine unerwartete Wendung.

»Wir können also wirklich etwas tun!« sagte Lina mit leuchtenden Augen. »Für die Revolution! Zum ersten Mal!«
»Was heißt ›wir‹?«
»Na, wir beide, was sonst!«
»Lina, das geht nicht. Du kannst da nicht ...«
»Was kann ich nicht? Was hast du denn gedacht? Daß ich zu Hause sitze und mit dem Abendbrot auf dich warte?«
Er versuchte, sie davon abzubringen.
»Rowland wird das niemals zulassen. Er kennt dich doch gar nicht.«
Sie lächelte, den Kopf etwas auf die Seite gelegt. »Wer weiß, vielleicht würde er mich ja gern kennenlernen ...«
Das reichte. Max war sofort bereit, die Sache ganz fallenzulassen. »Nein, nein, Schluß damit. Ich sage ab und fertig.«
»Und was willst du dann machen? Jura studieren?«
»Du hast ja recht«, sagte Max. Es war das einzige, was ihm noch einfiel. »Wir machen uns nur was vor. Wir wären nichts als die Handlanger des britischen Imperialismus.«
»Von wegen Handlanger!« sagte Lina. »Das ist Taktik! Glaubst du, Lenin hat lange gezögert, die Abteilung III b für sich arbeiten zu lassen? Als er gesehen hat, daß sie ihm nützlich war, hat er einfach die Gelegenheit ergriffen.«
Es war zweifellos die folgenreichste aller Operationen der Abteilung III b gewesen, Lenin und seine Genossen im April 1917 in einem verplombten Waggon quer durch Deutschland zu fahren, um sie als eine Art Geheimwaffe zur Zersetzung des gegnerischen Staates nach Rußland einzuschleusen.
»Und wir machen es eben genauso!« sagte Lina. »Wir lassen uns von den Briten bezahlen und kämpfen in Wirklichkeit für die Sache der Revolution!«
Max schloß kurz die Augen und wünschte sich, er hätte niemals ein Wort von all dem gesagt.
Lina schlang ihm die Arme um den Hals und küßte ihn.
»Oh, Max, überleg doch mal! Was haben wir bis jetzt denn schon groß getan! Ein paar Plakate geklebt, ein paar Zeitungen verkauft! In diesen öden Versammlungen herumgesessen! Das ändert doch in hundert Jahren nichts! Jetzt können wir endlich mal was tun! Etwas Richtiges! Ist das nicht wunderbar?«

Am nächsten Tag saß Henny mit Rowland vor einem Café auf dem Kurfürstendamm.
»Ah, da sind sie ja!« sagte sie.
Rowland wandte sich um.
»Wo?«
In einiger Entfernung kamen Max und Lina über den breiten Boulevard. In der Mitte warteten sie kurz unter den Bäumen, bis die Straße frei war. Rowland sah zu, wie die beiden näher kamen.
Max trug eine große Schiebermütze und einen einfachen hellgrauen Straßenanzug. Lina trug einen kleinen schwarzen Hut, dessen Krempe bis fast zu den Augen herabgezogen war. Ihre schmal geschnittene schwarze Jacke und der lange, enge schwarze Rock hoben sehr deutlich hervor, wie schlank sie war.
Rowland wandte keinen Blick mehr von ihr.
»Davon hast du mir natürlich nichts gesagt ...«
»Wovon?«
»Wie sie aussieht.«
»Ach, gefällt sie dir?«
Er schien nicht zuzuhören. »Grace in all her steps ...«, sagte er leise vor sich hin, »and heaven in her eyes.«
»Tja«, sagte Henny, »es liegt an dir, sie zu engagieren.«
»Schon geschehen«, sagte Rowland. »Wenn sie will, ist sie dabei.«

Auf einem langen Spaziergang im Tiergarten besprachen sie alles Weitere. Max machte ein mürrisches Gesicht und ließ keinen Zweifel daran, daß das Ganze nicht seine Idee war. Lina sagte kaum etwas und sah Rowland immer wieder mißtrauisch von der Seite an.
Es gab keinen Vertrag, keine Unterschriften, gar nichts. Aber von diesem Tage an waren auch Lina Radtke und Max Janosz an der Operation beteiligt. Genau wie Henny Pritzkow hatten sie nicht die geringste Ahnung, worauf sie sich eingelassen hatten.

Der unsichtbare Gegner

Henny wohnte jetzt schon über einen Monat in der Pension Schönfeldt. Als sie eingezogen war, hatte auf allen Möbeln ihres neuen Zimmers noch eine feine weiße Staubschicht gelegen. »Nebenan ist es genau dasselbe«, hatte die Wirtin ungerührt erklärt. Fett und massig stand sie im Türrahmen, wie beim ersten Mal in Nachthemd und Morgenrock, die Spitzenhaube auf dem Kopf. Mit ›nebenan‹ meinte sie Coras Zimmer. »Bleiweißpulver ist das, hat man mir gesagt. Zwei Mann mit Pinseln haben das überall verteilt. Um die Fingerabdrücke sichtbar zu machen.« Sie schüttelte schwerfällig den Kopf. »Und hinterher gehen sie dann einfach nach Hause und lassen mich damit sitzen. Mich, eine alleinstehende Witwe, die ja nun auch nicht mehr so kann wie früher ...«

Henny hatte sich dann einen Eimer Wasser und einen Lappen geholt und den weißen Staub aufgewischt. Er war überall, und tatsächlich konnte sie darin ganz deutlich die Fingerabdrücke sehen. Auf dem Schrank, auf der Kommode, auf dem Frisiertischchen. Die meisten stammten sicher von Nelly, schließlich war es ihr Zimmer gewesen. Und die anderen? Von Cora? Von der Wirtin? Oder von den zwei Unbekannten? Irgend etwas hatten die hier gesucht. Rowland war sicher, daß es Papiere waren. Etwas, das Nelly aufgeschrieben hatte. Ob sie es gefunden hatten? Henny machte weiter, wischte mit dem weißen Pulver auch die Fingerabdrücke weg, und spülte zwischendurch den Lappen im Eimer aus.

Und wenn es nun immer noch hier war? Henny sah sich um. Sie war jetzt allein, die Tür war zu. Es konnte ja ein einzelner Zettel sein. Kleingefaltet vielleicht. Wo würde man so was verstecken?

Ihr Blick fiel auf das Bild, das in einem breiten, verschnörkelten Goldrahmen über der Kommode hing. Eine seltsame Vor-

stellung, daß Nelly dieses Bild beinahe täglich gesehen haben mußte ... Es war ein Öldruck aus dem vorigen Jahrhundert. Er zeigte eine kleine Gruppe von Fabelwesen beim Baden im Meer. Im Vordergrund war eine ängstliche Meerjungfrau zu sehen, die sich schutzsuchend an einem lachenden, ziegenbärtigen Faun festhielt, und dahinter, hoch auf einer klaren, durchsichtigen Welle, ruderte ein dicker Zentaur hilflos mit den Armen.
Henny trat näher und sah, daß der weiße Staub auch auf dem Bilderrahmen lag. Links und rechts waren Fingerabdrücke zu sehen. Wenn man genauer hinsah, waren es Daumenabdrücke. Von verschiedenen Daumen. Das Bild schien in letzter Zeit mehrmals abgenommen und wieder aufgehängt worden zu sein.
Sie wischte den Rahmen ab, nahm das Bild vorsichtig von der Wand und legte es aufs Bett. Als Rückseite hatte es eine alte, rissige Holzplatte, die von kleinen Nägeln im Rahmen festgehalten wurde. Es war etwas mühsam, aber die Nägel ließen sich herausziehen. Sie hob die Holzplatte aus dem Rahmen.
Ein Bogen fleckiges Seidenpapier. Sonst nichts.
Die Nägel wieder hineinzubekommen, war nicht ganz so einfach. Sie drückte sie langsam mit der flachen Seite einer Schere hinein, bis sie einigermaßen fest saßen. Sie hängte das Bild wieder auf und rückte es gerade. Dann sah sie sich weiter im Zimmer um.
Erst nach zwei Wochen gab sie es auf. So lange waren ihr immer noch neue Verstecke eingefallen. Nach und nach hatte sie alle Möbel von der Wand gerückt, alle Schubladen herausgenommen, den Teppich aufgerollt, sie hatte auf dem Fußboden gelegen und die Holzdielen untersucht, und sie war auf einer Trittleiter zur Lampe hinaufgestiegen. Mit aufgebogenen Haarnadeln stocherte sie in Tapetenrissen und hinter den Fußleisten. Immer wieder saß sie hinterher da, rauchte eine Zigarette und überlegte, welche Möglichkeiten es noch gab. Es wurden weniger und weniger.
Hatte Nelly sich überhaupt so viel Mühe mit dem Versteck gegeben? Sie konnte ja nicht ahnen, daß das Zimmer durchsucht werden würde.
Ein Zettel, ein Briefumschlag ... Vielleicht hatte sie ihn einfach

im Schrank zwischen ihre Wäsche gelegt. Hier war er jedenfalls nicht mehr.

Niemand wunderte sich darüber, daß Henny so gründlich saubermachte.
»Kann ich verstehen«, sagte die junge Frau aus dem Zimmer nebenan, die von allen nur Rike genannt wurde. »Ich meine, Nelly ist zwar nicht in dem Zimmer gestorben, aber der alte Staub muß trotzdem raus, nicht?«
Henny hatte sie gebeten, kurz mit anzufassen, weil sie den Kleiderschrank nicht alleine abrücken konnte, und hinterher saßen sie noch zusammen und tranken einen Kirsch, Henny auf der Bettkante, Rike auf dem Stuhl vorm Frisiertisch.
Sie war eine stämmige, rundliche Person, die viel lachte und gern auch noch ein zweites Glas nahm. Ihre glatten dunklen Haare waren zu einem akkuraten Pagenkopf geschnitten, der wie eine Perücke wirkte. Völlig unbefangen geriet sie ins Plaudern. Nach zehn Minuten wußte Henny bereits, daß sie bis letztes Jahr bei einem Professor Olfenius in Dahlem in Stellung gewesen war, einem Privatgelehrten, dessen archäologische Studien dem Ziel gedient hätten, die Überlegenheit der germanischen Rasse nachzuweisen, und der sich dann mit Schlafmittel vergiftet hatte, weil das ererbte Vermögen, von dessen Zinsen er lebte, in der Inflation zu nichts zerronnen war. Seitdem bediente sie in einem Café auf dem Kurfürstendamm.
»Mir ist das ja egal«, sagte sie lachend, »aber wenn ich daran denke, was der Herr Professor dazu gesagt hätte! Daß ich jetzt den Juden ihren Kaffee serviere!« Zwischendurch besserte sie ihr Gehalt hier und da ein wenig auf.
»Wer tut das nicht«, sagte Henny.
Sie lächelten sich zu und verstanden sich. Rike ging rasch zur Tür, sah nach, ob niemand lauschte, und machte die Tür dann wieder fest zu. Es war klar: jetzt waren die übrigen Pensionsbewohner dran. Henny schenkte ihnen beiden noch ein Glas Kirsch nach.
»Lilli tut es auch«, sagte Rike etwas leiser. »Man muß eben sehen, wie man durchkommt.« Lilli Ostermann war ein großes, schlankes Varieté-Girl, das dazu neigte, wie eine Schlafwand-

lerin durch die Pension zu schweben, sämtliche Türen hinter sich offen zu lassen, hier eine Goldsandalette, dort eine Federboa und dort einen japanischen Fächer zu verlieren, ohne sich je wieder darum zu kümmern. »Ja, ja«, sagte Rike, »die arme Lilli nimmt sich immer alles so zu Herzen, und wenn sie wieder nur in der zweiten Reihe besetzt wurde, findet sie ohne Morphium überhaupt keinen Schlaf mehr.«

In dem schummrigen Zimmer, in dem Nellys Vater und der Kommissar gesessen hatten, konnte man, wenn man wollte, am gemeinsamen Frühstück teilnehmen. Gemeinsam war es nur insofern, als jeder an der langen Tafel Platz nahm. Wenn die letzten verschlafen zur Tür hereinkamen, waren die ersten schon wieder aufgestanden oder saßen nur noch da und rauchten. Bei den Bewohnern hieß dieses Zimmer allgemein das ›Gedächtniszimmer‹, weil über der Tafel das Porträt Kaiser Wilhelms hing.

Der einzige weitere Bewohner, den die Pension zur Zeit hatte, war ein gewisser Herr Nettelbohm, der von allen der ›Jockey‹ genannt wurde. Ob er tatsächlich einmal Jockey gewesen war, konnte Rike nicht sagen. Auf jeden Fall war er von zwergenhaftem Wuchs und hatte auffallende O-Beine. Oft saß er neben der Wirtin auf dem Sofa, von ihrer Masse ganz an den Rand gedrängt: ein kleiner, schmächtiger Herr in Abendkleidung, mit Fliege und steifer Hemdbrust, der sich so betont aufrecht hielt, als sei er in ein Korsett eingeschnürt. Sein faltiges, verwittertes Gesicht mit den abstehenden Ohren sah aus wie das eines alten Schimpansen. Still saß er da und rauchte eine Zigarette nach der anderen, und wann immer die Wirtin über die schlechten Zeiten klagte, nickte er sorgenschwer mit dem Kopf. Man spekulierte darüber, ob die beiden ein Verhältnis hatten.

»Na komm«, sagte Henny lachend, »was soll sie mit dem schon anfangen?«

Danach geriet ihr Gespräch ins Stocken. Es war ihnen beiden bewußt, daß nur noch Nelly und Cora übrig waren, über die man reden konnte. Rike schien das fürs erste vermeiden zu wollen, vielleicht aus Rücksicht auf Henny, die im Zimmer der Toten wohnte.

»Ach, ich halte dich ja bloß auf!« sagte sie plötzlich. »Du willst bestimmt weitermachen, was?« Den letzten Schluck trank sie schon im Stehen. »Sag Bescheid, wenn du den Schrank wieder zurückstellen willst.«

Nur wenige Tage nach Hennys Einzug wurde auch Coras Zimmer wieder vermietet, an ein junges Mädchen aus der Provinz namens Ida Stachow. Rotbäckig, linkisch und auf flachen Schuhen stand sie plötzlich in der Tür, ihren Koffer hatte sie ganz allein die Treppe heraufgeschleppt. Angeblich kam sie direkt von irgendeinem Gutshof in Pommern. Ihre Kleider schienen sämtlich aus dem vorigen Jahrhundert zu stammen. Henny und Rike sahen sich nur an und verdrehten die Augen.
Auf die Frage, was sie nach Berlin verschlagen habe, erzählte die Neue treuherzig, sie habe in Stolp einen sehr netten Herrn kennengelernt, der hier in Berlin eine amerikanische Cocktail-Bar betreibe, und da wolle sie jetzt anfangen.
»Und als was?« fragte Henny.
»Ich glaube, ich werde da erst angelernt«, sagte sie.
Den netten Herrn aus Stolp schien es aber wirklich zu geben. Irgend jemand zumindest, der sich nie in der Pension sehen ließ, besorgte Ida Stachow in den nächsten Tagen etwas zum Anziehen.
»Na, das sieht ja schon nicht mehr ganz so verboten aus«, sagte Rike. Im Grunde war Ida ganz hübsch. Die oberen Schneidezähne waren vielleicht etwas groß und standen auch etwas weit vor, und wenn sie lachte, war sehr viel Zahnfleisch zu sehen. In dem langen dunklen Korridor übte sie das Gehen auf ihren neuen Stöckelschuhen. Etwas unsicher noch, stakste sie immer wieder zwischen den Tischchen und Kommoden auf und ab.
»Wie sieht das aus?« fragte sie.
»Prima«, sagte Rike. »Wie der Storch im Salat.«
Ida war die einzige, die unmöglich etwas wissen konnte, Henny hatte also wenig Lust, sich mit ihr abzugeben. Ganz vermeiden ließ sich das allerdings nicht. Einmal hatte Henny etwas großspurig erwähnt, daß sie ab und zu im Cabaret auftrete.
»Davon kann man leben?« fragte Ida.
»Nein«, sagte Henny, »natürlich nicht.«
»Und wovon lebst du dann?«

»Tja ...«, sagte Henny und lächelte Rike zu. »Letztlich wie alle hier, nicht? So von der Hand in den Mund.«
Rike grinste und sagte: »Beziehungsweise ...«
Henny stieß sie in die Seite.
»Bitte, ja? Dies ist eine anständige Pension!«
Sie lachten beide. Ida schien nicht zu wissen, worüber.
Irgend jemand machte sie aber bald mit den Tatsachen des Großstadtlebens vertraut. Von da an hörte man sie oft in ihrem Zimmer weinen, vor allem spät nachts. Herrgott, dachte Henny dann, warum bist du nicht auf deinem Bauernhof geblieben? Gestern noch barfuß die Gänse gehütet, heute auf Stöckelschuhen durchs große Berlin. Was soll denn das auch? Einmal warf sie morgens um halb fünf einen Schuh an die Wand, und das Weinen hörte auf.
Ansonsten machte sie sich keine großen Gedanken über ihre Zimmernachbarin. Und sie vergaß auch wieder, was sie anfangs mit einem seltsamen Unbehagen bemerkt hatte: Daß Ida Stachow ihr Zimmer genauso sorgfältig saubermachte, wie sie selbst es getan hatte. Sie hatte sogar Rike gebeten, ihr beim Schrankabrücken behilflich zu sein. Aber in Idas Zimmer hatte ja auch der gleiche weiße Staub gelegen wie in ihrem.

Manchmal, wenn sie nachts in der Stadt unterwegs war, glaubte Henny plötzlich, Cora zu sehen. Einmal sah sie gerade noch, wie sie auf der anderen Straßenseite in ein Taxi stieg und wegfuhr, einmal entdeckte sie sie im Gedränge eines Tanzsaals, kam aber nicht schnell genug zu ihr durch und konnte sie dann nicht wiederfinden. Einmal saß Cora sogar im Publikum der ›Grünen Spinne‹, weit hinten, von der Bühne aus nicht genau zu erkennen, aber ihr blonder Haarschopf leuchtete im grünen Licht der Tischlämpchen. Gleich nach ihrem Auftritt ging Henny aufgeregt in den Zuschauerraum, doch als sie näher kam, sah sie, daß es jemand anders war. Es gab Momente, besonders wenn nach einer langen Nacht der Morgen dämmerte und die Wirkung des Kokains nachließ, da überkam sie die beklemmende Gewißheit, daß Cora tot war. Daß man sie genauso umgebracht hatte wie Nelly, und daß sie bloß noch nicht gefunden worden war.
Ein Traum kehrte immer wieder: Es war Nacht, sie ging durch

einen Park, und ein Mann ging neben ihr her, den sie in der Dunkelheit nicht erkennen konnte. Dort vorne ist es, sagte der Mann und richtete den Lichtkegel seiner Taschenlampe auf etwas vor ihnen im Gras. Es war eine Tote, die auf dem Bauch lag. Ihr wirres blondes Haar sah aus, als wäre es naß geworden, genau wie die große weiße Pelzstola. Sehen Sie, das ist sie, sagte der Mann. Als Henny sich etwas hinabbeugte, sah sie, daß es unter dem Paillettenkleid der Toten wimmelte und krabbelte, als wären lauter kleine Tiere darunter. Sie fuhr zurück und schrie: Nein! Ich will es nicht sehen! Und damit wachte sie jedesmal auf.

»Wie kommst du in der Pension voran?« fragte Rowland eines Nachts, als er und Henny nebeneinander in seinem Hotelbett lagen.
»Bis jetzt nicht besonders.«
Rowland steckte sich eine Zigarette an. »Du bist zu selten da, hm?«
»Zugegeben«, sagte Henny und räkelte sich in dem riesigen weichen Bett, »das Adlon gefällt mir besser.«
»Was ist mit den anderen Bewohnern? Hast du jemand bestimmten im Auge? Der noch etwas wissen könnte?«
»Ja, das schon.« Henny stützte sich auf den Ellenbogen hoch. Ihre dunkelblonden Locken fielen ihr ins Gesicht, sie strich sie hinters Ohr. »Die eine, in dem Zimmer neben mir, die ist ganz gesprächig. Die hat sich auch öfter mit Nelly und Cora unterhalten. Aber was ich bis jetzt so gehört habe, war alles nichts Neues. Ich kann sie ja auch nicht direkt ausfragen.«
»Nein, nein, besser nicht. Es muß sich schon so ergeben.« Rowland blickte seinem aufsteigenden Zigarettenrauch nach. Dann sah er wieder Henny an.
»Es wäre nur ganz gut, wenn es sich bald ergeben würde.«
»Ich tu ja schon, was ich kann.«
»Zum Beispiel?«
»Ich hab sie ins Vertrauen gezogen. Ich dachte, wer weiß, vielleicht kriege ich dafür etwas zurück.«
»Ins Vertrauen?« Rowland klang leicht beunruhigt. »Worüber?«

Henny lächelte. »Keine Sorge. Nur über meine – kleine Besonderheit.«

Das hatte sich tatsächlich durch Zufall ergeben. Während Henny sich abends schminkte, hatte Rike bei ihr im Zimmer gesessen und nebenher in der *Eleganten Welt* geblättert, die auf dem Tisch lag. Plötzlich war ihr in der Zeitschrift etwas aufgefallen. Sie las eine Bildunterschrift vor.
»›Das Schönheitsideal unserer Zeit – die gertenschlanke, knabenhafte Garçonne‹. Na, das könntest ja du sein!«
»Danke, danke«, hatte Henny gesagt und ihr im Spiegel zugelächelt. »Ich hoffe, das Ideal hält sich noch eine Weile. Was Knabenhaftigkeit angeht, bin ich nämlich unschlagbar, weißt du ...«
Hinterher war sie sehr zufrieden, daß Rike das nicht einmal geahnt hatte. Und sie lachten gemeinsam darüber, daß auch die alte Schönfeldt nichts wußte. »Läßt die sich eigentlich nie einen Ausweis zeigen?« hatte Henny noch gefragt. Aber an diesem Abend war es ihr einfach nicht gelungen, das Gespräch auf die zwei Unbekannten zu bringen.

Als Henny am nächsten Tag aufwachte, war es elf Uhr, und sie lag allein im Bett. Rowland war sicher schon wieder zur Börse gegangen. Um die Mittagszeit kamen die neuen Kurse heraus, und in der ganzen Gegend um die Burgstraße standen lange Schlangen von Spekulanten vor den Depositenkassen. Überall, in den Cafés und auf offener Straße, wurde mit Valuta gehandelt, mit Dollar und Gulden, mit polnischer und rumänischer Währung, und Henny wußte sehr wohl, daß London für einige Informanten bezahlte, die mit der Operation nicht das geringste zu tun hatten, sondern Devisenschieber waren oder Rowland mit Börsentips versorgten.
Henny rief den Zimmerkellner, bestellte das kleinste Frühstück, das es gab, und ließ das Badewasser einlaufen. Fertig angezogen und geschminkt war sie erst kurz vor vier, und um vier sollte sie Max und Lina unten am Eingang abholen. Rowland fand offenbar nichts dabei, daß sie hierherkamen.
Als Henny die Suite verließ, war er noch nicht wieder da.

Außen an der Tür hing das Bitte-nicht-stören-Schild. Sie ließ es hängen, schloß ab und fuhr mit dem Fahrstuhl nach unten.
Wie immer stieg sie schon im ersten Stock aus, damit sie wie eine Diva über die große Freitreppe in die Halle hinabschreiten konnte. Natürlich trug sie ein neues Kleid. Dazu hatte sie nur ganz wenig Schmuck angelegt, das Auffallendste waren die großen glitzernden Ohrringe. Zufrieden bemerkte sie, daß sie wieder einige Blicke auf sich zog.
In der Halle fand sie noch einen freien Klubsessel. Sie hatte kaum Zeit, eine Batschari in ihre Zigarettenspitze zu stecken, da stand schon, wie herbeigezaubert, ein Page neben ihr und hielt ihr mit einer Verbeugung ein brennendes Streichholz hin. Henny dankte ihm mit einem Lächeln. Sie liebte das Adlon.
Langsam und gelassen ihre Zigarette rauchend, sah sie dem Leben und Treiben zu, dem unablässigen Drehen der Drehtür und den lautlos eilenden Pagen mit ihren Silbertabletts. Sie taxierte die Männer nach ihrem Valuta-Wert und stellte Mutmaßungen an, was sie wohl sein mochten: Generaldirektor, Filmmogul, Börsenhai. Die jungen, gutaussehenden leider bloß Gigolo, Sekretär oder kleiner Reporter.
Einen Sessel weiter saß ein Dicker mit Glatze, der den *Figaro* las. Immer, wenn er umblätterte, nutzte er die Gelegenheit, einen Blick auf ihre Beine zu werfen. Aber sie beachtete ihn nicht weiter. Mit dem französischen Franc stand es schließlich auch nicht zum besten.
Auf einmal sah sie Lina durch die Drehtür kommen. Allein. Und es war auch gleich klar, daß Max nicht nachkommen würde. Lina wandte sich nicht zurück, sondern blieb stehen und sah sich suchend in der Halle um.
Henny beobachtete sie genau. Daß sie sich hier überhaupt allein hereintraute, als Arbeiterkind aus dem Wedding ... Sie war wieder ganz in Schwarz gekleidet, und ihr Blick ging über die versammelte Hautevolee hin, als hätte sie so ein Gesindel schon lange nicht mehr gesehen. Eines mußte man ihr lassen: der Klassenkampf stand ihr gut.
Auch dem Dicken mit dem *Figaro* war sie jetzt aufgefallen, er betrachtete sie über seine Zeitung hinweg und lächelte leise.

Henny winkte ihr zu – ein kokettes kleines Winken, bei dem sie die Finger einzeln bewegte –, und Lina entdeckte sie und kam herüber.
»Henny! Tut mir leid! Hast du schon lange gewartet?«
Henny stand auf. »Eine Zigarettenlänge, das geht noch.« Erst auf dem Weg zum Fahrstuhl fragte sie: »Und wo ist Max?«
»Wir haben uns gestritten.«
»Aha?« Sie betraten den Fahrstuhl. »Dritter Stock, bitte«, sagte Henny.
»Ja. Ob wir nun herkommen sollen oder nicht. War das ein Theater! ›Keinen Fuß setze ich da hinein! In dieses Schieber- und Bonzenhotel!‹ und so weiter.«
Henny lachte. Der Liftboy verzog keine Miene.
»Streitet ihr euch öfter?«
»Nein, eigentlich nicht«, sagte Lina. Sie schien noch einmal nachzurechnen. »Na ja, öfter als am Anfang schon.«
Sie stiegen aus und gingen den breiten Korridor entlang. Als Henny die Tür aufschloß, sagte Lina:
»Ach, er ist gar nicht da?«
»Nein, noch nicht«, sagte Henny. »Aber er muß gleich kommen.«
Sie ging voran, ließ Lina eintreten, und machte dann hinter ihr die Doppeltüren zu.
Die prunkvolle Suite schien Lina so wenig zu beeindrucken wie das ganze Hotel Adlon. Sie nahm ihren Hut ab, legte ihn gleichmütig auf eine Louis-seize-Kommode und warf einen Blick in den goldgerahmten Spiegel, der darüber hing. Dann fuhr sie mit den Fingern durch ihren schwarzen, verstrubbelten Bubikopf, schüttelte ihn einmal kurz, und wandte sich vom Spiegel ab.
»Tja«, sagte sie, »dann müssen wir wohl noch warten, was?«
»Sieht so aus«, sagte Henny.
Lina schlenderte ein wenig umher, ließ ihre Blicke müßig zu den hohen Decken emporwandern, über Stuck und Kronleuchter hin, und an den alten Gemälden wieder hinab.
»Schläfst du mit ihm?« fragte sie plötzlich.
»Ab und zu«, sagte Henny leichthin. »Wenn ich gerade nichts anderes vorhabe.«
Lina sah sie an, lächelte und trat dann ans Fenster. »Ich bin

auch für die Freie Liebe«, sagte sie und blickte hinaus. »Aber Max ...!« Sie drehte sich wieder ins Zimmer. »Na, du kennst ihn ja. Ihr habt mal was miteinander gehabt, nicht?«
»Das ist lange her.«
»Ja, ich weiß. Im Krieg ...« Mit der Fingerspitze fuhr Lina über die geschwungene Rücklehne einer Chaiselongue. »War er da auch schon so eifersüchtig?«
Henny winkte überdrüssig ab. »Krankhaft, wenn du mich fragst.«
»Am liebsten würde er mich ganz für sich allein haben«, sagte Lina, langsam weiter umhergehend. »Nichts und niemanden an mich heranlassen. Mich einsperren!« Sie blieb am Schreibtisch stehen und betrachtete den Bronzeadler, der seine Schwingen über zwei Tintenfässer ausbreitete. »Und dann will er mir auch noch vorschreiben, was ich zu tun und zu lassen habe. Bis in Kleinigkeiten. Ich darf dies nicht, ich darf das nicht. Weil es angeblich bourgeois ist! Wenn ich mich schminke, zum Beispiel. Sich zu schminken ist bourgeois, sagt er. Ich sage ihm: Das ist mir doch egal! Zu Hause durfte ich das nie, und ich habe Lust dazu, also mache ich es jetzt und fertig.«
»Ich hätte gar nicht gemerkt, daß du geschminkt bist«, sagte Henny.
»Bin ich ja auch kaum. Nur ein bißchen ... Aber so ist er eben! Ich hab ihm gesagt: Die Revolution ist die Befreiung! Und das muß auch für mich gelten! Was hab ich denn sonst davon? Ich muß tun können, was ich will, er hat kein Besitzrecht an mir. Vielleicht will ich ja auch mal mit jemand anderem schlafen!«
»Das hast du ihm gesagt?«
»Ja.«
Henny lachte. »Und? Da war er begeistert, was?«
Lina zuckte die Achseln. »Viel konnte er nicht dagegen sagen.« Sie lachte ebenfalls. »Das wär dann ja erst recht bourgeois gewesen.«
»Ach, so ist das«, sagte Henny. »Gar nicht so unpraktisch, der Kommunismus.«
Lina wollte noch etwas sagen, aber in diesem Moment ging die Tür auf und Rowland trat ein.

Wenn es ihn überraschte, daß Lina allein gekommen war, dann ließ er es sich nicht anmerken. »Setzt euch doch«, sagte er. »Was gibt es Neues?«
Linas Bericht war kurz. Sie und Max hatten versucht, eine Spur des Telefonisten Schaffranek zu finden, aber ohne Erfolg. In der Mietskaserne, in der er zur Untermiete wohnte, hatten sie, jeder einen Packen *Sowjet-Rußland im Bild* auf dem Arm, an allen Türen geklopft. Schaffraneks Vermieterin, eine alte Frau namens Goetz, hatte die Tür nur einen winzigen Spalt geöffnet und die Kette vorhängen lassen. Das erste, was sie sagte, war: ›Ich kaufe nichts.‹ Max hatte dann gesagt: ›Aber vielleicht Ihr Untermieter, Herr Schaffranek? Ist er zu Hause?‹
»Moment«, sagte Rowland. »Stand sein Name mit an der Tür?«
»Nein, aber unten am Briefkasten.«
»Gut.«
Aber Frau Goetz hatte nur Nein gesagt und die Tür wieder zugemacht. Sie hatten dann noch eine Weile gehorcht – sie waren gerade allein im Treppenhaus –, aber in der Wohnung war nichts zu hören gewesen.
An einem anderen Tag hatten sie eine Mitgliederversammlung von Schaffraneks SPD-Ortsgruppe besucht. Die Versammlung hatte Stunden gebraucht, um ihre Tagesordnungspunkte abzuhaken, aber der Name Otto Schaffranek war dabei nicht ein einziges Mal erwähnt worden. Es hatte sich keine Gelegenheit ergeben, sich unauffällig nach ihm zu erkundigen, aber zu den aktiven Parteimitgliedern schien er nicht zu gehören.
»Gut.«
Rowland war erst einmal zufrieden. Als Lina gegangen war, sagte er zu Henny:
»Denk mal mit darüber nach, was die beiden in der Sache Cora Meinhold unternehmen könnten. Auf jeden Fall brauchen wir ein Photo von ihr. Kann es sein, daß du noch irgendwo eins hast?«
»Ich seh mal nach«, sagte Henny.

Am nächsten Vormittag saß sie allein in ihrem Pensionszimmer und suchte die Photos durch, die sie ungeordnet in einem

Schuhkarton aufbewahrte. Sie nahm immer gleich mehrere heraus, um sie dann eines nach dem anderen auf den Tisch zu legen. Der Tisch lag schon ziemlich voll, und sie hatte immer noch keins gefunden, auf dem Cora zu sehen war.
»Ja?« sagte sie, als es an der Tür klopfte. Es war Ida Stachow.
»Henny?« sagte sie. »Hast du noch Zigaretten?«
»Ja, hier. Nimm dir eine.«
Erst als Ida an den Tisch kam, warf Henny noch rasch einen Blick auf die Photos: War auch keins dabei, das sie nicht sehen sollte?
»Siehst du dir alte Bilder an?« sagte Ida, mit schräg geneigtem Kopf, und nahm sich eine Batschari aus dem silbernen Etui.
»Ach, die sind mir gerade so in die Hände gefallen«, sagte Henny.
Da tauchte Rike in der offenen Tür auf, noch im Morgenrock, barfuß und ungeschminkt, nur ihr Pagenkopf sah schon so makellos und künstlich aus wie immer.
»Also, ich hab gestern nacht was erlebt!« sagte sie. »Das muß ich euch erzählen!«
Zu später Stunde war sie, mit irgendeinem Begleiter, nicht weit vom Alexanderplatz in einem Kellerlokal gelandet. Da war erst nicht viel los, nur an einem der Tische wurde Sekt getrunken und laut gelacht. Dort saßen drei Ausländer, einer davon Amerikaner, beim Würfelspiel. Irgendwann hatte der Amerikaner wohl gewonnen, jedenfalls gab es ein großes Hallo und er bestellte eine Lokalrunde Sekt. Das hob die Stimmung ganz entschieden. Und dann ging es los. Die Ausländer, als erster der Amerikaner, fingen an, kleine Münzen auf den Boden fallen zu lassen, einfach so, neben ihren Stühlen. Die Leute fragten sich schon, was das sollte, da verkündeten sie lauthals, nur nackte Frauen dürften die Münzen aufheben.
Erst mal war Stille, alles wartete ab. Man hörte, wie weitere Münzen auf den Dielenboden fielen, und sah zu, wie die eine hierhin, die andere dorthin rollte, und dann liegenblieb. Die anwesenden Mädchen lachten unsicher. Eines bekam schon, etwas versteckt, einen Ellenbogen in die Seite: Na los! Aber es traute sich nicht.

Dann sprang auf einmal eine junge Rothaarige von ihrem Stuhl auf, knöpfte sich schnell die Bluse auf, streifte den Rock ab, zog sich, unter Johlen und Pfiffen des Publikums, das Hemd über den Kopf und sammelte auf ihren Knien die ersten Münzen ein. Hastig zogen sich jetzt auch noch andere aus, und schließlich krochen sechs nackte Mädchen auf allen vieren um den Tisch der Ausländer herum und klaubten an Münzen zusammen, was sie finden konnten, während rings um sie her ein Riesengeschrei und Gelächter war.
Nur ein einziger älterer Herr beschwerte sich bei der Wirtin darüber, daß sie so etwas zulasse. Aber die Wirtin sagte: ›Was wollen Sie? Für so 'n paar Cent müssen die Mädchen sonst eine Woche arbeiten!‹
»Und recht hatte sie!« sagte Rike.
»Hat es sich wenigstens gelohnt?« fragte Henny.
»Für wen?«
»Na, für dich!«
Rike stemmte ihre Fäuste in die Hüften:
»Was?! Du glaubst ja wohl nicht, daß ich ...«
»Aah, gib's zu!« Sie lachten alle drei und alberten dann noch eine Weile herum.
Hinterher, als die beiden aus dem Zimmer waren, suchte Henny weiter die Photos durch. Schließlich fand sie eins, das letzten Silvester aufgenommen worden war. Zwischen Papierschlangen und Luftballons und einigen längst vergessenen Herren in Smoking lächelten Cora und sie selbst und noch irgendwer in die Kamera. Cora war gut zu erkennen.
Ja, das wird gehen, dachte Henny und legte das Bild zur Seite. Rasch schob sie die Photos, die auf dem Tisch lagen, zu einem Haufen zusammen und tat sie zurück in den Schuhkarton.
Daß eins davon fehlte, bemerkte sie nicht.

Am späten Abend nahm Rowland manchmal noch einen Drink in der Adlon-Bar. Der Mixer kannte ihn schon. Rowland brauchte ihm nur zuzunicken, schon bekam er seinen bevorzugten Whisky, Famous Grouse, mit genau der richtigen Menge Soda, und natürlich ohne Eis. Eis war eine amerikanische Unsitte, die er nicht zu übernehmen gedachte.

Eines Abends saß er wieder im Smoking auf seinem Barhocker, rauchte und sah dem Mixer zu, als ihn unvermittelt jemand ansprach:
»Monsieur Fortescue! Was für ein Zufall!«
Er drehte sich um. Es war der Franzose aus dem Hotel Bellevue. Er war im Frack, mit weißer Fliege, und eine weiße Weste dehnte sich über seinen Bauch. Seine Glatze und sein rundes Gesicht glänzten im gedämpften Licht der Bar. Er lächelte Rowland wohlwollend an.
»Was trinken Sie? Seien Sie mein Gast.«
»Ich habe schon bestellt«, sagte Rowland.
Der Franzose wandte sich an den Barmann: »Für mich das gleiche, bitte. Und beides auf meine Rechnung.« Dann sah er wieder Rowland an. »Sie sehen, ich vertraue auf Ihren Geschmack.« Er lachte leise. »Ja, wie soll ich sagen ... ich denke, unsere Begegnung neulich, in diesem – anderen Hotel, war allzu flüchtig. Finden Sie nicht?«
»Sie wohnen hier im Adlon?«
»Nein, das nicht. Aber ich gehe hier sozusagen ein und aus. Geschäftlich. Das Adlon bezieht einige Weine von uns. Spitzenweine, wenn ich das sagen darf. Premiers Crus. Château Latour, Château Margaux ... Ah, warten Sie. Hier, meine Karte.«
Rowland nahm sie, und las:

Lucien Gaspard
Gaspard & Fils, Négociants en Vins
14, Quai des Chartrons
Bordeaux, France

»Wie viele Söhne haben Sie denn?« fragte Rowland.
»Ich bin einer der Söhne«, sagte Gaspard. Sein Lächeln wirkte etwas angestrengt. Er schien froh zu sein, daß der Mixer gerade die zwei Whisky-Sodas vor sie hinstellte. »Warum setzen wir uns nicht dort drüben an den Tisch?«
Rowland nickte. »Einverstanden.« Er nahm sein Glas und stand vom Barhocker auf.
»Nein, vielleicht an den dort.« Gaspard ging voran. »Wenn es Ihnen recht ist.«
»Aber ja.«

Sie setzten sich an einen ruhigen Ecktisch.
»Kennen Sie den Weinkeller des Adlon?« fragte Gaspard. »Eine Million Flaschen! Der Berliner würde jetzt sagen: Was ist heute noch eine Million!« Er lachte kurz. »Wußten Sie, daß der Springbrunnen im Hof dazu dient, den Weinkeller ständig auf der idealen Temperatur zu halten?«
»Nein«, sagte Rowland. »Hören Sie, ich glaube, Sie halten mich für irgend etwas anderes, als ich bin. Ich bin nur ein Journalist, weiter nichts.«
»Und ich bin nur ein Weinhändler, weiter nichts. Wir können also ganz unbefangen miteinander reden.«
»Worüber, zum Beispiel?«
»Trinken wir doch erst einmal. A la vôtre!«
Lucien Gaspard nahm nur einen winzigen Schluck, probierte ihn sehr lange, nahm dann noch einen und sagte, das Glas in der Hand behaltend:
»Mmm ... ich bleibe dabei, es ist ein barbarisches Getränk, dieser Whisky. Rauch und Nebel. Das Hochland. Ich weiß gar nicht, wie es dort aussieht, verzeihen Sie mir. Eine Urzeitlandschaft vermutlich. Felsbuckel, Flechten und Moose.«
»So ungefähr, ja«, sagte Rowland.
Der Franzose nahm bedachtsam einen weiteren Schluck. »Wiewohl nicht ohne Subtilität«, gab er zu. »Eine Essenz des Nordens sozusagen. Torf und Heide. Einsame Spukschlösser.« Er lehnte sich auf seinem Stuhl zurück und stellte das Glas ab. »Der Wein hingegen ist die Essenz des Südens«, sagte er mit selbstzufriedenem Lächeln. »Jeder Jahrgang bewahrt uns die Sonne eines ganzen langen Sommers. Und das ungeachtet aller menschlichen Nichtigkeiten.« Er zuckte leicht die Achseln und hob entschuldigend die Hände. »Für den Wein war auch 1914 ein gutes Jahr.«
»Wenn Sie das sagen.«
»O ja, ein sehr gutes sogar. Während an der Marne die Kanonen donnerten, schien im Médoc die Sonne auf die Weinberge, und es war so still, daß man die Bienen summen hörte.«
»Klingt fast, als wären Sie dabeigewesen.«
»Das war ich auch. Nur ganz kurz allerdings. Auf Fronturlaub, wegen einer Verwundung.«

»Sie waren an der Front?«
»Bei der Artillerie. In der 5. Armee unter Général D'Esperey. In der Schlacht an der Marne kämpften wir Seite an Seite mit dem Britischen Expeditionskorps. Ich werde das niemals vergessen.«
Rowland hob ein wenig die Augenbrauen und nahm einen Schluck Whisky-Soda.
»Was ich damit sagen will, ist ...« Gaspard beugte sich etwas vor. »Wir waren damals Alliierte, und wir sind es noch heute. Daran sollten wir immer denken. Meinen Sie nicht auch?«
Rowland blickte in sein Glas, als müßte er sich das erst überlegen.
»Nehmen Sie nur uns beide, hier an diesem Tisch«, sagte Gaspard und sah sich um. »Eine Bar. Ein Mixer, ein paar Herren im Smoking, hier und da eine schöne Frau. Wir werden zuvorkommend bedient, man ist höflich. Das alles könnte uns in Sicherheit wiegen, nicht wahr?« Er sprach jetzt noch leiser. »Aber wir beide, Sie und ich, wir wissen genau, wir sitzen hier mitten in Feindesland.« Er sah Rowland prüfend an. »Und wir sind ziemlich allein.«
Rowland blickte auf und sagte:
»Ich kann mich nur wiederholen. Ich fürchte, Sie halten mich für irgend etwas anderes, als ich ...«
»Ah, kommen Sie, Monsieur – Fortescue, Sie beleidigen mich.« Er trank, wie um seinen Unwillen zu zeigen, einen größeren Schluck Whisky. Dann drehte er langsam sein Glas auf dem Tisch und sagte: »Wissen Sie, ich bin schon eine Weile länger in Berlin als Sie. Diese Stadt ist, wie soll ich sagen, sehr viel undurchschaubarer und bedrohlicher, als Sie es vielleicht ahnen. Sie bewegen sich hier recht sorglos, muß ich sagen.«
»Was meinen Sie damit?« Rowland ließ sich sein plötzliches Unbehagen nicht anmerken. Zumindest versuchte er es.
»Was ich meine?« fragte Gaspard. »Sie lassen sich blenden! Schon von diesem Hotel. Sie denken, Sie sind hier im Ritz oder im Carlton. Aber das ist nicht wahr. Dies ist das Hotel Adlon, vor dem Krieg eine Art Dépendance des kaiserlichen Hofes. Hier stiegen die Staatsgäste Wilhelms II. ab. Jeden Tag, jede Nacht war hier alles voller preußischer Uniformen, auch diese Bar. Dies ist nicht Monte Carlo, verstehen Sie? Es ist nicht einfach

etwas Internationales. Der Glanz, den Sie in diesem Hause sehen, das ist noch immer der Glanz des deutschen Kaiserreichs.«
»Das mag ja sein«, sagte Rowland, vorsichtig geworden. »Und weiter?«
»Sehen Sie sich den Herrn dort drüben an. Auf dem dritten Barhocker von links. Was sehen Sie? Einen alternden Roué? Ich will Ihnen sagen, wer das ist. General Freiherr von Ramberg. Verantwortlich für Massaker an der belgischen Zivilbevölkerung. Im Smoking nicht gleich zu erkennen, zugegeben. Und dort hinten, der Herr mit dem Monokel, der sich so angeregt mit der jungen Dame in grüner Seide unterhält. Das ist Major von Kittlitz, im Krieg in Lille stationiert, bei der dortigen Etappenverwaltung. Er gilt als Mitorganisator der sogenannten Schreckensnächte, in denen 25000 Einwohner der Stadt, Männer und Frauen, nachts von Soldaten aus ihren Betten gerissen und zur Zwangsarbeit abgeführt wurden. Zu einer Zwangsarbeit so dicht hinter den Linien, daß viele von ihnen durch französisches Artilleriefeuer ums Leben kamen ... Mmm, schade, mehr Bekannte kann ich im Augenblick nicht entdecken.« Er wandte sich wieder seinem Gegenüber zu. »Aber Sie wissen ja, wie das ist im Krieg. Am gefährlichsten ist der Gegner, den man nicht sehen kann. Und deshalb möchte ich Sie warnen. Sie kennen diese Stadt nicht.«
»Ich bin gerade dabei, sie kennenzulernen«, sagte Rowland.
Gaspard lächelte. »Ja, ja. Und das mit einigem Erfolg, wie ich gesehen habe.«
»Was haben Sie gesehen?«
»Oh, Ihre kleinen Freundinnen. Eine hübscher als die andere. Mein Kompliment.«
»Tut mir leid, ich weiß wirklich nicht, wovon Sie ...«
»Na, na. Das hatten wir doch nun schon hinter uns. Ich sitze hier manchmal in der Halle, wissen Sie, und lese eine Tageszeitung. Und zwischendurch sehe ich mir einfach so das Kommen und Gehen an. Sehr zu empfehlen.«
Rowland trank einen größeren Schluck Whisky als er eigentlich vorgehabt hatte.
»Und vor ein paar Tagen«, sagte Gaspard, »setzt die eine sich zufällig neben mich. Die mit den kurzen dunkelblonden Locken,

mit der Sie öfter zu sehen sind. Wie heißt sie? Henny, nicht wahr? Sie sitzt also da, in ihrem Klubsessel, die Beine sehr hübsch übereinandergeschlagen, und raucht eine Zigarette. Und es dauert nicht lange, da kommt die andere durch die Drehtür, die mit den schwarzen Haaren. Was ist sie, eine Anarchistin oder so was? Jedenfalls hat sie sich umgesehen, als würde sie am liebsten eine Bombe in die Halle werfen. Eine kleine Teufelin, was? Sie sind ein Connaisseur, mein Freund. Nun, sie kommt dann herüber, die beiden begrüßen sich und reden noch ein paar Worte, bevor sie dann gemeinsam zum Fahrstuhl gehen.« Gaspard ließ sich Zeit damit, seinen letzten Schluck zu trinken. »Verstehen Sie? Was ich da zufällig gehört habe, hätte auch jeder andere mithören können. Und wer weiß, wer tatsächlich mitgehört hat.« Über den Glasrand hinweg behielt er Rowland im Auge. Dann lachte er. »Ah, Monsieur! Ihr Gesicht sagt alles! Aber ich kann Sie beruhigen. Ihr Name – oder soll ich sagen: Ihr richtiger Name? – wurde nicht genannt.« Er stellte das leere Glas vor sich hin. Als er wieder aufblickte, wirkte er ernst und besorgt.

»Aber das heißt auch: Diese Mädchen kennen Ihren richtigen Namen, nicht wahr? Und das wiederum heißt: Sie dienen nicht allein Ihrem Vergnügen. Sehen Sie, genau das hatte ich schon befürchtet. Und ich kann Ihnen nur sagen: Wenn das alles so ist, wie es den Anschein hat, dann werden Sie sehr bald Hilfe brauchen. Und zwar dringend.«

»So? Werde ich das? Und von wem? Von Ihnen?«

»Wie ich schon sagte: Wir sollten uns daran erinnern, daß wir immer noch Alliierte sind. Wir sollten zusammenarbeiten. Wir sollten unsere Erkenntnisse austauschen.«

»An was für Erkenntnisse denken Sie dabei?«

»Trinken Sie noch ein Glas?«

»Ich dachte, Sie machen sich nichts aus Whisky.«

»Nicht allzuviel, das ist wahr. Andererseits sollte man das Getränk immer dem Anlaß entsprechend wählen. Und da wir gerade von der Dunkelheit des Nordens reden ...« Er winkte einem Kellner. »Noch einmal dasselbe, bitte!« Dann wandte er sich wieder an Rowland. »Sind Sie übrigens schon mal draußen in Babelsberg gewesen? Die UfA dreht dort gerade ›Die Nibelungen‹. Das Nationalepos der Deutschen. Nichts als Nebel und

Zwerge und Drachen, Verrat und Verschwörung, heimtückischer Mord. Die Deutschen scheinen keine Mühe zu haben, sich darin wiederzuerkennen. Es ist ein Spiegel ihrer Seele.«
»Sie sprachen eben von Erkenntnissen, die wir austauschen sollten«, sagte Rowland. »Erkenntnisse worüber? Nicht über die deutsche Seele, oder?« Er zog sein silbernes Etui, bot auch Gaspard eine Zigarette an.
»Ja, danke.«
Einen Moment lang rauchten sie nur und sahen sich an.
»Sie verlangen sehr viel, Monsieur Fortescue. Sehr viel im voraus, ohne Gegenleistung. Mich würde zum Beispiel sehr interessieren, was Sie hier in Berlin eigentlich machen.« Er lehnte sich etwas zurück und lachte leise. »Und schon wieder ist Ihnen deutlich anzusehen, was Sie denken! Sie denken, das geht mich gar nichts an, nicht wahr? – Ah, da kommt unser Whisky ...«
Ein Kellner mit einem Silbertablett kam zwischen den leeren Tischen hindurch in ihre Ecke und stellte die beiden Gläser vor sie hin. »Diesmal auf meine Rechnung, bitte«, sagte Rowland. Als der Kellner wieder weg war, nickten sie sich zu und tranken einen ersten Schluck.
»Aber ganz so einfach ist es nicht, wissen Sie? Dies und das geht mich sehr wohl etwas an.« Gaspard beugte sich wieder vor und sagte leise: »Wo, zum Beispiel, ist Otto Schaffranek geblieben?«
Rowland starrte ihn nur an. Damit hatte er nicht gerechnet.
»Sehen Sie, er war auch *unser* Telefonist«, sagte Gaspard. »Die Kommission wird immer noch von Général Nollet geleitet, nicht wahr? Und dann tauchen Sie hier auf, Sie und Major Conway reden mit diesem Schaffranek, und eine Woche später ist er verschwunden. Warum und wieso? Von unseren britischen Alliierten hören wir darüber kein Wort. Die Sache wird totgeschwiegen. Mißtrauen und Geheimniskrämerei! Innerhalb der Kommission! Man fragt sich: Warum packen wir nicht unsere Sachen und fahren nach Hause?« Er nahm einen tiefen Zug aus seiner Zigarette. »Nun, jedenfalls sind wir nicht untätig geblieben. Es gibt da ein bestimmtes Protokollbuch, das mehrfach aus der Telefonzentrale geholt und wieder zurückgelegt wurde. Nur dieses eine. Und das habe ich mir dann mal näher angesehen.«

Rowland hatte sich wieder gefangen. Er drückte seine Zigarette aus und sagte: »Und? Ist etwas dabei herausgekommen?«
»Oh, durchaus. Ich habe mir den Dienstplan der Telefonisten danebengelegt und dann besonders die Tage überprüft, an denen Otto Schaffranek Dienst hatte. Und siehe da, plötzlich stoße ich auf einen Namen, den ich schon einmal ganz woanders gelesen habe. Möchten Sie wissen, wo?« Sein Lächeln verhieß nichts Gutes. »In der Zeitung. Sie wissen schon, welchen Namen ich meine, nicht wahr? Nelly Pahlke.«
Unwillkürlich sah Rowland sich in der Bar um.
»Keine Sorge, niemand kann uns hören«, sagte Gaspard. »Ich achte schon darauf.«
Rowland zündete sich eine neue Zigarette an. Er überlegte. Einfach alles abzuleugnen half jetzt auch nicht weiter. Er mußte herausbekommen, wieviel der andere tatsächlich wußte.
»In den meisten Zeitungen wurde die Frau nur als ›Nelly P.‹ bezeichnet«, sagte Gaspard. »Aber eben nicht in allen. Soll ich Ihnen sagen, weshalb ich mich an den Namen erinnert habe? Wegen der Tötungsart. Eine Hinrichtung durch Genickschuß. In einem öffentlichen Park. Da klingelt so eine kleine Alarmglocke in meinem Hinterkopf. Das werden Sie sicher verstehen.«
Rowland hob sein Glas und sah Gaspard über den Rand hinweg an.
»Und weiter?«
»Weiter?« Gaspard drückte seine Zigarette im Aschenbecher aus. »Weiter fand ich in demselben Protokoll eine Bemerkung, die sich auf den Anruf dieser Frau bezog. Sie kennen diesen Satz vermutlich auswendig. Muß ich ihn wiederholen?«
»Nein, nein. Das Protokoll ist mir bekannt«, sagte Rowland ...
Behauptet, etwas über deutsche Jagdflugzeuge zu wissen ...
»Und Sie waren der Ansicht«, sagte Gaspard, »französische Interessen würden davon nicht berührt? Das überrascht mich etwas, muß ich sagen.«
»Wir sind nicht sicher, ob an der Sache überhaupt etwas dran ist«, sagte Rowland. »Im Grunde ist das eher unwahrscheinlich.«
»Immerhin sind Sie dafür aus London angereist. Ja, ja, ich weiß

schon: Reine Routine. Und uns wollten Sie mit solchen Kleinigkeiten nicht behelligen. Wirklich, sehr rücksichtsvoll. Aber wo ist denn nun unser Telefonist? Können Sie mir das vielleicht sagen?«
»Nein. Ich weiß es nicht.«
»Irgendeine Vermutung werden Sie doch haben.«
»Es gibt bis jetzt keinerlei Anhaltspunkte.«
»Nun gut. Dann werde ich Ihnen sagen, wie meine eigene Vermutung lautet ... Ich schicke voraus, daß ich von Anfang an strikt dagegen war, im Rahmen der Kommission irgendwelche deutschen Hilfskräfte zu beschäftigen. Und dann auch noch im Hauptquartier! Das ist geradezu eine Einladung! Geben Sie mir da recht oder nicht?«
»Voll und ganz. Ich mochte es erst kaum glauben.«
»Also, wie ich die Dinge sehe, war Otto Schaffranek ein Spion. Und noch dazu ein hervorragend plazierter. Er konnte nicht nur aus dem Inneren der Kontrollkommission berichten, er konnte sogar verhindern, daß bestimmte Informationen die Kommission erreichten. Wenn es möglich gewesen wäre, hätte er sicher alles, was diese Nelly Pahlke da andeutete, vollständig unterdrückt. Irgend etwas muß ihm dazwischengekommen sein ...«
Gaspard wartete darauf, daß Rowland etwas sagte. Rowland blieb kaum etwas anderes übrig.
»Ein britischer Sergeant hat das Gespräch übernommen«, sagte er. »Ohne den stünde jetzt wahrscheinlich nichts davon in dem Protokoll.«
»Aber Nelly Pahlke wäre trotzdem tot«, sagte Gaspard und lächelte zufrieden. »Nun, und dann haben Sie und Major Conway ihn vernommen, diesen Schaffranek. Er sah sich bedroht und ist abgetaucht. Und jetzt sitzt er wahrscheinlich irgendwo in Bayern.«
»Gut möglich.«
»Was bleibt, ist die eigentliche Frage: Wer hat ihn in die Kommission eingeschleust? Für wen hat er gearbeitet?«
»Für den militärischen Untergrund«, sagte Rowland. »Soviel scheint sicher zu sein. Für eine Geheimorganisation, die wahrscheinlich Teil der Schwarzen Reichswehr ist.«

»Ja, einverstanden. Etwas in der Art«, sagte Gaspard. »Im Hintergrund steht also wie immer, unnahbar und leise lächelnd – die Sphinx. Der General von Seeckt.«
»Letztendlich schon, ja.«
»Und was ist das für eine Organisation? Was meinen Sie? Einmal angenommen, an der Sache ist tatsächlich etwas dran ... Angenommen, Seeckt verfolgt Pläne zur heimlichen Aufrüstung, unter Umgehung des Versailler Vertrages, unter Umgehung der Kontrollkommission ... Pläne zum heimlichen Wiederaufbau der Luftwaffe ... Sie wissen, was das bedeuten würde, nicht wahr? Nämlich, daß Deutschland *bereits begonnen hat, den nächsten Krieg vorzubereiten.*«
Gaspards rundes Gesicht schien noch mehr zu glänzen als vorher. In der dämmrigen Barbeleuchtung behielt er Rowland ganz genau im Auge.
»Angenommen also, das alles wäre tatsächlich so, wie ich sage ... Welchen Stellenwert hätte dann ein solches Unternehmen? Welche Organisation würde darüber wachen, daß nichts davon nach außen dringt? Oder, anders gefragt: Wen hätten Sie dann gegen sich, Monsieur Fortescue?«
Diese Frage, diese ganze Art zu fragen, gefiel Rowland gar nicht. Er nahm einen letzten, tiefen Zug aus seiner Zigarette, blies dann langsam den Rauch aus.
»Wissen Sie es?«
»Ich weiß so dies und das«, sagte Gaspard. »Im Ruhrgebiet zum Beispiel werden dauernd Anschläge verübt. Brücken und Bahngleise gesprengt, französische Posten überfallen. Immerhin, einige der Attentäter werden gefaßt. Auffällig ist, daß die wenigsten von ihnen dort aus der Gegend stammen. Die meisten kommen aus dem übrigen Reichsgebiet, und manche sind bemerkenswert gut ausgerüstet. Vor ein paar Wochen haben wir eine Gruppe von drei, vier Mann verhaften können, die eine regelrechte militärische Aufklärung betrieb, mit Photoapparaten und allem, was dazugehört. Es war eine mühselige Kleinarbeit, aber einiges von dem optischen Gerät ließ sich bis nach Berlin zurückverfolgen. Und dort bis zu einem gewissen Herrn von Weltzien, Richard von Weltzien, Oberstleutnant a. D., jetzt Privatmann. Lebt sehr zurückgezogen in Schöne-

berg. Es wäre Zufall, wenn Sie ihn kennen, er war im Krieg in Rumänien. Aber dort war er Nachrichtenoffizier der Abteilung III b.«

Einen Moment lang hatte Rowland das seltsame Gefühl, wieder im Krieg zu sein, in Flandern. Er stand an Bord eines langen, niedrigen Lastkahns, der auf dem Kanal nach Gent fuhr. Sein Name, seine Papiere waren falsch, aber das Schiff hatte den Grenzposten schon passiert und jetzt waren sie im deutschen Etappengebiet und es gab kein Zurück mehr, er war auf sich allein gestellt, und er wußte genau, die Abteilung III b konnte überall sein, und wenn er ihr in die Hände fiel, dann war es aus, dann würde man ihn an die Wand stellen und erschießen.

»Und dieser von Weltzien ist keineswegs der einzige«, sagte Gaspard. »Inzwischen sind wir schon auf mehrere ehemalige III b-Offiziere gestoßen. Alles Privatleute, versteht sich. Auch der frühere Chef, Oberst Nicolai, ist offiziell außer Dienst und hat keinerlei Verbindung zur Reichswehr. Geld scheinen sie aber alle genug zu haben, offenbar auch Devisen. Der eine hat hier ein kleines Büro, der andere dort, alles undurchsichtige, kaum nachprüfbare Sachen, immer irgendeine GmbH oder AG, Interessengemeinschaft für dies oder das. Man fährt im Automobil, und die Chauffeure haben offenbar Befehl, auf den Rückspiegel zu achten und Fahrzeuge, die ihnen verdächtig vorkommen, sofort zu melden. Ein paarmal haben sie uns schon abgehängt. Einige Autofahrten gehen aber auch aufs Land hinaus, auf einsamen Straßen durch die Wälder, fast als warteten sie nur darauf, daß wir so dumm sind, hinterherzufahren.«

Gaspard trank seinen Rest Whisky aus und stellte das leere Glas auf den Tisch.

»So sieht es aus, Monsieur Fortescue. Um uns herum geht alles mögliche vor, und wir bekommen nicht immer etwas davon mit. Manchmal erst, wenn es zu spät ist.«

»Sie glauben also wirklich …«, Rowland zögerte, es auszusprechen, »… daß die Abteilung III b noch existiert?«

Gaspard sah ihn beinahe erstaunt an. »Das fragen Sie noch? Glauben Sie, jemand, der solche Pläne verfolgt wie Seeckt, hätte ausgerechnet seinen Geheimdienst abgeschafft?« Er zog eine Taschenuhr und ließ den Deckel aufspringen. »Es ist spät geworden. Ich fürchte, ich habe zuviel von Ihrer Zeit beansprucht.« Er schob seinen Stuhl zurück, stand auf und zog seine Weste glatt. »Aber Sie sollen wissen, daß mein Angebot gilt. Denken Sie darüber nach. Nur nicht zu lange. Unsere Gegner schlafen nicht. Irgend etwas tun sie, die ganze Zeit.« Er nickte Rowland zu und lächelte. »Bonne nuit, Monsieur Fortescue.«

Später, in seiner Suite im dritten Stock, machte Rowland kein Licht an, sondern stand im Dunkeln am offenen Fenster, rauchte noch eine Zigarette und blickte hinaus in die Nacht.
Nur hin und wieder fuhr noch ein einzelnes Automobil durch das Brandenburger Tor. Mal kam das Scheinwerferlicht von dieser Seite, strahlte die mächtigen Säulen an und verschwand dann dazwischen, mal näherte es sich von der anderen, und ein fahles Leuchten ging ihm voraus, bevor in einer der Tordurchfahrten plötzlich die beiden runden Lichtpunkte erschienen.
Gleich hinter dem Tor begann der Tiergarten, der jetzt in völliger Dunkelheit lag. Von hier aus waren die Baumwipfel nur eine ungewisse schwarze Masse, die sich kaum gegen den Nachthimmel abhob. Es war ein Gebiet so groß wie der Hyde Park, und eine breite Chaussee führte schnurgerade einmal hindurch, drei Kilometer weit, in den westlichen Teil der Stadt. Zum ersten Mal fragte Rowland sich wirklich, was da in jener Nacht geschehen war. Wahrscheinlich waren sie im Auto gekommen. Von Westen. Mitten im Tiergarten, in der Nähe des Kreisverkehrs, des Großen Sterns, waren sie rechts an die Seite gefahren und hatten angehalten. Bis jetzt war Nelly Pahlke für ihn nur ein Name gewesen. Irgendeine Prostituierte. Ein Vorwand für eine Operation, die ihm das Startkapital verschaffen sollte, das man nun einmal brauchte, wenn man in der deutschen Inflation auf die Schnelle reich werden wollte ... Jetzt fragte er sich plötzlich, was in ihr vorgegangen sein mochte, als sie mit diesen Männern, mitten in der Nacht, mitten in dem riesigen dunklen Park, aus dem Wagen ausgestiegen war. Was hatten sie ihr gesagt? Was glaubte sie, wo sie hingehen würden? Und wozu? Etwas sehr Einfaches war ihm

erst jetzt wirklich klar geworden: nämlich daß Nelly Pahlke einmal genauso lebendig gewesen war wie er selbst. Der Gedanke war nicht sehr angenehm.

Es war elf Uhr vormittags, als Ida Stachow ein Café am Nollendorfplatz betrat, das um diese Zeit fast völlig leer war. Sie blieb kurz stehen, sah sich um und ging dann zielstrebig zwischen den kleinen runden Tischen hindurch auf einen Mann zu, der allein am Fenster saß. Sie setzte sich zu ihm, und als der Kellner kam, bestellte sie einen Kaffee.
»Gibt es sonst etwas Neues?« fragte der Mann.
»Nein«, sagte sie.
»Ist die Polizei noch mal dagewesen?«
»Nein.«
Bis der Kellner den Kaffee gebracht hatte, redeten sie kein Wort mehr. Danach öffnete Ida Stachow ihre Handtasche und reichte dem Mann einen Briefumschlag über den Tisch. Er nahm den Umschlag, machte ihn auf und zog das Photo, das darin war, halb heraus.
Das Photo zeigte zwei junge Frauen mit hochgeschlagenen Pelzkragen und Schlittschuhen, die auf einer Eisfläche standen und etwas verfroren in die Kamera lächelten. Über den Kopf der rechten war mit blauer Tinte ein X gemalt.
»Das ist sie?« fragte der Mann.
»Ja.«
Der Mann schob das Photo zurück in den Umschlag und steckte den Umschlag dann ein.
Die junge Frau unter dem blauen X war Henny Pritzkow.

Der Maybach

Seit Tagen herrschte eine schwüle, drückende Hitze in Berlin. Wenn Arthur Rowland am späten Vormittag aus seinem Hotel trat, im hellen Sommeranzug, mit flachem Strohhut und Bambusstöckchen, war es so heiß, daß die Luft über dem Asphalt flimmerte. Trotzdem ging er, wie sonst auch, auf seinem Weg zur Börse erst einmal ein Stück zu Fuß, die Prachtstraße Unter den Linden entlang. Auf dem breiten Trottoir flirrte das gleißende Sonnenlicht. »Hungerkrawalle und Plünderungen in Breslau und Gleiwitz!« riefen die Zeitungsjungen. »Teuerungsunruhen in Frankfurt!« Ein Laib Brot kostete jetzt 22 500 Mark, ein Liter Milch 6400, ein Ei 5600 Mark. In der Zeitung wurde von einem Rentner berichtet, der darauf angewiesen war, mit der Straßenbahn zum Postamt zu fahren, um dort seine Rente abzuholen. Die Rente betrug monatlich 720 Mark, der Fahrschein für die Straßenbahn kostete 3000 Mark, die Tageszeitung, in der der Artikel stand 1500 Mark.

Draußen vor der Börse war ein Gedränge, daß man kaum noch hineinkam. Drinnen nichts als schreiende, schweißnasse Gesichter, die Hitze war wie ein Fieber, das alle erfaßt hatte. Der Kurs der Mark befand sich im freien Fall, es ging so rasend schnell abwärts wie nie zuvor. Am 20. Juli zahlte man für einen US-Dollar 284 000 Mark, drei Tage später 350 000, wieder zwei Tage später schon 600 000 Mark. Am 29. Juli wurde die magische Grenze von 1 Million Mark für 1 Dollar überschritten.

Rowlands Suite im Adlon sah schon aus wie das Warenlager eines Hehlers. Manche seiner Neuerwerbungen, die flämischen Gemälde aus dem 17. Jahrhundert etwa und das Sèvres-Porzellan, waren tatsächlich von zweifelhafter Herkunft. Wenn er etwas kaufen wollte, fragte er nicht lange nach. Aber er ahnte, woher die Sachen stammten, die jetzt hier in Berlin wieder verschleudert wurden: aus den belgischen und französischen

Schlössern und Herrenhäusern, die von den deutschen Besatzern geplündert worden waren.
Ein Zimmer hatte Rowland praktisch an Henny abgetreten. Der ganze Schrank hing voll mit ihren neuen Abendkleidern, Tanzkleidern, Tageskleidern, Pelzen und Pelzstolas, mit Négligés aus feiner Spitze und echten chinesischen Seidenpyjamas. Wo sie all die Schuhe unterbringen sollte, die sie gekauft hatte, wußte sie selbst nicht mehr. Sie kaufte und kaufte, Schmuck und Parfums, Dessous, Accessoires. Das Geld kam aus London, und Rowland vervielfachte es über Nacht, wie durch Zauberei. Es ist wie im Märchen! dachte sie einmal. Doch das verdarb ihr auch gleich die Freude, denn sofort hörte sie Nelly Pahlkes Stimme: *Valuta werden bald auf mich herabregnen, wie Sterntaler! Ich brauche nur noch mein Hemd aufzuhalten ...*
Ihre Abmachung war, daß Rowland Hennys Anteil bei allen Geschäften mit einsetzte und ihr die Spekulationsgewinne dann anteilig auszahlte. Allem Geldsegen zum Trotz aber mußte sie weiterhin in der Pension Schönfeldt ausharren.

Noch spät in der Nacht und bei weit geöffnetem Fenster war es so heiß in dem engen Pensionszimmer, daß Henny sich nur schlaflos hin und her wälzte. Schließlich stand sie auf, zog ihren Morgenrock an, nahm ein Glas von der Kommode und ging den dunklen Korridor entlang zum Badezimmer. Bei Rike standen Tür und Fenster weit offen. Henny ging leise vorbei. Im Badezimmer trat sie ans Waschbecken, ließ das Wasser laufen, bis es kühler wurde, und klatschte es sich mit beiden Händen ins Gesicht. Dann trank sie ein Glas, füllte das Glas noch einmal auf und ging damit zurück.
Diesmal sah sie in Rikes Zimmer das rote Aufglimmen einer Zigarette. Sie blieb in der Tür stehen und sagte leise:
»Kannst du auch nicht schlafen?«
»Wenn es bloß mal ein Gewitter geben würde«, sagte Rike. Sie schien ein großes weißes Nachthemd anzuhaben, viel mehr war nicht von ihr zu erkennen. »Ich komme noch um in diesem Loch hier.«
»Ich auch«, sagte Henny. »Sogar das Leitungswasser ist schon ganz warm.«

Rikes Zigarette glühte wieder auf. »Na, du hast ja selber schuld«, sagte sie. »Was machst du denn noch hier?«
Henny wußte nicht, was sie meinte, und auch nicht, wie sie es meinte. Sie konnte ihr Gesicht nicht richtig sehen, nur die vage Kontur ihres Pagenkopfes.
»Du könntest es doch besser haben, oder? In einem schönen, kühlen Luxushotel auf dem Diwan liegen, mit Ventilator und Eisgetränken ...«
»Schön wär's«, sagte Henny, etwas mißtrauisch. Was sollte das heißen? Auch der Ton gefiel ihr nicht so ganz.
Rike lachte. »Ich hab dich gesehen, weißt du. Vorgestern abend, am Arm eines sehr eleganten Herrn. Ihr kamt aus dem Adlon. Ich hätte dich fast nicht wiedererkannt.«
»Sag mal, kann es sein, daß du einen leichten Hitzschlag hast?«
»Wundern würde es mich nicht.« Rike zog an ihrer Zigarette. »Aber gesehen hab ich dich trotzdem. Du hattest ein traumhaftes Kleid an. Und dazu so ein glitzerndes Federstirnband und jede Menge Schmuck. Du sahst aus wie eine Filmdiva. Die Leute sind stehengeblieben und haben euch nachgesehen, und ihr seid in ein wartendes Taxi gestiegen und weggefahren.«
Henny horchte besorgt in den Korridor, aber es war alles still. Ihr Glas Wasser in der Hand, ging sie einen Schritt ins Zimmer hinein.
»Na ja, das stimmt schon«, sagte sie leise. »Ich hab jemanden kennengelernt ...«
»Was du da anhattest, muß ja ein Vermögen gekostet haben. Sag bloß noch, so was hast du hier nebenan im Schrank hängen.«
»Nein, das nicht ...«, sagte Henny. Ihr alter Maulwurf war zwar längst bei der Heilsarmee, aber um nicht zu sehr aus dem Rahmen zu fallen, hatte sie nur eine äußerst bescheidene Auswahl ihrer neuen Garderobe in die Pension Schönfeldt mitgebracht.
In einem Fenster auf der anderen Seite des Hinterhofs ging Licht an. Offenbar gab es da noch jemanden, der nicht schlafen konnte.
Rike sagte: »Du führst noch ein anderes Leben als dies hier, stimmt's? Und ein sehr viel besseres, nach allem, was ich gese-

hen habe. Da frage ich mich natürlich: Warum? Was soll das? Was hält dich hier noch?«
Henny suchte nach Ausflüchten. »Kann sein, daß ich hier wirklich nicht mehr lange wohne. Aber ganz genau weiß ich das eben noch nicht.« Sie zuckte die Achseln. »Es ist alles etwas schwierig.«
»Na, weißt du ...« Rike nahm noch einen Zug und kam dann vom Fenster herüber. »Wenn du das schwierig nennst ...« Sie drückte ihre Zigarette aus. »Ich würde ja glatt mit dir tauschen. Aber dein Lord liebt wohl mehr das Besondere, was?«
Henny sagte nichts dazu, aber Rike schien das auch nicht erwartet zu haben. Sie ging plötzlich an Henny vorbei, horchte, und schloß dann vorsichtig die Tür.
»Weißt du, was ich glaube?«
Erst jetzt roch Henny, daß Rike getrunken hatte. Sie fragte sich, wieviel.
»Ich glaube, daß du hier bist, um etwas über Nelly und Cora herauszufinden.«
Henny trank einen Schluck Wasser. In diesem Moment hätte sie auch etwas Stärkeres vertragen können.
»Wie kommst du darauf?« fragte sie.
»Ich weiß nicht ...« Rike setzte sich auf die Bettkante. »Das ist noch das einzige, das halbwegs einen Sinn ergibt.« Sie blickte auf. »Versteh mich nicht falsch«, sagte sie, »das alles geht mich nichts an, und ich will auch gar nichts davon wissen. Es ist nur ...«
»Ja?« Henny tastete nach einer Stuhllehne, setzte sich ebenfalls.
»Ich hab Cora noch gesehen, an dem Tag, bevor sie verschwunden ist. Ich hab ihr Gesicht gesehen, als die alte Schönfeldt ihr die Sache mit Nellys Bruder erzählte. Sie war vorher schon blaß genug, aber ich kann dir sagen: da wurde sie weiß wie eine Wand.«
»Hast du noch mit ihr gesprochen?«
»Nein. Sie ist in ihr Zimmer gegangen und nicht mehr herausgekommen. Einmal stand ich schon vor ihrer Tür und wollte klopfen, aber dahinter war es so still, daß ich dachte, laß es lieber, vielleicht hat sie sich hingelegt. Ich hatte ja keine Ahnung.

Woher sollte ich wissen, daß Nelly gar keinen Bruder hatte? Aber Cora wußte es natürlich. Und am nächsten Morgen war sie weg.«
Auf der anderen Seite des Hinterhofs ging das Licht wieder aus.
»Sie hatte Angst, Henny. Sie hat gedacht, sie bringen sie auch noch um.«
Henny zögerte, etwas zu sagen.
»Und wer weiß«, sagte Rike, »vielleicht haben sie das ja auch getan.« Sie seufzte leise. »Henny ... ich mag dich einfach, weißt du. Ich will nicht, daß dir auch noch was zustößt.«
Henny biß sich auf die Unterlippe. Den Kopf gesenkt, saß sie da und drehte das Wasserglas zwischen ihren Fingern. Sie war froh, daß es so dunkel war.
Rike blickte zur Tür, als wollte sie sichergehen, daß sie geschlossen war.
»Ich hab der Polizei nicht die Wahrheit gesagt. Ich bin hiergewesen, an dem Sonntag, als sie Nellys Zimmer ausgeräumt haben.«
»Was?«
»Ja. Ich lag hier im Bett, mit einem fürchterlichen Kater. Irgendwann hörte ich dann die Stimmen, es muß schon Nachmittag gewesen sein. Als sie anfingen, die Sachen rauszutragen, hab ich einmal kurz durch den Türspalt gesehen. Nur so aus Neugier. Ich hatte ja gehört, was passiert war.«
»Du hast die Männer gesehen?« fragte Henny. Sie konnte es kaum glauben.
»Nein, nicht richtig«, sagte Rike. »Nur den einen. Ich hatte nicht gedacht, daß er so dicht vor meiner Tür stand, und da hab ich schnell wieder zugemacht.«
»Aber gesehen hast du ihn?«
»Nur schräg von hinten. Ich glaube, er war ziemlich groß. Aber genau kann ich das nicht sagen, er bückte sich in dem Moment nach einem Koffer, der im Flur stand.«
»Er war ziemlich groß? Das ist alles?« Hennys Stimme klang enttäuscht.
»Nein«, sagte Rike. »Da ist noch etwas.« Sie flüsterte jetzt beinahe. »Das war es eigentlich, was ich dir sagen wollte ...«

»Ja?«
»Ich glaube, überm rechten Arm hatte er schon einen Stapel Kleider hängen, deshalb nahm er den Koffer mit der linken Hand. Er hatte Handschuhe an, helle, weiche Lederhandschuhe. Als er den Koffergriff packte, blieben zwei seiner Finger einfach gerade und knickten dann ganz unnatürlich nach außen ab. Verstehst du? Zwei von den Handschuhfingern waren leer.« Sie hob ihre linke Hand. »Und zwar der Mittelfinger ...« Sie bog ihn um. »Und der Ringfinger. Die beiden, die fehlten ihm.« Sie hielt Henny ihre Hand hin: »So.« Im Halbdunkel sah Henny drei weit auseinanderstehende, helle Finger. »Jetzt weißt du wenigstens, vor wem du dich in acht nehmen mußt.«

»Zugegeben ...«, sagte Rowland und betrachtete seine eigene linke Hand. »Das ist besser als nichts.« Er saß im Morgenmantel am Frühstückstisch, nahm jetzt die Kaffeekanne und fragte: »Möchtest du noch?«
»Ja.« Henny hielt ihm ihre Tasse hin. Sie war gleich am Morgen ins Adlon gekommen, um Rowland die Neuigkeit zu berichten. Eigentlich hatte sie etwas mehr Begeisterung erwartet.
Rowland goß ein. »Wahrscheinlich ist er im Krieg gewesen und hat die beiden Finger durch einen Granatsplitter verloren.«
»Die Zimmerwirtin war ja gleich überzeugt, daß es Offiziere waren, oder ehemalige Offiziere. Und Rike meint, daß sie recht hatte. Das ganze Auftreten, die Art zu sprechen, kamen ihr auch irgendwie militärisch vor.«
Mit der kleinen silbernen Zange nahm sie sich zwei Stück Würfelzucker. Rowland lehnte sich zurück, seine Tasse in der einen, die Untertasse in der anderen Hand.
»Irgend jemand, dem an der linken Hand zwei Finger fehlen ...«, sagte er und nahm einen Schluck Kaffee. »Gut, wir wissen immerhin, welche Finger. Falls auf die Zeugin Verlaß ist. Aber wer ist der Mann? Wie erfahren wir mehr über ihn?«
Henny ahnte plötzlich, weshalb er ihren Erfolg so herunterspielte. Sie sah ihn mißtrauisch an und sagte: »In der Pension jedenfalls nicht.«
Rowland lächelte nachsichtig. Behutsam stellte er Untertasse

und Tasse auf den Tisch zurück. »Ich verstehe ja, daß du keine Lust mehr hast, dort zu wohnen. Aber deshalb können wir nicht einfach das Feld räumen. Schon gar nicht jetzt, wo endlich jemand angefangen hat zu reden.«
»Was heißt angefangen? Das war alles. Mehr weiß sie nicht. Und die anderen wissen überhaupt nichts.«
»Das sagst du so.« Rowland ließ sich nicht aus der Ruhe bringen. »Es war zwar abzusehen, daß dir das Geld zu Kopf steigen würde, aber ein bißchen mußt du dich schon noch gedulden.«
Henny machte ein beleidigtes Gesicht. Sie zündete sich eine Zigarette an und blies den Rauch betont achtlos über den Frühstückstisch.
»Und was ist mit der ›Grünen Spinne‹?« Sie sah es langsam nicht mehr ein, daß sie immer noch dort auftreten mußte. »Erklär mir doch mal, was *das* für einen Sinn haben soll.«
Anscheinend hatte sie damit einen heiklen Punkt berührt. Rowland versuchte, sich nichts anmerken zu lassen, aber sie kannte ihn zu gut. Um eine Antwort war er natürlich nicht verlegen.
»Stell dir vor, Cora Meinhold will Kontakt zu dir aufnehmen. Wo wird sie das am ehesten versuchen? Sie kann ja nicht ahnen, daß du inzwischen in ihrer alten Pension wohnst.«
Henny sah seinen prüfenden Blick. Er schien nicht sicher zu sein, ob sie sich damit zufriedengeben würde. Einen Moment lang fragte sie sich, ob er wirklich darauf wartete, daß *Cora* Kontakt zu ihr aufnahm, oder ob er an jemand ganz anderen dachte. Aber an wen?

Von seinem Gespräch mit Lucien Gaspard hatte Rowland niemandem etwas erzählt. Daß er es sich anders überlegt hatte und Max und Lina nun doch nicht mehr im Adlon treffen wollte, begründete er Henny gegenüber mit dem wachsenden Warenlager in seiner Suite. »Das müssen die nicht unbedingt alles sehen«, sagte er. »Ich denke, sie sollten künftig zu dir in die Pension kommen. Ist ja auch viel näher dran.«

›Pension Schönfeldt, III. Stock. Klingeln zwecklos‹ stand auf einem handgeschriebenen Zettel, der neben der Haustür an die

Wand geklebt war. Ein helles Rechteck drumherum und vier Löcher im Putz markierten noch die Stelle, wo vorher das Schild gehangen hatte. »Gutes Messing war das!« brummte der alte Portier und sah Lina so vorwurfsvoll an, als ob sie das Schild gestohlen hätte.
Lina ging an ihm vorbei und die Treppe hinauf. Oben klopfte sie und wartete. Als niemand kam, drückte sie auf den Klingelknopf, aber die Klingel blieb tatsächlich stumm. Sie klopfte noch einmal etwas lauter, dann näherten sich drinnen Schritte. Henny öffnete die Tür. Als sie sah, daß Lina allein war, sagte sie: »Habt ihr euch etwa schon wieder gestritten?«
»Nein, das nicht«, sagte Lina und lächelte.
Henny machte die Tür weiter auf. »Komm rein.«
Lina sah sich im Vorraum um, wo die staubige Venusstatue und die vertrocknete Palme standen, dann folgte sie Henny zwischen den roten Samtportieren hindurch in den Korridor.
»Er meinte nur, es lohnt nicht, daß er mitkommt«, sagte sie, als Henny die Zimmertür hinter ihnen geschlossen hatte. »Wir haben ja nichts Neues. Eigentlich bin ich nur hier, um das Photo abzuholen.«
»Ja, warte, das hab ich hier.« Henny trat an den Schrank, dessen Türen weit offenstanden. Es war später Nachmittag, und anscheinend war sie gerade dabei, sich zum Ausgehen fertigzumachen. Sie hatte schon ein Tanzkleid an, und auf dem Frisiertisch stand alles voller Crèmetöpfchen, Puderdosen und Flakons.
Lina sah sich alles genau an, das Bett, den Schrank. Nelly Pahlke hatte in diesem Zimmer gewohnt.
»Ah, hier.« Henny reichte ihr zwei Photos. »Eins für dich, eins für Max.«
Major Conway hatte das Bild vom Silvesterball abphotographieren und dann den Ausschnitt, der Cora zeigte, vergrößern und abziehen lassen. Auf dem Bild war eine lachende junge Frau zu sehen, blond und hübsch, mit nackten Schultern, einer Federboa um den Hals und einem Sektglas in der Hand. Lina wußte, daß es alles andere als sicher war, daß sie noch lebte. Sie steckte die beiden Photos in ihre Handtasche und stand dann unschlüssig da. Henny saß schon wieder am Frisiertisch,

das Gesicht vor dem Spiegel, und zog ihre schmalen, gezupften Augenbrauen nach. Lina sah ihr dabei zu.
»Trittst du heute abend auf?«
»Nein, heut hab ich frei.« Henny begutachtete ihre Augenbrauen, drehte den Kopf ein wenig nach links und rechts und schien soweit zufrieden.
Lina war deutlich anzumerken, daß sie gern eine Frage gestellt hätte und sich nur nicht recht traute.
Henny nahm ein Porzellannäpfchen zur Hand, spuckte hinein und rührte mit einer winzigen Bürste darin herum. Dann beugte sie sich wieder zum Spiegel vor und fing an, Mascara auf ihre Wimpern aufzutragen.
»Ihr geht wohl nie mal tanzen, was? Gilt wahrscheinlich auch als bourgeois.«
»Ja, klar. Als was sonst?« sagte Lina so überdrüssig, daß Henny sie kurz von der Seite ansah.
»Na, dem würde ich ja was husten.« Henny lehnte sich zurück, betrachtete sich noch einmal und drehte sich plötzlich zu Lina um. »Weißt du was? Komm doch einfach mit!«
»Was ... jetzt? Heute abend?«
»Warum nicht? Wenn Max dich mal entbehren kann, heißt das.«
»Ach, der geht heut abend zur Versammlung«, sagte Lina. »Und hinterher klebt er die halbe Nacht Plakate.«
Henny lächelte. »Na, dann sind wir ihn ja gut los.«

Wenig später saß Lina in Seidenhemdchen, Strümpfen und Hackenschuhen rittlings auf einem Stuhl, die Lehne vor der Brust, und Henny saß dicht vor ihr auf einem Hocker und schminkte ihr das Gesicht.
Rike war zufällig hereingekommen, saß jetzt auf der Bettkante, rauchte und sah dabei zu. Es war nicht leicht für sie. Ab und zu trank sie schnell einen Schluck Cognac, aber viel nützte das nicht. Kaum jemand wußte davon, aber Rike machte sich nichts aus Männern. In dieses Mädchen dagegen, das sie erst seit zehn Minuten kannte, hatte sie sich auf den ersten Blick verliebt. Natürlich hoffnungslos. Eine andere Art von Verliebtheit kannte sie gar nicht.

Während Henny ihr die Wimpern tuschte und die Augen schwarz umrandete, saß Lina aufrecht da, beide Hände vor sich auf der Stuhllehne, und hielt brav still. Ihre Beine waren weit gespreizt, und Rike hatte schon Angst, daß es auffiel, wie oft sie dorthin sah. Aber Lina war ganz unbefangen und dachte anscheinend gar nicht daran, daß in dem offenen Teil der Stuhllehne ihre schlanken nackten Oberschenkel zu sehen waren. Rike kippte noch einen Cognac.
»Nimm ruhig ein kräftiges Rot«, sagte sie, als Henny den Lippenstift aussuchte. »Sie kann das doch tragen, zu ihrem schönen schwarzen Haar.«
Lina öffnete leicht den Mund, und Rike sah zu, wie Henny ihr langsam und sorgfältig die Lippen schminkte. Dann stand Henny auf und nahm etwas aus einer Schublade. Von hinten trat sie an Lina heran und legte ihr ein schmales schwarzes Samthalsband um.
»So, jetzt kannst du dich schon mal bewundern.«
Lina stand auf und trat vor den großen Spiegel an der Schranktür.
»He ...!« sagte sie. »Das bin ich?«
»Hübsch, was? Jetzt brauchen wir nur noch ein Kleid für dich«, sagte Henny. »Die Größe müßte eigentlich hinkommen. Mal sehen, was wir hier haben ...« Sie suchte ein wenig im Schrank und nahm dann am Bügel ein Kleid heraus. »Ja, das hier könnte was sein. Probier es mal an.«
Lina wollte das Kleid einfach anziehen, aber Henny schüttelte den Kopf. »Doch nicht über das Hemd!«
Lina sah sie zweifelnd an. »Nicht?«
»Nein«, sagte Henny entschieden. »Das verdirbt bloß die Linie.«
»Wenn du meinst ...«
Lina lächelte und zog sich kurzerhand ihr Hemd über den Kopf. Dann schüttelte sie ihren zerzausten schwarzen Bubikopf und ließ das Hemd über die Stuhllehne fallen.
Rike schluckte trocken.
»So kommen wir der Sache schon näher«, sagte Henny.
Lina probierte ein halbes Dutzend Kleider an. Es machte ihr Spaß, sie strahlte und drehte sich vor dem Spiegel. Rike war ständig

um sie herum und half ihr beim An- und Ausziehen, auch wenn der Cognac sich langsam bemerkbar machte und sie schon etwas ungeschickt mit den winzigen Knöpfen und Häkchen umging. Aber sie tat es mit Hingabe. Henny lächelte und dachte sich ihren Teil.
Als es plötzlich vorbei sein sollte, war Rike ganz enttäuscht.
»Ja, das ist es!« sagte Henny. »Das solltest du anbehalten. Was meinst du?«
Lina trat noch einmal vor den Spiegel, drehte und wendete sich. Sie trug jetzt ein dunkelrotes Tanzkleid mit Fransen und Pailletten und einem hohen Schlitz an der Seite. Die dünne Seide schmiegte sich an ihren Körper. Rike mußte doch noch einen Cognac nehmen, so deutlich zeichneten sich ihre hübschen kleinen Brüste darunter ab.
»Na, wie fühlst du dich darin?« fragte Henny.
»Mmm ... ich weiß nicht ...«, sagte Lina und ließ die Hände an ihren Hüften hinabgleiten. Dann lachte sie plötzlich und sagte: »Nackt.«
»Dann ist es richtig!« sagte Henny. »Komm, gehen wir.«
Bevor Rike wenig später das Licht ausmachte, drehte sie sich noch einmal um, und sah Linas Seidenhemdchen über der Stuhllehne hängen. Dann schloß sie die Tür zu Hennys Zimmer und ging nach nebenan, ihr Glas und die halbleere Cognacflasche in der Hand.

»Iiih, das sind ja widerliche Kerle« sagte Lina, als sie sich zum ersten Mal im großen Tanzsaal des Regina-Palastes umsah.
»Na, na. Nicht alle«, sagte Henny. Aber die fetten, stiernackigen Schieber waren nicht zu übersehen. Mit glitzernden Brillantringen an den dicken weißen Fingern hockten sie breit hinter ihren Sektkühlern und rauchten Zigarren. Ihre Glatzköpfe glänzten vor Schweiß, und sie redeten und lachten sehr laut. Einer leckte sich über die Lippen, während er Lina von Kopf bis Fuß ansah, sie glaubte beinahe, ihn schmatzen zu hören.
»Also, ich weiß nicht ...«, sagte sie. »Wollen wir da wirklich reingehen?«

Henny lachte leise und schob sie sanft vorwärts. »Na komm!« sagte sie. »Wenn ihr eure Revolution gemacht habt, kannst du die ganze Bande von mir aus auf die Guillotine schicken. Aber erst mal wollen wir uns ein bißchen amüsieren!«

»Mit Lina?« sagte Rowland, als er sich am nächsten Abend vor dem Spiegel die Fliege zurechtrückte. »Und wie war's?«
Henny saß hinter ihm im Sessel und rauchte eine Zigarette.
»Oh, wir waren erst heut morgen um neun wieder da.«
»Wo seid ihr denn gewesen?«
»Ach, überall. Wir haben getanzt ohne Ende. Sie hatte einiges nachzuholen. Mit Max ist da ja nichts anzufangen.«
»Und? Tanzt sie gut?« Rowland überprüfte kurz den Sitz seiner Manschettenknöpfe.
»Wie eine Eins. Fox und Tango, One- und Twostep, was du willst.«
»Aha? Doch schon ein bißchen herumgekommen, was?«
»Sieht so aus«, sagte Henny. »Im Wedding hat sie das jedenfalls nicht gelernt.« Sie blies etwas Rauch in die Luft. »Und bei den Kommunisten auch nicht.«
Rowland wandte sich vom Spiegel ab. »Und ansonsten?«
»Ansonsten? Sind wir ziemlich versackt.« Henny lachte kurz. »Irgendwann gegen drei haben wir uns noch auf ein Atelierfest mitschleppen lassen. Da ist ihr dann beim Shimmytanzen ein Absatz abgebrochen. Und was macht sie? Zieht sich einfach Schuhe und Strümpfe aus und tanzt barfuß weiter.«
Rowland zog die Augenbrauen hoch.
»Ja, war ein voller Erfolg«, sagte Henny und lächelte. »Sie ist ja auch einfach süß. Konnte sich natürlich nicht retten vor Verehrern. Mit dem einen war sie dann auch verdächtig lange verschwunden.«
»Da hab ich ja richtig was verpaßt«, sagte Rowland. »Warum sagst du nicht einfach Bescheid, wenn ihr mal wieder so was vorhabt?«
»Willst du mit ihr schlafen?« fragte Henny.
Rowland lächelte. »Wieso?« sagte er. »Kannst du das arrangieren?«

Zwei Tage später kam Henny schon morgens um zehn ins Hotel Adlon.
»Du hast doch recht gehabt!« sagte sie, als er die Doppeltüren hinter ihnen geschlossen hatte. »Es hat sich gelohnt, noch in der Pension zu bleiben.«
»Aha?« sagte Rowland. »Dann laß mal hören.«
In der Nacht war Henny gegen drei, halb vier nach Haus gekommen und hatte noch Licht im Gedächtniszimmer gesehen. Der Jockey – Herr Nettelbohm – und Lilli Ostermann saßen zusammen am Tisch. Es war etwas passiert: Die alte Schönfeldt hatte wegen der Hitze einen Kreislaufkollaps gehabt und lag in der Charité. Herr Nettelbohm wartete darauf, daß ein Arzt anrief. Sein altes Schimpansengesicht sah noch betrübter aus als sonst. Immer wieder schüttelte er leise den Kopf und sagte: ›So eine herzensgute Frau ...‹ Lilli nickte dazu, als könne sie es auch noch gar nicht fassen. Bleich, mit dunklen Ringen unter den Augen, saß sie da. Beide rauchten offenbar schon eine ganze Weile eine Zigarette nach der anderen; das heiße, stickige Zimmer war blau verqualmt.
Lilli sah sie immer wieder halb lauernd, halb hoffnungsvoll an, und Henny ahnte schon, was ihr in Wirklichkeit fehlte. Sie hatte noch genug Kokain in der Handtasche, und als sie etwas davon anbot, nahm Lilli gierig an. Für Herrn Nettelbohm holte Henny noch die Flasche Kirsch aus ihrem Zimmer, dann saßen sie zu dritt unter dem Kaiser-Wilhelm-Bild, tranken und redeten. Durch den plötzlichen, unerwarteten Zusammenbruch ihrer Zimmerwirtin kamen sie ganz von selbst auf Nelly Pahlke zu sprechen. Henny nutzte die Gelegenheit und fragte nebenbei, wie gut man sich gekannt habe. Herr Nettelbohm hatte so gut wie nie mit ihr gesprochen. Lilli erzählte, Nelly sei gerade in der letzten Zeit seltsam kühl und abweisend gewesen, sogar Cora gegenüber. Cora hätte gesagt, die habe es eben nicht mehr nötig, sich mit so was wie uns abzugeben. Angeblich hatte Nelly irgendwelche Geldleute kennengelernt.
»Und jetzt kommt's!« sagte Henny zu Rowland. »Lilli hat einmal von ihrem Fenster aus gesehen, wie Nelly in den frühen Morgenstunden mit einer riesigen Luxuskarosse nach Hause

gebracht wurde. Das Kennzeichen wußte sie natürlich nicht, falls sie es überhaupt gesehen hat.«
»Und die Marke?« fragte Rowland.
»Nein. Sie sagt, sie versteht nichts von Autos.« Henny lächelte. »Aber der Jockey wußte sie!«
Lillis Zimmer und das von Herrn Nettelbohm gingen nach vorn auf die Lützowstraße hinaus. Der Wagen hatte eine Weile mit laufendem Motor auf der anderen Straßenseite gestanden, und davon war Nettelbohm aufgewacht. Es war morgens um fünf, und als er durch den Vorhangspalt auf die Straße hinabblickte, sah er, wie Nelly Pahlke aus dem Wagen stieg, sich noch kurz wieder hinabbeugte und dann herüberkam. ›Und letzte Woche seh ich den Wagen doch plötzlich wieder. Beim Pferderennen. Da gehe ich noch manchmal hin, wissen Sie, ich war früher nämlich selber Jockey.‹
»Es war ein Maybach«, sagte Henny. »Dunkelgrün, mit crèmefarbenen Ledersitzen.«
»Sehr gut.« Rowland nickte anerkennend. »Ja, sehr gut ...« Mit nachdenklich gerunzelter Stirn trat er ans Fenster und sah hinaus. »Das könnte uns zu der ›Geschlossenen Gesellschaft‹ führen, von der Cora Meinhold gesprochen hat.«
»Ja, bestimmt!« sagte Henny. Der Gedanke schien ihr zu gefallen.
»Vorausgesetzt, wir finden den Wagen«, sagte Rowland, während er zusah, wie unaufhörlich Automobile durch das Brandenburger Tor fuhren. »Aber wie findet man ein einzelnes Auto in einer Millionenstadt?«

Im Grunewald

Auch Kohlen und Briketts waren knapp geworden in Berlin, und für viele schon längst nicht mehr zu bezahlen. Wie im Krieg zogen die Kinder mit Säcken und Handwagen zu den Güterbahnhöfen, um nach Kohlen zu suchen, und auch in den Straßen rannten hinter jedem Kohlenwagen Kinder her und sammelten auf, was herunterfiel. Wenigstens für den Küchenherd brauchte man etwas Brennbares. Alles Holz, das sich irgendwo auftreiben ließ, wurde verfeuert. Brennholzsammler zogen in die Berliner Wälder, und abends saßen sie mit ihren Säcken und Holzbündeln in den hintersten Waggons der Stadtbahnzüge, die den ›Reisenden mit Traglasten‹ zugewiesen waren: ärmliche, ausgezehrte Gestalten, die leer vor sich hin starrten.
Auch Joseph Salzmann, ein ehemaliger Stukkateur, der im Krieg den linken Arm verloren hatte, war für den Rückweg auf die Stadtbahn angewiesen. Wenn der Kartoffelsack, den er dabeihatte, erst einmal voll Brennholz war, konnte er ihn nicht mehr kilometerweit tragen. Den Hinweg aber machte er immer zu Fuß. Von seinem Hinterhof in Moabit bis zum Grunewald war es ein stundenlanger Marsch, und wenn er brauchbares Holz finden wollte, mußte er auch noch tief in den Wald hinein.
Denn der Grunewald sah mittlerweile so sauber und ordentlich aus wie ein frisch gefegter Kasernenhof. Nirgends lag auch nur der kleinste Zweig am Boden, kein einziger Tannenzapfen. Alles Unterholz war verschwunden, und es gab auch keine Äste und Zweige mehr, an die man vom Boden aus herangekommen wäre.
Zwischen den kahlen Baumstämmen ging Joseph Salzmann immer weiter in den Wald hinein, weiter als die anderen Brennholzsammler. Bald war er völlig allein. Es war wieder ein heißer Tag, rings um ihn her fiel das Sonnenlicht in langen Bahnen durch das Blätterdach herab. Irgendwann kam er auf einen

Reitweg und schrak zusammen, als direkt vor ihm eine Wolke von schwarzen Fliegen mit lautem, wütendem Brummen von ein paar Pferdeäpfeln aufstieg.
Auf der anderen Seite wurde der Wald langsam dichter. Er ging noch ein Stück weiter und sah sich prüfend um. Schon entdeckte er einzelne Äste und Zweige am Boden. Als er den Sack von der Schulter nahm, roch er es plötzlich.
Es war ein Geruch, der mit nichts zu verwechseln war. Jeder, der neu an die Front kam, hatte erst einmal erbrechen müssen, wenn der Wind ihn herübertrug. Und man gewöhnte sich niemals daran.
Einmal war er nachts auf vorgeschobenem Beobachtungsposten gewesen, in einem Stichgraben ganz vorn am Stacheldraht. An ihrem Frontabschnitt war in dieser Nacht alles ruhig, das Grollen der Artillerie hörte man nur von ferne, und vor ihm lag das Niemandsland, das über und über mit Gefallenen bedeckt war. Manche lagen schon Tage und Wochen dort, die ersten beinahe zum Greifen nah, vor ihm im Stacheldraht. Allein von dem Geruch mußte er sich mehrmals übergeben. Aber das schlimmste war, daß die Toten nicht still waren. Wann immer das weiße Licht einer Leuchtrakete langsam auf das Niemandsland herabsank, sah er, wie sie sich bewegten, wie ein aufgetriebener Bauch plötzlich einsank, wie ein Kopf auf die Seite sackte.
Obwohl jetzt heller Tag war, brachte er es kaum über sich, einen Schritt weiterzugehen. Er sah sich um. Aber es war niemand da, den er vorschicken konnte. Er mußte allein gehen. Der Geruch wurde stärker und stärker. Eine kleine Lichtung tat sich auf, die Luft schien zu flimmern vor Hitze. Das, was auf der Lichtung lag, sah er sich kaum länger an als eine Sekunde. Dann wandte er sich ab, stützte sich, kreidebleich, mit seinem einen Arm an einen Baumstamm und erbrach sich ins Gebüsch.

»Also doch Selbstmord. Das ist schön.« Kriminaldirektor Brandes schlug kurz mit beiden Handflächen auf die Stuhllehnen, schob den Stuhl zurück und stand auf. »Dann kann das ja auch zu den Akten. Fall Hagedorn abgeschlossen. Und Sie sind frei, seh ich das richtig?« sagte er zu Düring, der jetzt ebenfalls aufstand. »Sehr gut, sehr gut. Der Abschlußbericht hat übrigens

Zeit.« Brandes kam hinter seinem Schreibtisch hervor. »Ich hab nämlich schon etwas Neues für Sie. Die Grunewaldwache hat eben angerufen. Wieder ein Leichenfund. Aber diesmal kein Selbstmord.«
»Das wissen die schon so genau, was?« brummte Düring.
Brandes lächelte überlegen. »Jemand, der sich erschießt, drückt gewöhnlich nur einmal ab.«
»Und da wurde mehrmals abgedrückt?«
»Es sieht so aus, ja.«
»Ich denke, die wissen schon, wie es gewesen ist?«
»Die Leiche ist nicht in allerbestem Zustand, wie ich höre. Scheint da schon länger zu liegen. Und dann die Hitze ...«
»Männlich oder weiblich?«
»Darüber haben wir bis jetzt keine Angaben. Fahren Sie am besten gleich hin. Die Spurensicherung und Dr. Störmer sind auch schon auf dem Weg. Moment.« Er drehte sich zurück und nahm einen Zettel vom Schreibtisch. »Ja, hier steht's: Ein Wachtmeister Freise nimmt Sie auf der Wache Herthastraße in Empfang.«
»Na gut«, sagte Düring, »dann wollen wir ihn mal nicht unnötig warten lassen.«

Pasewaldt saß am Steuer und Kommissar Düring, mürrisch und schweigsam, neben ihm. Während der ganzen Fahrt durch die Stadt redeten sie kaum ein Wort.
Abwarten, dachte Düring, abwarten ...
Wollte er, daß es Cora Meinhold war? Manches Mal hatte er sich das schon gefragt. Wollte er es? Vielleicht ... Ach, Unsinn. Er wischte den Gedanken beiseite. Von ihm aus konnte sie sich bester Gesundheit erfreuen. Nur finden wollte er sie. Tot oder lebendig. Sie war seine einzige Chance, den Fall Nelly Pahlke noch einmal aufzurollen ...
Sie fuhren den Kurfürstendamm hinunter, bis zu seinem Ende, bogen dann in die Königsallee und hielten kurz darauf vor der Bezirkswache Grunewald in der Herthastraße. Düring öffnete seine Wagentür und stieg schnaufend und schwerfällig aus. In diesem Moment konnte er nicht ahnen, daß der Durchbruch im Fall Nelly Pahlke unmittelbar bevorstand.

»Sind Sie sicher, daß wir hier noch richtig sind?« fragte Pasewaldt. Für ihn sah ein Baum wie der andere aus. Sie hatten die Autos zurücklassen müssen und gingen jetzt zu Fuß durch den Wald.
»Ja, ja, keine Sorge!« sagte Wachtmeister Freise, der voranging. »Was glauben Sie, wie oft ich hier heute schon hin- und hergerannt bin!«
Es war immer noch sehr heiß. Brummende Fliegen schwirrten um sie herum, während sie mühsam durch den weichen Sand des Reitwegs stapften. Kommissar Düring hatte schon seinen Krawattenknoten gelockert und den Hut in den Nacken geschoben. Dauernd wischte er sich mit einem großen weißen Taschentuch über die Stirn.
»Ist es noch weit?«
»Wir müssen gleich da sein!« sagte der Wachtmeister, rüstig ausschreitend in seinen Stiefeln mit Wickelgamaschen, den Ledertschako auf dem Kopf. Düring war nicht sehr gut auf ihn zu sprechen: Er hatte behauptet, die Leiche sei eine männliche. Ist das sicher? hatte Düring gefragt, worauf der Wachtmeister zugegeben hatte, daß er sie sich so genau nicht angesehen hatte. Wegen all der Würmer habe er sich praktisch sofort übergeben müssen.
Vor ihnen waren jetzt Stimmen zu hören. Und dann roch man es auch schon.
»Pasewaldt, Pasewaldt«, sagte Düring, mehr zu sich selbst, »wir hätten mal doch was Anständiges lernen sollen ...«
»Gestatten, Hauptwachtmeister Arnold!« empfing ihn ein weiterer Uniformierter. »Bitte hier entlang, Herr Kommissar.«
Irgendwo zwischen den Bäumen rief jemand: »Herr Doktor! Der Herr Kommissar ist jetzt eingetroffen!«
Düring wischte sich mit dem Taschentuch über die Stirn, dann trat er hinaus auf die Lichtung. Der Geruch war kaum zu ertragen. In der Mitte der Lichtung standen drei Männer um die Leiche herum.
Medizinalrat Dr. Störmer kam ihm entgegen, ein kleiner, drahtiger Mann mit Nickelbrille. Ganz ungewohnt sah er aus, in seinem Straßenanzug. Düring fragte sich, ob er ihn überhaupt schon mal ohne weißen Kittel gesehen hatte.

»Na, Doktor, was haben Sie hier Schönes?«
»Geschmackssache«, sagte Dr. Störmer und zuckte kurz mit dem Mundwinkel. »Männliche Leiche, circa ...«
»Augenblick. Ist das sicher?« fragte Düring.
Der Medizinalrat sah ihn etwas erstaunt an. »Bitte, bitte, Sie können sich gern selbst überzeugen.«
Düring wollte eigentlich abwinken, aber da traten die anderen Männer schon beiseite, um ihn durchzulassen.
Die Leiche lag auf dem Rücken. Von ihrem Gesicht war kaum etwas übrig. Das erste, was man sah, war dieses große, zähnebleckende Grinsen. Und daß alles von weißen Maden wimmelte, der Mund, die Augenhöhlen.
Düring zwang sich, trotzdem weiter hinzusehen. Die Leiche war bekleidet. Und der Kleidung nach war es ein Mann, kein Zweifel. Er sah, daß die Maden wirklich überall waren, in den Ärmeln des Jacketts, auf den Händen.
»Was meinen Sie, wie lange ist er schon tot?« fragte er.
»Schwer zu sagen«, sagte Dr. Störmer.
»Das weiß ich. Ungefähr.«
»Bei diesem Wetter? Drei Wochen.« Dr. Störmer beugte sich vor und deutete auf die schwarz verkrustete Weste. »Sehen Sie? Das sind alles Einschußlöcher. Fünfzehn Stück hab ich gezählt.«
Auch Düring beugte sich etwas vor, sah sich die Einschußlöcher an. Dann richtete er sich wieder auf, trat einen Schritt zurück und runzelte nachdenklich die Stirn.
Erst jetzt fiel ihm auf, daß der Tote nicht direkt auf dem Waldboden lag, sondern auf einem großen, dunkelgrauen Stück Leinwand.
»Was ist das, worauf er da liegt?« fragte er, ohne sich an jemand bestimmten zu wenden.
»Eine Zeltbahn«, sagte Pasewaldt, der hinter ihm stand.
»Eine Zeltbahn?«
»Ja, wie wir sie beim Militär hatten. Da kommen die Zeltstangen rein, sehen Sie, und die Ösen hier, die sind für die Pflöcke.«
»Ja, das stimmt«, sagte ein anderer.
»Na gut«, sagte Düring, und dann, zu Dr. Störmer: »Kommen Sie, gehen wir ein Stück da rüber, ja?«

Auf dem Reitweg, wo man wieder durchatmen konnte, standen sie noch eine Weile zusammen. Aber etwas Genaueres konnte der Doktor nicht sagen, dafür war es einfach zu früh. Düring redete noch ein paar Worte mit dem Leiter der Spurensicherung, dann ging er schnaufend und schwitzend, sich alle paar Schritte über die Stirn wischend, mit Pasewaldt durch den Wald zurück, dem Wachtmeister hinterher.

Auf der Rückfahrt zum Präsidium war Düring wieder schweigsam und verschlossen. Erst, als sie schon auf der Charlottenburger Chaussee durch den Tiergarten fuhren, sagte er unvermittelt:

»Fünfzehn Einschüsse. Was halten Sie davon?«

»Ja«, sagte Pasewaldt, den Blick geradeaus auf die Straße gerichtet, »darüber habe ich auch schon nachgedacht! Aber wie man es auch dreht und wendet, es ergibt keinen Sinn.« Er schien froh zu sein, endlich darüber reden zu können. »Wenn er versucht hätte zu fliehen, und sie hätten hinter ihm hergeschossen, gut. Aber fünfzehn Schuß von vorne in die Brust? Ich meine, jede gewöhnliche Pistole, jeder Revolver, hat sechs, acht Schuß. Zehn ist schon eine Ausnahme. Ein einzelner Täter hätte mittendrin nachladen müssen, nicht wahr? Oder die Waffe wechseln. Aber wozu? Das Opfer mußte doch längst tot sein. Und wenn man von mehreren Tätern ausgeht ... Sagen wir, es waren zwei. Warum schießen sie überhaupt beide, und warum schießen sie ihr ganzes Magazin leer?« Er schüttelte den Kopf. »Fünfzehn Schuß! Das ist ja wie im Krieg.«

Düring horchte auf. »Was sagen Sie da?«

»Wie im Krieg«, sagte Pasewaldt. »Als ob er mitten in eine MG-Salve gelaufen wäre.«

»Hmm ...« Düring faßte sich ans Kinn und überlegte. »Wer weiß«, sagte er, »vielleicht ist er das ja.«

Niemand hatte damit gerechnet, daß der entstellte, halbverweste Tote so schnell identifiziert werden könnte. Aber noch am Abend desselben Tages kam Kriminalsekretär Warncke ziemlich aufgeregt in Dürings Zimmer im Präsidium.

»Herr Kommissar! Gut, daß Sie noch da sind! Wir haben etwas gefunden!«

»Aha?« Düring saß hinter seinem Schreibtisch. Er klappte einen Ordner zu und schob ihn beiseite. »Dann mal her damit.«
Auch Pasewaldt kam vom Aktenschrank herüber.
Kriminalsekretär Warncke nahm etwas aus einer Papiertüte und legte es Düring auf den Schreibtisch. Es war eine kleine Brieftasche aus braunem Leder. An den Resten des Bleiweißpulvers in den Nähten sah Düring mit einem Blick, daß man sie schon auf Fingerabdrücke untersucht hatte.
»Ich darf das anfassen, ja?«
»Ja, natürlich.«
Düring nahm die Brieftasche in die Hand und betrachtete sie von beiden Seiten. »So, so«, sagte er, »und da ist jetzt alles drin, was?«
»Ja«, sagte Warncke, nicht ohne Stolz.
»Na, dann wollen wir mal sehen.« Düring klappte die Brieftasche auf. Ein Bündel Geldscheine, etwa hunderttausend Mark. Ein paar zusammengefaltete Papiere. Und eine Art Ausweis. Düring zog ihn heraus und schlug ihn auf. Es war ein Wandergewerbeschein des Staates Preußen. Das braune Papier war etwas wellig. Irgendwann feucht geworden und wieder getrocknet. Aber die Schrift war gut lesbar, und das Lichtbild des Inhabers gut zu erkennen. ›... ist befugt, Handel mit Haushalts- und Eisenwaren im Umherziehen zu betreiben.‹ Der Name sagte ihm nichts: Otto Schaffranek, geboren am 14. April 1890 in Magdeburg.
»Und wo haben Sie das gefunden? Einfach so, in seinem Jackett?« Er reichte den Gewerbeschein an Pasewaldt weiter.
»Nein. Unter der Plane, auf der er lag«, sagte Warncke. »Das heißt, die Plane war doppelt gelegt, und die Brieftasche steckte dazwischen. Wir haben sie erst gefunden, nachdem die Leiche abtransportiert war.«
»Wo lag sie genau?«
»Eher am Rand, in der Ecke.«
»Also nicht unter der Leiche?«
»Nein.«
Düring zog die gefalteten Papiere aus der Brieftasche. »Und das hier? Was ist das alles?«
»Das weiß ich nicht, Herr Kommissar. Ich bin auf dem schnellsten Wege hergekommen. Ich dachte, Sie würden ...«

»Ja, ja, da haben Sie schon richtig gedacht.« Düring faltete das erste Papier auseinander und fing an zu lesen. Nach einer Weile legte er es beiseite und faltete das nächste auseinander. Dabei blickte er auf und sah Warncke an, als wunderte er sich, daß der immer noch da war. »Danke«, sagte er, »Sie können dann gehen.«
Warncke nahm unwillkürlich Haltung an. Man konnte ihm die Enttäuschung deutlich ansehen. »Jawohl, Herr Kommissar«, sagte er, drehte sich um und ging hinaus.
Pasewaldt versuchte, unauffällig einen Blick auf das Papier zu werfen, das Düring auf den Schreibtisch gelegt hatte.
»Sehen Sie sich das ruhig an«, sagte Düring. »Diese Seite gehört auch noch dazu.«
»Und was ist das?«
»Ein medizinisches Gutachten. Dieser Schaffranek hatte eine Kriegsverletzung. Granatsplitter im linken Bein. Zwei, drei sollen immer noch drin sein. Und mit dem Kniegelenk ist auch irgendwas. Dr. Störmer wird sich jedenfalls freuen. Eine schöne glatte Identifizierung.«
Pasewaldt war etwas verunsichert. »Ja, aber ... finden Sie das denn nicht auch erfreulich? Ich meine, heute mittag wird im Wald eine Leiche gefunden, noch dazu in diesem Zustand ...«
»... und heute abend wissen wir schon alles über sie«, sagte Kommissar Düring und schnaufte kurz durch die Nase. »Überreicht auf dem Silbertablett, mit freundlichen Grüßen.«
»Was meinen Sie damit?«
»Ach, nichts. Sehen wir erst mal, was das hier ist. Wahrscheinlich sein handgeschriebener Lebenslauf.«
Düring faltete einen weiteren Zettel auseinander. Pasewaldt blickte ihm über die Schulter. Irgendwelche Zahlen. Wie eine Abrechnung sah das aus. Um den Briefkopf zu entziffern, hätte er sich allerdings weiter vorbeugen müssen, und das tat er jetzt lieber nicht.
Düring faltete rasch noch mehr dieser Zettel auseinander, sie sahen alle gleich aus. Dann schlug er mit der flachen Hand drauf.
»Das gibt es doch nicht!«
»Darf ich es sehen?« fragte Pasewaldt vorsichtig.
»Hier.« Düring gab ihm einen der Zettel. Er las den Briefkopf:

Commission Militaire Interalliée de Contrôle. Quartier général, Place de Potsdam, Berlin.
Es schien eine Lohnabrechnung zu sein. Eine Lohnabrechnung in Mark, wie man schon an den Nullen sah. Das Wort ›téléphoniste‹ fiel ihm auf.
»Soll das heißen ...«
»Ja. Ja, genau das soll es heißen«, sagte Kommissar Düring, zog seine Schublade auf und nahm sich eine Zigarre. »Und wenn ich davon auch nur ein Sterbenswörtchen in der Zeitung lese, mein lieber Pasewaldt ...« Er zündete die Zigarre an und lehnte sich, inmitten einer blauen, aufsteigenden Rauchwolke, zurück. »... dann garantiere ich Ihnen, daß Sie für den Rest Ihrer Tage als Verkehrspolizist auf dem Place de Potsdam stehen.«

In dieser Nacht gingen Henny und Lina wieder zusammen aus. Untergehakt bummelten sie über den Kurfürstendamm, durch die strahlenden Lichter der Film- und Tanzpaläste, der Bars und Cabarets, an den vollbesetzten Sommerterrassen der Cafés vorbei und an den Nutten und bettelnden Kriegsinvaliden. Immer wenn ein größeres Automobil an ihnen vorbeifuhr, wandten sie beide zugleich die Köpfe, manchmal lachten sie schon darüber. Sehr wahrscheinlich war es allerdings nicht, daß sie einen Maybach auch erkannt hätten.
»Was macht ihr eigentlich die ganze Nacht?« hatte Max schon ziemlich mißtrauisch gefragt. »Na, wir sehen uns um«, hatte Lina gesagt. »Überall, wo diese Cora mal verkehrt hat. Man kann ja nie wissen.« Er glaubte ihr nicht, das sah sie ihm an. »Du kannst ja mitkommen«, sagte sie. Aber im Grunde war sie ganz froh, daß er dann doch lieber Flugblätter verteilen ging.
Einmal, beim Tanzen, sah Henny plötzlich die Hand, an der zwei Finger fehlten. Eine linke Hand, auf dem Rücken einer Frau. Aber alles ging so schnell, die tanzenden Paare drehten sich um sie her, daß sie den Mann, dem die Hand gehörte, gar nicht mehr zu sehen bekam. Hinterher war sie unsicher, ob es auch die richtigen Finger gewesen waren. Aber der Schreck, den sie bekommen hatte, war größer gewesen, als sie sich selber eingestehen mochte. Lina erzählte sie nichts davon. Es gab schließlich keinen Grund, sich mit so was den Abend zu verderben.

»Können wir den Wagen hier überhaupt so stehenlassen?« fragte Kriminalassistent Pasewaldt und sah sich mißtrauisch um.
Kommissar Düring klappte an seiner Seite die Tür zu.
»Das werden wir wohl müssen.«
Sie standen in einer der grauen, nüchternen Straßen des Berliner Nordens, hinter der Schönhauser Allee. Ungefähr zwanzig ärmlich gekleidete Kinder, die meisten barfuß, einige mit Sprungseilen in der Hand, sahen sie aus sicherer Entfernung neugierig an. Der löchrige Asphalt war mit Kreidestrichen bemalt, und an der Litfaßsäule hing ein großes rotes Plakat mit Hammer und Sichel.
Düring zog einen Geldschein aus der Tasche und hielt ihn einem Jungen hin, der sich etwas dichter als die anderen herangetraut hatte. »Paß mal eben auf das Auto auf, ja? Dann kriegst du nachher noch einen.«
»Wieviel haben Sie ihm gegeben?« fragte Pasewaldt, als sie durch die Toreinfahrt in den ersten Hinterhof von Nummer 97 gingen.
»Hundert Mark«, sagte Düring. »Wieso?«
»Das sind doch alles Kommunisten hier«, sagte Pasewaldt. »Denen sollte man eigentlich gar nichts geben.«
Unbehaglich blickte er an den Wänden des engen dunklen Hinterhofs hinauf. Es sah aus, als suchte er die Dachkante nach Scharfschützen ab.
Düring brummte nur etwas vor sich hin. An den Müllkästen und Teppichklopfstangen vorbei gingen sie durch einen weiteren Torweg in den zweiten Hinterhof. Alle Fenster standen offen, Geschirr klapperte, Säuglinge plärrten, weiter oben schimpfte ein Mann herum, der schon jetzt, um neun Uhr morgens, betrunken zu sein schien. Magere, blasse Kinder saßen auf allen Eingangsstufen und sahen sie aufmerksam an. Von irgendwo hörte man immer wieder eine Kreissäge und das Aufeinanderkrachen von Brettern.
Die Säge wurde noch lauter, als sie in den dritten Hinterhof kamen, an dem die Tischlerwerkstatt lag.
»Und wo jetzt?« fragte Pasewaldt.
Düring seufzte: »Vierter Stock.«

»Na, darf ich da mal durch?« sagte er, obwohl die Kinder auf den Stufen schon beiseite gerückt waren, als sie den fremden dicken Herrn auf sich zukommen sahen.
Durch ein enges, düsteres Treppenhaus stiegen sie in den vierten Stock hinauf, Düring langsam und schnaufend voran. Es roch nach gekochtem Kohl und nach gekochten Windeln. Schließlich standen sie vor einer schmalen Tür, an der ein Pappschild mit dem Namen ›Goetz‹ hing. Kommissar Düring klopfte.
Nichts rührte sich. Er klopfte noch einmal. Sie warteten. Das Haus war so hellhörig, daß man schon mitbekam, wenn die Kreissäge unten auch nur angeworfen wurde: Kurz bevor sie mit lautem Kreischen das nächste Brett durchschnitt, hörte man bis hier oben das Summen des Treibriemens. Irgendwo unter ihnen greinte ein Kind, die Mutter schimpfte. Über ihnen schlurfte jemand an Krücken den Korridor entlang.
Nur hinter dieser Tür blieb alles still. Oder?
»Moment«, flüsterte Pasewaldt und hob die Hand. »Ich glaube, da hat was geraschelt.«
Düring klopfte noch einmal.
»Frau Goetz? Polizei. Würden Sie bitte aufmachen?«
Wieder vergingen einige Sekunden. Dann hörten sie, wie drinnen aufgeschlossen wurde. Die Tür öffnete sich einen Spalt, und jemand ziemlich Kleines, Schwarzgekleidetes sah sie ängstlich an. Die Türkette war noch vorgehängt.
»Frau Goetz?«
»... ja?«
Kommissar Düring hielt ihr seinen Dienstausweis hin.
»Frau Goetz, wir würden Ihnen gern ein paar Fragen stellen. Dürfen wir hereinkommen?«
»Nein. Nein, das geht nicht ... Es tut mir leid, aber ...«
»Frau Goetz. Es muß leider sein. Sie könnten es für uns alle etwas einfacher machen, wenn Sie ...«
Die Tür wurde geschlossen. Düring sah sie etwas verblüfft an. Aber dann klapperte auch schon die Kette, und die Tür ging wieder auf. Sofort schlug ihnen der Geruch von Desinfektionsmittel entgegen. Lysol.
»Ja, dann ... kommen Sie bitte«, sagte Frau Goetz, die Augen niedergeschlagen, und kniff ihre schmalen Lippen zusammen.

Sie war sehr alt, gebeugt, mit weißem Haarknoten. Sie trug ein schwarzes Witwenkleid und darüber eine fleckige karierte Schürze. An ihren mageren, verkrümmten Fingern sah man deutlich die Gichtknoten. »Aber vorsichtig. Vorsichtig, bitte. Daß Sie mir nur nichts in Unordnung bringen ...«
Düring schob die Tür weiter auf und warf einen ersten Blick in die kleine, dunkle Wohnung. Wenn es andere Zeiten gewesen wären und eine bessere Gegend, dann hätte er sie jetzt sicher gefragt, ob sie die Maler im Haus habe. So aber sagte er lieber nichts dazu, daß die ganze Wohnung mit Zeitungspapier ausgelegt war. Auch der Tisch, die beiden Stühle und der Sessel waren mit Zeitungsseiten bedeckt, sogar die Armlehnen waren mit Zeitungspapier umwickelt.
Mit einer schwachen, zittrigen Handbewegung zeigte Frau Goetz in die Runde. »Der Kot der Straße ... Es ist einfach nicht dagegen anzukommen. All die Bazillen ...«
Düring bemühte sich, vorsichtig aufzutreten. Das Zeitungspapier knisterte unter seinen Schuhen. Er hörte, wie Pasewaldt hinter ihnen die Tür schloß.
»Frau Goetz«, sagte Düring, »es geht um Ihren Untermieter, Herrn Otto Schaffranek.«
»... ja?«
»Er wohnt doch hier?«
»Ja?«
Düring zeigte ihr das Paßphoto in dem Gewerbeschein. »Ist er das?«
Frau Goetz zog eine Brille aus ihrer Schürzentasche und setzte sie umständlich auf.
Pasewaldt fragte sich langsam, ob sie hier überhaupt richtig waren. Die Adresse in dem Gewerbeschein war mit der Hand geschrieben, vielleicht hatten sie eine Zahl falsch gelesen, vielleicht war die Hausnummer nicht 97, sondern 91. Er warf einen Blick auf die Zeitungen, die den Tisch abdeckten. Vom November 1922.
»Ist das Ihr Untermieter, Frau Goetz?« fragte Düring, mit einer Geduld, die Pasewaldt unbegreiflich fand. Die alte Frau sah immer noch aus nächster Nähe das Photo an. Schließlich nahm sie ihre Brille wieder ab.

»Ja, ich glaube, das ist er.«
»Wann haben Sie ihn zuletzt gesehen?« fragte Düring.
»Zuletzt gesehen?« Sie steckte die Brille zurück in ihre Schürzentasche. Von unten hörte man wieder die Kreissäge.
»Wann ist er zuletzt hiergewesen?«
»Herr Schaffranek? Der ist ja oft unterwegs. Er ist Handlungsreisender.«
»Wo ist sein Zimmer?« fragte Pasewaldt, um das alles etwas abzukürzen. »Können wir das mal sehen?«
Kommissar Düring runzelte die Stirn wegen dieser Eigenmächtigkeit. Aber er sagte nichts dazu. Es war klar, daß es außer der Küche nur noch ein einziges weiteres Zimmer gab.
»Dort, das ist es.«
Pasewaldt ging vorsichtig die zwei, drei Schritte über die knisternden Zeitungsblätter.
»Haben Sie diese Türklinke kürzlich abgewischt?«
»Eben gerade, ja«, sagte Frau Goetz. »Zum zweitenmal.«
»Zum zweitenmal?« fragte Düring.
»Ja, einmal muß ich noch, um zehn.«
»Sie wischen sie jeden Tag dreimal ab?«
»Was?« Einen Moment lang war sie verwirrt, dann sagte sie, langsam und bestimmt: »Dreimal im Abstand von genau einer Stunde, und das dreimal am Tag. Mindestens. Wenn ich es schaffe, auch öfter.«
»Diese Türklinke?« fragte Pasewaldt ungläubig.
»Was? Nein, alles. Alles, was man mit den Händen anfaßt ...« Sie sah sich um, als lebte sie in der ständigen Angst, irgend etwas davon zu vergessen. »Es ist zum Verzweifeln mit den Bazillen. Man kann noch so sorgfältig wischen, nach einer Stunde sind es schon wieder genauso viele. Erst nach dem drittenmal wird es besser. Dann habe ich wenigstens ein bißchen Ruhe. Aber es dauert nicht lange, dann sehe ich schon, wie sie sich wieder verbreiten, überallhin. Es ist richtig so ein Belag ...«
»Wischen Sie auch in dem Zimmer Ihres Untermieters?« fragte Düring.
»Ja, sicher. Sonst würden sie ja unter der Tür durchkommen.« Sie schüttelte zittrig den Kopf. »Ich weiß bald nicht mehr, wie

es weitergehen soll. Neues Lysol kann ich mir auch nicht kaufen, ich muß es schon immer weiter verdünnen.«
Pasewaldt drückte die Klinke herunter. Die Tür war tatsächlich nicht verschlossen. Er öffnete sie.
»Nicht zu glauben!« sagte er. »Hier ist auch alles mit Zeitungen ausgelegt!«
»Einen Moment mal eben, Frau Goetz, ja?« Düring ging hinüber und warf ebenfalls einen Blick in das zweite Zimmer. Es war sehr klein. Ein Stahlrohrbett, ein Schrank, ein Stuhl, ein Waschtisch.
Pasewaldt ging hinein. »Hier ...«, sagte er, so leise, daß nur Düring ihn verstehen konnte. »Sehen Sie?«
Durch das schmale Fenster zum Hof fiel nur wenig Licht ein. Trotzdem sah Kommissar Düring auch von der Tür aus, was er meinte.
»Die Zeitungen, hm?«
»Ja. Sie sind neuer als die anderen. Kaum vergilbt.« Pasewaldt beugte sich über das Bett, das sorgfältig abgedeckt war, und sah sich eine Seite näher an. »Franzosen beschlagnahmen sämtliche Kohlenvorräte im besetzten Ruhrgebiet«, las er vor. »Morgenausgabe vom 25. Juni.«
Kommissar Düring wandte sich wieder der alten Frau zu. »Frau Goetz, hat Ihr Untermieter Ihnen gesagt, wie lange er diesmal fortbleiben wollte?«
»Nein. So genau hat er das nie gesagt. Er sagte nur, es wird wohl länger dauern.«
»Und als er weg war, haben Sie sein Zimmer gleich mit Zeitungen ausgelegt?«
»Ja. Damit ich nicht immer alles zu wischen brauche.«
»Was für Zeitungen haben Sie dafür genommen? Wo hatten Sie die her?«
»Ich habe sie gekauft. Man muß immer neue, saubere Zeitungen nehmen. An den anderen waren ja manchmal schon die Hunde dran. Die sind voller Bazillen.« Wieder schüttelte sie schwach den Kopf. »Was das alles kostet ...«
»Frau Goetz, habe ich das richtig verstanden? Haben Sie die Zeitungen, die in diesem Zimmer liegen, an dem Tag gekauft, an dem Herr Schaffranek fortgegangen ist?«

»Gleich am nächsten Morgen, ja.«
»Er ist abends fortgegangen?«
»Nein, in der Nacht. Mitten in der Nacht, ich bin davon aufgewacht. Das war sonst nicht seine Art.«
Pasewaldt erschien in der Tür.
»Herr Kommissar? Der Schrank ist abgeschlossen. Könnten Sie vielleicht einmal nachsehen ...«
»Der Schrank. Ah ja ...« Düring zog Schaffraneks Schlüsselbund aus der Jackentasche und suchte einen der Schlüssel heraus. »Probieren Sie es mal mit dem hier.«
Pasewaldt wunderte sich etwas. Was sollte das heißen: ›Ah ja‹? Aber der Messingschlüssel sah tatsächlich so aus, als könnte er zu einer Schranktür gehören. Er ging wieder nach nebenan.
Die alte Frau hatte ihnen sichtlich verwirrt zugesehen. Aber sie fragte nicht, woher Düring die Schlüssel hatte.
»Ist er allein weggegangen?« fragte Düring.
Sie sah ihn verständnislos an.
»Herr Schaffranek. In dieser Nacht. War er da allein? Oder war jemand bei ihm?«
»Ja! Paßt!« sagte Pasewaldt.
Düring wartete, während Frau Goetz überlegte. Zumindest hoffte er, daß sie überlegte.
»Ja«, sagte sie schließlich. »Ja, da war noch jemand. Der Mann, der ihn abgeholt hat.«
»Haben Sie den Mann gesehen?«
»Nein.«
»Ganz bestimmt nicht? Denken Sie bitte nach.«
»Ich hatte schon geschlafen. Ich habe nur gehört, wie Herr Schaffranek mit einem anderen Mann sprach. Sie waren in seinem Zimmer. Dann sind sie herausgekommen und zusammen weggegangen.«
»Worüber haben sie gesprochen? Haben Sie etwas davon verstehen können?«
»Nein. Sie haben leise gesprochen. Es war ja mitten in der Nacht.«
»Hat Herr Schaffranek den anderen Mann mit Namen angeredet?«

»Ich habe gar nichts verstanden. Ich hatte schon geschlafen und ...«
»Ja, ja, gut.« Düring hörte, wie Pasewaldt im Nebenzimmer den Schrank durchsuchte. Ab und zu quietschten die Türen. »Ist Herr Schaffranek öfter abgeholt worden?«
»Nein, vorher nie.«
»Nicht ein einziges Mal?«
»Nein.«
»Hat er hier sonst manchmal Besucher gehabt?«
»Nein.«
»Wirklich niemanden?«
»Nein.«
In diesem Augenblick rief Pasewaldt:
»Herr Kommissar! Herr Kommissar!«
Düring hatte es gewußt. Irgend etwas würden sie hier finden. Sonst hätte die Leiche nicht den Schlüsselbund in der Tasche gehabt. Also war es in diesem Schrank.
»Entschuldigen Sie mich«, sagte er und ging ins Nebenzimmer.
»Herr Kommissar!« Pasewaldt war ganz außer sich. »Hier lag ein Wäschebeutel im Schrank, mit irgendwas darin. Es fühlte sich so komisch an. Da hab ich ihn auf dem Bett ausgeschüttet. Sehen Sie sich das an!«
Düring schloß eine Sekunde lang die Augen. Dann atmete er schnaufend aus, trat näher und sah es sich an.
Auf dem Bett lagen ein leerer Wäschebeutel aus grauem Leinen und eine Armeepistole Luger 08. Und daneben eine Damenhandtasche und ein kleiner grüner Turban mit drei grünen Federn.

Als Arthur Rowland gegen drei Uhr nachmittags ins Hotel Adlon zurückkam, blieb er kurz an der Portiersloge stehen und fragte nach seinem Schlüssel.
»Bedaure, Herr Fortescue, er ist nicht da«, sagte der Portier, mit einem fragenden, etwas besorgten Blick.
»Ist schon in Ordnung«, sagte Rowland. »Danke!«
Henny war also noch oben. Sehr gut. Er fuhr mit dem Lift in den dritten Stock, ging den Korridor entlang. An der Tür zu sei-

ner Suite hing noch immer das Bitte-nicht-stören-Schild. Um elf, als er losgegangen war, hatte Henny noch tief und fest geschlafen. Er klopfte und trat ein, ohne auf Antwort zu warten. Henny lag auf der Chaiselongue, in einem schwarzen Seidenpyjama und barfuß. Sie war geschminkt, und um den Hals trug sie eine kurze, enganliegende Perlenkette. Sie blickte nur kurz von ihrer Zeitschrift auf, strich sich dann eine lockige Strähne hinters Ohr und blätterte weiter. Das Frühstückstablett stand noch auf dem Beistelltischchen.
Rowland legte Hut und Handschuhe ab und ging zu ihr hinüber.
»Preisfrage!« sagte er. »Welches ist das faulste Geschöpf auf Gottes Erdboden? Na? Du hast nur einen Versuch.« Er beugte sich von hinten über sie und küßte sie auf die Stirn.
»Wo bist du gewesen?« fragte sie.
»Oh, ich war heute ganz erfolgreich.«
»An der Börse?«
»Nein, nicht an der Börse.« Er nahm sich ein Glas und entkorkte die Flasche Famous Grouse. »Ich habe erste Schritte unternommen, deinen Maybach ausfindig zu machen.«
»Was denn? Höchstpersönlich?« fragte Henny. »Das sollten wir nach London telegraphieren. Denen kommen die Tränen vor Freude.«
Der Siphon zischte. Einen Whisky-Soda in der Hand, sagte Rowland:
»Na ja, gefunden habe ich ihn so schnell natürlich nicht. Aber die Sache ist gar nicht so aussichtslos, wie wir erst dachten.«
»Aha ...?« Henny klappte ihre Zeitschrift zu und ließ sie, mit einem lässigen Schwung aus dem Handgelenk, auf den Teppich fallen.
Rowland trank einen ersten Schluck, dann sagte er:
»Die Firma Maybach unterhält hier in Berlin ein Verkaufsbüro, und da habe ich mich heute mal beraten lassen. Sehr interessant.« Er setzte sich Henny gegenüber in einen Sessel und schlug die Beine übereinander.
»Als man hörte, daß ich Engländer bin, wurde sofort das feinste Porzellan aufgefahren und Tee serviert. Alle waren sehr zuvor-

kommend. Kein Wunder: Ein Maybach scheint so ziemlich das teuerste Auto der Welt zu sein.«
Er lachte, als sei ihm gerade etwas eingefallen.
»Und was hängt da im Büro an der Wand? Ein Photo des Firmengründers Karl Maybach, aufgenommen 1916. Eine Rolle Konstruktionspläne unterm Arm, steht er auf einem Flugfeld, hinter ihm ein Hangar und ein riesiger Zeppelin. Ich sehe mir das Bild an und sage ›Mm hm?‹, und ich merke schon, wie sie nervös werden. Könnte ja sein, daß ich ihnen die Luftangriffe auf London immer noch übelnehme, und mir dann doch lieber einen Rolls-Royce kaufe.« Er stellte das Glas ab und zog sein Zigarettenetui aus der Jackentasche. »Nun, so ungern sie es auch zugegeben haben: der alte Graf Zeppelin persönlich hat das Werk gegründet, und früher wurden dort ausschließlich Luftschiffmotoren gebaut.« Er zündete sich eine Zigarette an und warf das Streichholz auf Hennys Frühstückstablett. »Damit war nach dem Krieg natürlich Schluß, und man fing notgedrungen an, die Produktion umzustellen. Der Wagen, den wir jetzt suchen, wurde zum ersten Mal auf der Berliner Automobil-Ausstellung von 1921 präsentiert. Er nennt sich Maybach Typ W3 und ist ein Auto der obersten Luxusklasse, volle fünf Meter lang. Er ist bis heute das einzige Modell, das die Firma herstellt.«
»Seit zwei Jahren gibt es den erst?« sagte Henny. »Dann können es ja wirklich nicht so furchtbar viele sein.«
»Nein«, sagte Rowland. »Aber es kommt noch besser.« Er nahm einen Schluck Whisky, behielt das Glas dann in der Hand. »Ein Maybach W3 rollt nämlich nicht einfach so vom Fließband. Im Gegenteil: Das eigentliche Werk, in Friedrichshafen am Bodensee, baut nur das Fahrgestell mit Motor. Alles weitere wird bei einer Karosseriefabrik in Auftrag gegeben. Und keineswegs immer bei derselben. Es gibt da eine ganze Reihe, in Köln und in Stuttgart und sonstwo. Der Käufer sucht sich eine aus, und die Ausführung erfolgt dann ganz nach seinen Wünschen. Das heißt: Jeder dieser Wagen ist praktisch ein Einzelstück.«
»Du meinst ...«
Rowland nickte. »Danach sieht es aus. Es ist sehr wahrschein-

lich, daß es in ganz Berlin nur einen einzigen dunkelgrünen Maybach mit crèmefarbenen Sitzen gibt.«

»Frau Goetz, ich verstehe, daß das alles nicht einfach für Sie ist«, sagte Kommissar Düring, »aber ich muß Ihnen trotzdem noch ein paar Fragen stellen.« Vorsichtig ließ er sich auf einen Stuhl nieder, der ganz mit Zeitungspapier abgedeckt war.
Die alte Frau saß klein und eingesunken in ihrem Sessel. Händeringend mußte sie mit ansehen, wie ein halbes Dutzend Kriminalbeamte ihre ganze Wohnung auf den Kopf stellte. Der Photograph hatte beim Hin- und Herrücken seines Stativs die Zeitungen auf dem Boden eingerissen, andere gingen achtlos darüber hin, rissen sie noch weiter ein, verschoben sie, überall waren schon Lücken entstanden. In Herrn Schaffraneks Zimmer war man dabei, die Zeitungen ganz einzusammeln. Es war hoffnungslos.
Daß ihr Untermieter ermordet worden war, schien sie sehr viel weniger zu beunruhigen. Düring hatte es ihr mitgeteilt, nachdem er selbst die offizielle Bestätigung erhalten hatte. Um kurz nach eins war jemand aus der Hannoverschen Straße herübergekommen, mit Neuigkeiten von Dr. Störmer: Anhand des vorliegenden medizinischen Gutachtens über die Kriegsverletzungen konnte zweifelsfrei festgestellt werden, daß es sich bei dem Toten um Otto Schaffranek handelte.
»Frau Goetz, wie war das mit der Miete? Hat Herr Schaffranek immer pünktlich bezahlt?«
Düring war zuversichtlich, daß die alte Frau, was diesen Punkt anging, so klar denken konnte wie jeder andere. Geldzählen, das konnten sie alle noch. Er war schon Leuten begegnet, deren Unterschrift nur aus drei Kreuzen bestand und die nicht sicher waren, in welchem Jahrhundert sie lebten, aber wenn es irgendwo ein paar Pfennige Rabatt gab, waren sie imstande, fehlerfreie Prozentrechnungen im Kopf durchzuführen.
Frau Goetz nickte zittrig mit dem Kopf. »Ja, darauf hat Herr Schaffranek immer sehr geachtet. Ein sehr ordentlicher Mensch. Da kann ich nicht klagen.«
»Frau Goetz, die Zeitungen in dem Zimmer dort sind vom

25. Juni. So lange ist Herr Schaffranek schon weg. Wann haben Sie die letzte Miete erhalten?«
Frau Goetz warf ihm einen kurzen, mißtrauischen Seitenblick zu.
»Damit ist alles in Ordnung. Dafür hat Herr Schaffranek Sorge getragen.«
»Aha?« sagte Düring. »Auf welche Weise hat er das getan?«
»Er wußte ja, daß er länger fortbleiben würde. Und da hat er im voraus bezahlt.«
»Wieviel, wenn ich fragen darf?«
»Soviel, wie mir zusteht. Ganz genau. Nicht mehr und nicht weniger.«
»Frau Goetz, wir sprechen hier über Geld, das Ende Juni bezahlt wurde, sehe ich das richtig?«
Sie nickte zögernd. »Ja?«
»Ich denke, Ihnen ist klar«, sagte Düring, »daß das Geld heute bloß noch ein Zehntel von dem wert ist, was es Ende Juni wert war. Oder?«
»Ja, ja ...«, sagte sie. »Furchtbare Zeiten sind das. Man begreift das alles nicht mehr.«
»Trotzdem: Sie beklagen sich nicht. Mit der Vorauszahlung ist alles in Ordnung. Sie sind zufrieden, sagen Sie. Woran kann das liegen?«
»Ich weiß nicht, was Sie meinen.«
Düring beugte sich etwas vor. Die Zeitungsblätter auf seinem Stuhl knisterten.
»Frau Goetz, kann es nicht sein, daß das Geld, das Herr Schaffranek Ihnen gegeben hat, inzwischen sogar erheblich im Wert gestiegen ist?«
Schließlich gab sie es zu. Am Morgen nach Schaffraneks Fortgehen hatte sie in der Küche einen Briefumschlag gefunden. Dollarnoten waren darin – wie viele genau, sagte sie nicht – und eine Nachricht von Schaffranek: ›Bin geschäftlich unterwegs. Kann nicht sagen, wie lange. Dies als Vorauszahlung. Wenn ich wieder da bin, können wir die Miete genau abrechnen.‹ Nein, den Zettel hatte sie nicht aufbewahrt.
»Sind Sie sicher, daß er von Schaffranek stammte?«

»Ja, er hatte ihn ja unterschrieben. Und es war auch seine Handschrift.«
»Nun gut.« Düring ließ das erst mal auf sich beruhen. »Ist noch irgendwelche Post für Herrn Schaffranek gekommen?« fragte er.
»Nein.«
»Hat jemand nach ihm gefragt?«
Er merkte, wie die alte Frau zögerte.
»Nein«, sagte sie.
»Wirklich niemand?«
»Nein, nur ... ach, nein, niemand.«
»Frau Goetz. Wer war es, der nach Herrn Schaffranek gefragt hat?«
»Nur diese Zeitschriftenverkäufer.«
»Zeitschriftenverkäufer?«
»Ja, an der Tür.«
Es war mühsam genug, aber nach und nach gelang es Düring, die Einzelheiten aus ihr herauszubekommen. Er stand auf und nahm Pasewaldt beiseite.
»Hören Sie sich mal im Haus um, ja? Irgendwann in den letzten zwei, drei Wochen sind hier zwei junge Leute an der Tür gewesen, die eine Zeitschrift namens *Sowjet-Rußland im Bild* verkaufen wollten. Vielleicht kennt jemand die beiden oder weiß sonst etwas über sie.«
»Das werden die mir gerade verraten«, sagte Pasewaldt. »Diese Kommunisten halten doch alle zusammen.«
»Versuchen Sie es einfach. Das eine war ein junger Mann, geschätzt auf Anfang zwanzig, schwarze Haare. Ein Jude, meinte Frau Goetz, aber einer von den gutaussehenden, ohne diese große Nase.«
Pasewaldt verzog keine Miene.
»Und das andere ein junges Mädchen«, sagte Düring. »Vielleicht weckt es Ihr Interesse etwas, wenn ich sage, daß sie auffällig hübsch gewesen sein soll. Schwarzer Bubikopf, braune Augen. Sehr schlank, und ganz in Schwarz gekleidet.«
»Sowjet-Rußland im Bild?« fragte Pasewaldt.
»Ja«, sagte Düring.
Etwa eine Stunde später ging er, als letzter, die Treppe hinab, und Pasewaldt kam ihm entgegen.

»Schluß für heute«, sagte Düring. Pasewaldt blieb stehen und ging dann mit ihm hinunter. Erst als sie unten auf den Hof hinaustraten, fragte Düring: »Und?«
»Scheint soweit alles zu stimmen«, sagte Pasewaldt. »Auch die Beschreibungen. Muß etwa zwei Wochen her sein, genauer konnte das keiner sagen. Einer hat gehört, daß das Mädchen Lina hieß. Ein Kind auf der Treppe hat sie gefragt, wie sie heißt. Aber das ist auch schon alles.«
»Lina«, sagte Kommissar Düring. »Na gut ...«

In den nächsten Tagen kam es zu so plötzlichen, enormen Kurseinbrüchen der Mark, daß Rowland sich um nichts anderes mehr kümmerte als um seine Devisengeschäfte. Von 1,6 Millionen Mark für 1 Dollar fiel der Kurs von einem Tag zum anderen auf 3,2 Millionen, und wieder nur einen Tag später auf 4,8 Millionen.
Alle Löhne und Gehälter wurden jeden Tag aufs neue halbiert, einfach so, ein Irrsinn, der nicht zu begreifen war. Die Selbstmordrate stieg immer weiter. Frauen brachten sich mit Gas um oder gingen ins Wasser, Männer erhängten oder erschossen sich. In der Hannoverschen Straße wußte man kaum noch, wohin mit den Leichen, der ganze Keller lag schon voll.
»Na, ganz so schlimm wie beim Spartakusaufstand ist es noch nicht«, sagte Medizinalrat Dr. Störmer, als er mit Düring und Pasewaldt den Korridor entlangging. »Da hatten wir hier manchmal über hundert Leichen am Tag.«
»Tja, wollen wir hoffen, daß es nicht wieder soweit kommt«, sagte Düring. Sicher schien das keineswegs.
Sie betraten das Büro, und Dr. Störmer übergab Düring den Obduktionsbericht.
»Damals hatten wir hier einige solcher Fälle. Standrechtliche Erschießungen, meistens mit Infanteriewaffen, darunter das leichte MG 08/15. So sah das bei dem Schaffranek hier auch aus.«
»Sie meinen, er ist tatsächlich mit einem MG erschossen worden?« fragte Pasewaldt.
»Wäre möglich«, sagte Dr. Störmer. »Ein einzelner langer Feuerstoß, Abstand vielleicht zwei, drei Meter. Fünfzehn Projektile

sind glatt durch ihn hindurchgegangen.« Er wandte sich an Kommissar Düring. »Haben Sie die eigentlich gefunden?«
»Nein«, sagte Düring, »kein einziges.«
»Aha? Tatort unbekannt, was? Die Leiche ist transportiert worden.« Dr. Störmer nahm seine Brille ab und putzte sie mit einem Taschentuch. »Na, das muß eine schöne Schweinerei gewesen sein, so unter uns gesagt. Dem hingen ja hinten halb die Lungenflügel raus.«
»Wahrscheinlich war er in die Zeltplane eingewickelt, auf der er gefunden wurde«, sagte Düring. Dann fragte er noch einmal nach der Todeszeit.
»Wie ich schon sagte: Ungefähr drei Wochen.« Dr. Störmer setzte seine Brille wieder auf. »Steht hier auch alles ganz genau drin.«
»Ja, ja, natürlich.« Düring blätterte kurz in dem Bericht. ›Allgemeine fetzige Ablösung der Haut‹, las er. ›Haare und Nägel leicht ausziehbar. Gehirn, breiig verflüssigt und unter Gasdruck stehend, quillt aus der Schädelhöhle heraus.‹ Er klappte den Bericht wieder zu.
»Länger als drei Wochen halten Sie für ausgeschlossen?«
»Plus minus ein paar Tage«, sagte Dr. Störmer. »Aber mehr können Sie hier nicht heraushandeln. Die Maden sind Ihnen vielleicht selber aufgefallen, und Eier und verpuppte Larven haben wir auch genug gefunden, aber keine leeren Puppenhüllen. Das heißt: es waren noch keine neuen Fliegen ausgeschlüpft. Und nach spätestens vier Wochen wären sie das.«
Also drei Wochen.
In seinem Zimmer im Präsidium sah Düring noch einmal auf den Kalender. Drei Wochen. Das war Mitte Juli. Verschwunden war Schaffranek aber schon am 25. Juni.
»Drei Wochen früher«, sagte Düring. »Drei Wochen hat er noch gelebt. Wo ist er in dieser Zeit gewesen?«
»Ist das so wichtig?« fragte Pasewaldt.
Düring sah ihn an. Er fragte sich, ob er sich verhört hatte. Aber Pasewaldt hielt, beinahe trotzig, seinem Blick stand. Düring hatte plötzlich das Gefühl, ihn schon lange nicht mehr bewußt angesehen zu haben, diesen blassen jungen Mann mit seiner verschlossenen Miene, seinem steifen weißen Kragen und dem mili-

tärisch kurzen, hellblonden Haar, das sehr straff, mit nassem Kamm, gescheitelt war.
»Würden Sie mir bitte erklären«, sagte er, »was Sie damit meinen?«

»Ich verstehe Sie langsam wirklich nicht mehr!« sagte Kriminaldirektor Brandes, keine zwei Stunden später. Er stand auf und fing an, in seinem Büro auf und ab zu gehen. »Was für Beweise wollen Sie denn noch?«
Kommissar Düring saß schwer und massig da und schüttelte nur sachte den Kopf. »Gar keine«, sagte er. »Beweise haben wir weiß Gott genug.«
Die Untersuchung hatte ergeben, daß die Luger 08 eindeutig die Tatwaffe im Fall Nelly Pahlke war. Die Pistole hatte einen gezogenen Lauf, der das Geschoß zur Erhöhung der Flugstabilität in eine Drehung um die eigene Achse versetzte. Diese Drehung führte, durch mikroskopisch kleine Unebenheiten im Lauf, bei allen abgefeuerten Geschossen zu denselben charakteristischen Spuren. Man hatte Probeschüsse abgegeben und dann die äußeren Geschoßmäntel untersucht. Die Übereinstimmung mit dem Projektil, das Nelly Pahlke getötet hatte, war hundertprozentig.
Die Fingerabdrücke auf der Waffe stammten alle von Otto Schaffranek. Von der Leiche selbst hatte man zwar, wegen Verwesung, Maden- und anderem Tierfraß, keine brauchbaren Fingerabdrücke mehr abnehmen können, aber im Zimmer Schaffraneks, vor allem im Inneren des Schrankes, auf persönlichen Gegenständen, sowie auf der Glühbirne und dem Schirm der Deckenlampe, konnten genug Vergleichsabdrücke sichergestellt werden.
Auf der Damenhandtasche, die man in Schaffraneks Schrank gefunden hatte, sowie auf Teilen ihres Inhaltes, besonders auf einer Puderdose, einem braunen Apothekerfläschchen mit Kokainlösung und einer Injektionsspritze, fanden sich Fingerabdrücke sowohl von Otto Schaffranek als auch von Nelly Pahlke.
»Jedes Gericht der Welt würde diese Beweise für ausreichend halten«, sagte Kriminaldirektor Brandes. »Oder bestreiten Sie das?«

»Nein, nein«, sagte Düring. »Wenn Schaffranek noch am Leben wäre, würde man ihn zweifellos schuldig sprechen. Schuldig des Mordes an Nelly Pahlke.«
»Na also! Wenn Sie das mal einsehen!«
»Er lebt aber nicht mehr. Er selbst wurde ebenfalls ermordet.«
»Das ändert doch nichts daran, daß seine – und nur seine – Fingerabdrücke auf der Tatwaffe sind!« Kriminaldirektor Brandes blieb stehen, seine Hände auf dem Rücken verschränkt, und sah Düring an. »Womit der Fall Nelly Pahlke doch wohl abgeschlossen wäre, oder?«
»Und was ist mit dem Fall Otto Schaffranek?«
Brandes setzte sich wieder hinter seinen Schreibtisch. »Ich wünsche, daß im Fall Schaffranek mit äußerster Besonnenheit vorgegangen wird«, sagte er. »Also keine Mitteilung an die Presse. Wir wollen kein unnötiges Aufheben davon machen, Sie verstehen?« Er fing an, Papiere zu sortieren.
Düring sah ihn sich an: den steifen, altmodischen Stehkragen, die Mensurschmisse im Gesicht. Er kam sich heute vor wie von lauter Fremden umgeben.
»Ich weiß nicht recht«, sagte er, »ob ich das verstehe.«
Kriminaldirektor Brandes blickte auf, als wäre er mit seinen Gedanken längst woanders gewesen. »Ich sagte doch ...«
»Ich gebe Ihnen recht, daß der Fall nicht in die Zeitungen gehört«, sagte Düring. »Aber was weiter? Was heißt: ›kein unnötiges Aufheben davon machen‹?«
»Das heißt das, was es heißt. Wie Sie ja selber zugeben, war dieser Schaffranek ein Mörder. Mit einem solchen Subjekt können wir uns nicht lange aufhalten. Wir haben unsere Pflichten gegenüber der Öffentlichkeit.«
Düring ruckte sich etwas auf seinem Stuhl zurecht. »Mein Assistent hat vorhin die gleiche Auffassung vertreten ...«, sagte er mit Bedacht. Er beobachtete Brandes jetzt ganz genau. »Wissen Sie, was er gesagt hat? ›Dieser Schaffranek war nicht nur ein Mörder, sondern auch ein Verräter. Ein Verräter an seinem Volk. Wer immer ihn unschädlich gemacht hat, hat eine gute Tat getan.‹« Er sah sofort, daß er richtig vermutet hatte.
»Ihr Assistent?« sagte Brandes, mit deutlichem Wohlgefal-

len. »Wie heißt er?« Er schien sich den Namen merken zu wollen.
»Pasewaldt.«
»Mm hm? Tüchtiger Bursche, was?«
»Wir kommen zurecht.«
Kriminaldirektor Brandes runzelte kurz die Stirn, nahm dann seinen Füllfederhalter zur Hand und legte ein paar Papiere vor sich hin, um sie zu unterzeichnen.
»Sehen Sie«, sagte er, »wir sind ein Land, in dem fremde Truppen stehen. Das dürfen Sie nicht außer acht lassen.« Nach der ersten Unterschrift blickte er auf und sah Düring eindringlich an. »Ich persönlich hätte es niemals für möglich gehalten, daß ein Deutscher, noch dazu ein Frontkämpfer, überhaupt so tief sinken kann, daß er Spitzeldienste für die Alliierten leistet!« Er senkte den Blick wieder auf seine Papiere und unterschrieb das nächste. »Erwarten Sie also nicht von mir, daß ich dem Mann noch groß nachtrauere.«
»Nein«, sagte Kommissar Düring und stand auf. »Das erwarte ich auch nicht.«
Als er die Tür hinter sich geschlossen hatte, blieb er kurz stehen, blickte den Korridor entlang und fragte sich, was er jetzt machen sollte. Er entschied sich für einen kleinen Cognac und eine Zigarre.

»Nun, Monsieur Fortescue, was sagen Sie dazu?«
Rowland hob leicht die Augenbrauen und blickte über seine *Times* hinweg.
»Wozu?«
Lucien Gaspard, im hellen Sommeranzug, mit roter Weste und flachem Strohhut, setzte sich, ohne weiter um Erlaubnis zu bitten, in den Korbsessel neben ihm. Durch ein Gewirr hoher Palmwedel fiel das Tageslicht grün und gedämpft zu ihnen herab, und der Duft tropischer Blüten lag in der feuchtwarmen Luft. Ganz als säßen sie wirklich in einem Dschungel, nahm Gaspard seinen Strohhut ab und wischte sich mit einem Taschentuch den Schweiß von der Stirn. Er sah Rowland an und fragte erstaunt:
»Sie wissen es noch nicht?«
»Kommt darauf an, was Sie meinen.«

Gaspard sah sich kurz um, dann sagte er leise:
»Gestern war die Kriminalpolizei im Hotel Bellevue. Haben Sie noch nicht mit Major Conway gesprochen?«
»Nein«, sagte Rowland. Er legte seine Zeitung zusammen und sah sich ebenfalls um. Ein Stück weiter saßen eine alte Dame und ein kleines Mädchen und blickten aus der Palmenhalle hinaus in den blühenden Garten, der im Innenhof des Adlon lag. Sie waren weit genug weg, und auch sonst war gerade niemand in der Nähe. »Die Kriminalpolizei?« fragte er.
»Man hat unseren Telefonisten gefunden, Otto Schaffranek. Es soll nicht viel von ihm übrig sein, er lag schon seit Wochen im Wald.«
Rowland sagte kein Wort. Von weitem hörte man das Plätschern des Springbrunnens und die Stimmen aus der Hotelhalle.
»Um Ihre nächste Frage auch gleich zu beantworten: Er wurde regelrecht exekutiert. Man vermutet, mit einem Maschinengewehr.« Er sah Rowland abwartend an. »Er soll völlig durchsiebt gewesen sein.«
Rowland sagte immer noch nichts.
»Sie wissen sehr gut, was das bedeutet, nicht wahr?« sagte Gaspard. »Oder wollen Sie das leugnen?«
»Wo ist er gefunden worden?«
»Im Grunewald. Aber dort wurde er nicht erschossen. Denken Sie nur: Ein MG. Sie wissen, wie laut das ist. Man hört es kilometerweit ...« Gaspard wischte sich erneut über die Stirn. »Es muß sehr einsam dort gewesen sein ... wo sie ihn hingerichtet haben.«
»Und weshalb haben sie ihn dann nicht einfach dort vergraben?«
Gaspard lächelte schwach. »Weil man ihn dann nie gefunden hätte.« Er steckte sein Taschentuch ein, setzte den Hut wieder auf. »Und er sollte gefunden werden, verstehen Sie?« Er stand auf und sah Rowland noch einmal an. »Es ist eine Warnung, Monsieur Fortescuc. Vielleicht die letzte.«
Er deutete eine Verbeugung an und ging dann gemächlich, wie ein müßiger Hotelgast, davon. Rowland sah ihm nach, bis er zwischen den Palmwedeln verschwunden war.

Lina

Als Henny davon hörte, wollte sie keinen Tag länger in der Pension Schönfeldt bleiben.
»Nein, jetzt reicht es. Ohne mich!« sagte sie. »Nachher kommen die noch mal zurück! Außerdem ist es ganz sinnlos, das Zimmer noch länger zu behalten. Was Neues erfahre ich da sowieso nicht mehr!«

Am nächsten Tag saß sie, nach einem Frühstück, bei dem sie kaum etwas gegessen hatte, blaß und Zigaretten rauchend im Gedächtniszimmer und wartete auf Lina. Sie war allein; der Jockey und die alte Schönfeldt waren einkaufen gegangen.
Am Vorabend hatte sie noch versucht, Max oder Lina zu erreichen, aber vergeblich. Zum ersten Mal hatte sie auch bei Frau Claußnitzer angerufen, einer alten Witwe, in deren Wohnung in der Knesebeckstraße Lina noch immer ein eigenes Zimmer gemietet hatte. Frau Claußnitzer war äußerst kühl und abweisend gewesen. Sie behauptete, eine Person namens Lina Radtke sei ihr nicht bekannt. Im übrigen erteile sie wildfremden Anrufern grundsätzlich keine Auskünfte.
Henny blieb nichts anderes übrig, als in der Pension auf Lina zu warten, wo sie an diesem Vormittag verabredet waren.
Als es an der Eingangstür klopfte, stand sie auf, aber Rike, die eben aus ihrem Zimmer gekommen war, ging schon nach vorn und sagte: »Laß mal, ich mach auf!«
Henny blieb in der Tür des Gedächtniszimmers stehen und horchte. Das Klopfen hatte sich gar nicht nach Lina angehört ...
Tatsächlich. Es war jemand anders an der Tür. Sie verstand kein Wort, aber es war *eine männliche Stimme.*
Henny hielt unwillkürlich den Atem an. Sehen konnte sie auch nichts, nur die düsteren Schränke im Halbdunkel des Korridors,

die Ziertischchen voller Blumenvasen und Kerzenhalter, die roten Samtportieren.
Rikes Stimme klang unsicher.
»Ja. Bitte. Kommen Sie herein.«
Rike kam durch den Korridor zurück. Auf einmal hörte sie den Mann sagen:
»Ja, das kommt mitunter vor, daß ein Fall wieder aufgenommen wird.«
Henny schloß die Augen und atmete auf. Es war Kommissar Düring ...
Zeit zu überlegen blieb ihr jetzt nicht mehr, und in ihr Zimmer konnte sie auch nicht zurück. Schon hatte Düring sie entdeckt.
»Nanu? Was machen Sie denn hier?« fragte er.
Henny raffte ihren Morgenrock etwas fester um sich und strich sich ein paar lockige Strähnen aus dem Gesicht. »Ich wohne hier. Wieso?«
»Sie wohnen hier? Seit wann das denn?«
»Schon eine ganze Weile ... Zwei Monate?«
»Aha? Wie kommen Sie denn dazu?«
Henny zuckte die Achseln. »Auch nicht teurer als meine alte Pension. Und da gab's Kakerlaken, hier nicht.«
»Und hier waren ja auch gerade zwei Zimmer frei.«
»So ist das. Man muß nehmen, was man kriegen kann.«
»Welches Zimmer haben Sie denn genommen, wenn ich fragen darf?«
»Das von Nelly.«
»Tatsächlich. Na ja, warum nicht?« Kommissar Düring faßte sich nachdenklich an sein Doppelkinn. »Das war ... dieses Zimmer hier, ja? Darf ich?« Die Tür stand einen Spalt offen. Bevor Henny etwas sagen konnte, hatte er sie schon aufgemacht. Er trat ein und sah sich um.
»Hier hat sich ja kaum was verändert.«
Henny ging hinter ihm hinein.
»Sieh an, sogar das Bild haben Sie hängen lassen.« Er betrachtete den Öldruck über der Kommode: die ängstliche Nixe, den lachenden Faun, und dahinter, auf der großen, klaren Meereswoge, den dicken Zentauren.
Henny sagte nichts. Es paßte ihr ganz und gar nicht, daß er ihr

ungemachtes Bett sah, ihr Hemdchen und ihre Seidenstrümpfe, die über der Stuhllehne hingen.
»Eigentlich bin ich gekommen, um noch ein paar Fragen über Nelly Pahlke zu stellen. Es hat sich da in der Zwischenzeit etwas ergeben ...« Er stutzte plötzlich. »Haben Sie das auch gehört?«
Vorn hatte es leise geklopft.
»Ich gehe schon«, sagte Rike, die noch im Korridor stand.
Henny drehte sich um: »Warte, ich ...« Aber Rike war schon weg.
»Erwarten Sie jemanden?« fragte Düring.
Henny ärgerte sich darüber, wie er sie ansah. Sie wünschte, sie wäre angezogen. »Sehe ich so aus?« fragte sie.
Schritte näherten sich. Rike tauchte wieder in der Tür auf.
»Henny? Kommst du mal eben? Es ist Lina.«
»Entschuldigen Sie mich«, sagte Henny. Was hat er denn jetzt? dachte sie, als sie Dürings Gesicht sah.
»Einen Moment!« Düring kam hinter ihr her in den Korridor.
Dort stand Lina und wußte von gar nichts. Henny konnte ihr nur noch einen warnenden Blick zuwerfen, das war alles.
»Guten Tag, Kriminalpolizei«, brummte Düring. Er betrachtete Lina von Kopf bis Fuß, lächelte leise und sagte:
»So, so ... Sie heißen Lina, hm?«
»Ja?«
»Sie verkaufen nicht zufällig die Zeitschrift *Sowjet-Rußland im Bild*, oder?«
Um zu sehen, daß er damit ins Schwarze getroffen hatte, brauchte man kein erfahrener Kriminalist zu sein. Lina war verwirrt und ganz unfähig, sich zu verstellen.
»Wieso?« fragte sie. »Was ...?«
»Ja oder nein?«
»... ja.«
»Na, sehen Sie.« Düring lächelte ihr väterlich zu. »Das ist ja auch nichts Ungesetzliches, mal keine Sorge. Können Sie sich ausweisen?«
»Nein ... Ich habe nichts dabei.«
»Sehen Sie doch einmal nach. Da in Ihrer Handtasche. Vielleicht findet sich ja doch etwas.«

»Ich weiß nicht, nein. Nein, bestimmt nicht.«
Henny konnte nur dabeistehen und zusehen. Lina war hilflos.
»Tja, junge Frau«, sagte Düring und schüttelte bedauernd den Kopf, »dann werden wir uns wohl mal etwas eingehender unterhalten müssen. Und zwar auf dem Präsidium. Ich muß Sie bitten, mitzukommen. Jetzt gleich.«
»Was?« Lina sah ihn entgeistert an. »Warum? Was habe ich denn getan?«
»Sie sind gerade dabei, es zu tun«, sagte Düring. »Sie behindern die Ermittlungen in einem Mordfall. Ich würde mir das an Ihrer Stelle gut überlegen.« Er wandte sich Henny zu. »Und Sie kommen bitte auch noch mal aufs Präsidium. Erdgeschoß, Zimmer 12 a, Sie kennen das ja schon. Sagen wir Montag, 10 Uhr. Paßt Ihnen das?«
»Na klar«, sagte Henny. »Und wie.«
»Gut. Bis dann also«, sagte Kommissar Düring. Und zu Lina: »Bitte nach Ihnen. Mein Wagen steht vor der Tür.«

»Wär ich da bloß längst ausgezogen!« Henny drückte ihre Zigarette in den vollen Aschenbecher. »Einen Tag früher!«
»Das nützt jetzt auch nichts mehr«, sagte Max. Zu zweit saßen sie in der Carmerstraße und warteten darauf, daß Lina zurückkam. Es dauerte und dauerte. Stundenlang.
»Was machen die bloß so lange?«
»Warte, ich glaube, da kommt sie.«
Schritte kamen näher, dann ging die Tür auf. Lina sah aus, als hätte sie geweint. Max nahm sie lange in den Arm. Doch dann bedrängten er und Henny sie mit Fragen.
»Was wollte er?«
»Was hat er gesagt?«
»Könnt ihr mich nicht in Ruhe lassen!« Lina setzte sich auf die Bettkante und wandte sich ab. Fahrig rauchte sie eine Zigarette. Sie brauchte noch einige Zeit, um sich zu beruhigen. Dann erst erfuhren sie nach und nach, was der Kommissar gesagt und getan hatte.
Als erstes hatte er ein Photo vor sie hingelegt. Es war ein Photo von Otto Schaffranek. Ein anderes als das, das Rowland ihnen

gezeigt hatte, aber sie hatte ihn trotzdem sofort erkannt. Nein, zugegeben hatte sie das nicht.
Dann hatte der Kommissar ein anderes Photo neben das erste gelegt und gesagt: ›So sah er aus, als er gefunden wurde.‹ Sie mochte es kaum ansehen.
»Das Schwein«, sagte Max.
Lina war strikt dabei geblieben, daß sie niemals nach Schaffranek gefragt hätten. Sie hätten im ganzen Haus versucht, ihre Zeitungen zu verkaufen, das sei alles gewesen.
»Und dann?« fragte Henny, als sie merkte, daß Lina zögerte.
»Dann war da noch ein anderes Photo ... Sie haben einfach meine Handtasche durchsucht! Und dabei haben sie das Bild von Cora gefunden.«
»Und?« fragte Henny. »Was hast du gesagt?«
»Daß du mir das Photo gegeben hast. Von wem sollte ich es sonst haben? Daß ich dir versprochen hatte, auch mit nach ihr Ausschau zu halten.«
Henny überlegte kurz.
»Das ist gar nicht so schlecht.«
Max sah sie fragend an.
»Na ja, daran sieht er doch, daß ich wirklich nicht weiß, wo Cora ist. Das wollte er mir ja immer nicht glauben.«
Max wandte sich an Lina: »Und das war alles?«
»Ja.«
Max zündete sich eine Zigarette an, stand auf und trat ans Fenster. Er blickte kurz in den Hinterhof hinab, dann drehte er sich um.
»Wir müssen aufhören. Wirklich aufhören. Bevor es zu spät ist.«
Lina hielt ihren Blick gesenkt. Auch Henny widersprach nicht.

Nachdem Lina gegangen war, griff Kommissar Düring zum Telefonhörer, meldete ein Ferngespräch an und hängte wieder ein. An seinem Schreibtisch sitzend, betrachtete er das Photo von Cora Meinhold. Schließlich klingelte das Telefon, er hob ab. »Ja, Düring hier, Kripo Berlin. Herrn Kommissar Bartels hätte ich gerne. – Ja, danke.« Gleich darauf begrüßte er seinen Kollegen. »Mir ist hier gerade etwas zugeflogen, wissen Sie. Ein sehr viel

besseres Bild der Gesuchten. – Ja, neueren Datums. Und überhaupt, hier drauf erkennt man sie schon eher. Ich lasse mal ein paar Abzüge davon machen und schicke Sie Ihnen rüber, ja? – Ja, ist gut.«
Immerhin ... dachte er, als er einhängte. Einen Versuch ist es wert.
Ende Juni, als der Fall Nelly Pahlke schon bei den Akten lag, war noch unerwartet Post aus Bremerhaven gekommen. Herr Pahlke schrieb: ›Sie hatten mich doch gebeten, Ihnen die Weihnachtskarten zu übersenden, die unsere Tochter uns vor Jahren geschickt hat. Leider habe ich sie erst jetzt wiedergefunden, sie liegen diesem Schreiben bei.‹ Düring hatte die Karten erst achselzuckend beiseite gelegt. Was sollte das jetzt noch? Es fehlte nicht viel, und er hätte sie Fräulein Lamprecht zum Abheften gegeben. Statt dessen, ohne genau zu wissen, warum, steckte er sie in seine Schreibtischschublade. Nelly Pahlke ließ ihm keine Ruhe.
Wenn er abends allein war und eine Zigarre rauchte, hatte er öfter die Karten aus der Schublade hervorgeholt und sie sich ganz genau angesehen. Zwei bedruckte Postkarten. Die eine mit Knecht Ruprecht und seinem Schlitten und dem geschwungenen Schriftzug ›Fröhliche Weihnachten‹. Auf der Rückseite die Handschrift Nelly Pahlkes: ›Liebe Eltern! Ich hoffe, es geht Euch gut. Macht Euch um mich keine Sorgen. Eure Tochter Nelly.‹ Abgestempelt in Kopenhagen, am 4. Januar 1921. Die zweite Karte mit einem verschneiten Tannenwald und blinkenden Sternen. ›Ein gesegnetes Weihnachtsfest‹, wieder auf deutsch, und auch diese Karte in Deutschland gedruckt. Die Handschrift etwas fahrig: ›Liebe Mutter, lieber Vater! Ich hoffe, es geht Euch gut. Ich wünschte, es könnte alles wieder sein wie früher. Vergeßt mich nicht ganz. Eure Tochter Nelly.‹ Abgestempelt: Rotterdam, 9. Januar 1922.
Kopenhagen, Rotterdam. Und beide Karten viel zu spät abgeschickt. Deutsche Weihnachtskarten ... Das alles ging ihm immer wieder im Kopf herum. Nelly und Cora ... Die fehlende Zeit. 1920 hatten sie Bremerhaven den Rücken gekehrt, zwei Jahre später waren sie in Berlin. Und in der Zeit dazwischen? Wo waren sie da?

Als er noch einmal in den Vernehmungsprotokollen blätterte, fiel ihm etwas auf, das Nellys Vater gesagt hatte. Er hatte auf Cora geschimpft, der er die Schuld an allem gab: ›Diese Blonde da, die Cora! Mit der hat alles angefangen! Nie war ihr was gut genug. Immer nur die Großstadt, die Großstadt!‹
Nachdenklich war Düring vor die Deutschlandkarte getreten, die in seinem Büro an der Wand hing. Die Großstadt ... Er selbst hatte dabei natürlich an Berlin gedacht. Aber zwei Mädchen aus Bremerhaven? Er suchte Bremerhaven. Und dann sah er sie auch schon, die Großstadt, die sehr viel näher lag. Natürlich! Hamburg.
Sofort stand ihm alles vor Augen: Nelly und Cora, die aus ihrer Provinz in die nächste Großstadt geflohen waren. Mittellos, wie sie waren, blieb ihnen dort nur die Prostitution, und regelmäßig zu Weihnachten packte Nelly das heulende Elend. Ihre Eltern sollten aber nicht wissen, wo sie sich aufhielt; ihr Vater wäre glatt angereist, um sie nach Hause zu holen. Also durften die Weihnachtskarten keinen Hamburger Poststempel haben, und sie gab sie jemandem mit, der sie woanders abschicken sollte. Und wem? Ihren Freiern? Ja. Seeleuten, Matrosen. Die hatten die Karten dann im nächsten Hafen zur Post gebracht, die erste in Kopenhagen, die zweite in Rotterdam. Die Verzögerung entstand durch die Schiffsreise. Es paßte alles zusammen.
Seine Gedanken gingen gleich weiter. Cora Meinhold ... Was wäre, wenn sie sich nach Hamburg abgesetzt hätte? Wenn man sich dort auskannte, war St. Pauli vielleicht nicht der schlechteste Ort, um eine Weile unterzutauchen ...

»Sie können hier gleich rein!« sagte die alte Schönfeldt. Ächzend stellte sie einen vollen Wassereimer auf die schwarzweißen Fliesen des Badezimmers, wo schon zwei andere volle Eimer standen. »Aber nur ans Waschbecken!«
Henny, im Morgenrock in den Türrahmen gelehnt, sah ihr verständnislos zu.
Herr Nettelbohm stand in seiner üblichen schwarzen Abendkleidung an der Badewanne und beaufsichtigte, wie das Wasser einlief.

»Noch läuft es ja.«
»Was ist los?« fragte Henny verschlafen.
»Die werden uns das Wasser abdrehen!« sagte Nettelbohm mit grimmiger Freude darüber, diesen gegnerischen Schachzug vorausgesehen zu haben.
»Was? Wer?«
»Passen Sie mal auf, das geht gleich los!«
»Ist wieder Generalstreik«, sagte Frau Schönfeldt und schnaufte überdrüssig. »Gibt keine Zeitungen heute morgen und nichts.«
»Aha ...«, sagte Henny, als ginge sie das alles nichts an.
Es war der Tag, an dem sie aus der Pension ausziehen wollte. Sie frühstückte ein letztes Mal im Gedächtniszimmer, Rike saß bei ihr und rauchte eine Zigarette nach der anderen. Im trüben Dämmerlicht saßen sie unter dem Kaiserbild, auf den Stühlen mit den hohen, steifen Lehnen, und redeten kaum ein Wort.
»Dann sehe ich dich wohl nicht wieder«, sagte Rike, mehr zu sich selbst. »Dich nicht. Und Lina nicht ...«
Henny legte ihr eine Hand auf die Schulter. Dann stand sie auf und fing an, ihre Sachen zu packen.
»Und wo ziehst du hin?« fragte Ida Stachow.
»Nur ein bißchen näher an den Ku'damm«, sagte Henny und lächelte. »Damit ich es abends nicht so weit habe.« Sie ließ einen Stapel Wäsche in den Koffer fallen, der auf dem Bett lag.
»Soll ich dir mit dem Gepäck helfen?«
»Ist wirklich nicht nötig. Danke.«
»Schaffst du das denn allein?«
»Der Taxifahrer schafft es allein.«
Ida stand noch einen Augenblick in der Tür und sah Henny beim Packen zu.
»Na ja, vielleicht sieht man sich ja noch mal.«
»Klar, warum nicht«, sagte Henny, aber es klang nicht so, als ob sie daran glaubte.

Sie zog in eine große möblierte Wohnung in der Meinekestraße, deren Vormieter, ein gewisser Dr. Wachhausen, sich vor zwei Wochen mit einem Jagdgewehr erschossen hatte. Als sie die Wohnung besichtigt hatte, war in dem einen Zimmer noch der riesige braune Fleck zu sehen gewesen, der die ganze Wand hinaufreichte. Sogar auf dem Deckenstuck waren dunkle Spritzer. Das werde selbstverständlich noch in Ordnung gebracht, keine Frage, hatte der freundliche ältere Herr erklärt, der sie herumführte.

An diesem Abend kam Lina vorbei. Henny machte eine Flasche Sekt auf. Beide ihr Glas in der Hand, gingen sie durch die einzelnen Zimmer. Die eine Wand war neu tapeziert worden, nur die eine natürlich, und die Spritzer an der Decke waren auch noch da, aber Henny sagte nichts davon.

»Die Regierung ist heute zurückgetreten«, sagte Lina.

»Und?« fragte Henny. »Macht das einen Unterschied?«

Lina ging langsam ins nächste Zimmer voran. »Nein«, sagte sie, »die bilden einfach eine neue.«

Später, als Lina sich gerade schminkte, flackerte plötzlich das elektrische Licht und ging aus. Henny tastete im Dunkeln herum.

»Gas haben wir auch nicht mehr«, sagte sie. Es dauerte, bis sie Streichhölzer gefunden hatte, dann zündete sie eine Kerze an. Sie traten ans Fenster und sahen hinaus. Auf der Straße war es völlig dunkel. Auch auf dem Kurfürstendamm waren sämtliche Lichtreklamen ausgegangen. Hier und da sah man hinter einem Fenster ein anderes Kerzenlicht umhergeistern, das war alles. Die ganze riesige Stadt war lahmgelegt und lag jetzt unnatürlich still in der Dunkelheit.

»Ich glaube, da gehen wir lieber nicht raus«, sagte Henny.

Sie zündeten noch mehr Kerzen an und stellten sie auf den Boden. Dann legten sie sich auf den Teppich, tranken Sekt und rauchten und redeten.

»Weißt du«, sagte Lina, »irgendwie bewundere ich dich ja.«

»Mich?« fragte Henny erstaunt.

»Ja. Wie du lebst ...« Lina blies ihren Zigarettenrauch über die Kerzenflammen hinweg. »Daß du wirklich tust, was du willst.«

»Na ja, ich hab es mir nicht direkt ausgesucht. Ich bin einfach so, wie ich bin.«

»Das meine ich ja. Du bist wirklich so. Nicht nur ab und zu im Hinterzimmer. Du mußt doch schon die unglaublichsten Schwierigkeiten gehabt haben, und du machst es trotzdem.«

Henny lachte leise und trank einen Schluck Sekt. »Ach, wenn man mich in Ruhe läßt, wie jetzt, dann geht das alles. Die Männer stört es so wenig, daß ich mich manchmal schon selber wundere ... Die größte Schwierigkeit, die ich je hatte, war der Gestellungsbefehl. Die wollten mich tatsächlich in den Krieg schicken. Nur weil ich in irgendwelchen Akten als männlich geführt werde.«
Sie redeten noch eine Weile über den Krieg, dann fragte Lina:
»Dieser Leutnant Kallbach ... hast du ihn geliebt?«
»Hat Max das gesagt?«
»Max hat erzählt, daß er dich mit der Reitpeitsche geschlagen hat. Und daß du ihn trotzdem geliebt hast.«
Henny lag auf dem Rücken und blickte zur Decke. »Ach, weißt du, Kallbach ... der ist lange tot ...«

Kommissar Düring stellte einen großen Pappkarton auf seinen Schreibtisch und sagte: »So, hier habe ich noch etwas für Sie.« Er hob den Deckel ab. »Mal sehen, ob Sie es identifizieren können.«
Henny sah den Karton so argwöhnisch an, als traute sie Düring zu, gleich den Kopf einer Leiche am Haarschopf daraus hervorzuziehen. Aber es war nur eine Damenhandtasche.
»Kennen Sie diese Handtasche? Haben Sie sie schon einmal gesehen?«
Henny betrachtete sie. »Ich weiß nicht. Es gibt eine Menge Handtaschen, die so aussehen.«
Düring nahm das gelassen hin. Henny war froh, daß sein Assistent heute nicht da war.
»Und wie ist es hiermit?« Er nahm etwas anderes aus dem Karton und legte es auf den Schreibtisch. Es war ein grüner Turban mit drei grünen Federn. Henny erkannte ihn sofort.
»Ja. Den hat Nelly an dem Abend aufgehabt.«
»Sind Sie sicher?«
»So hat er ausgesehen. Ich meine, da war er natürlich noch heil ...«
»Stimmt, besonders ansehnlich ist er nicht mehr«, sagte Düring. »Sehen Sie? Das Futter ist rundherum aufgetrennt worden. Ir-

gend jemand wollte ganz sichergehen, daß da nichts eingenäht ist. Und hier ...« Er öffnete die Handtasche und hielt sie Henny hin. »Dasselbe. Aufgeschlitzt und genau untersucht.«
Henny ahnte, worauf das hinauslief. Aber Düring lehnte sich erst einmal zurück und zündete sich umständlich eine Zigarre an. Schließlich sah er Henny an.
»Nun, was meinen Sie? Wonach hat man dort gesucht?«
»Woher soll ich das wissen?«
»Man könnte doch sagen: auf jeden Fall nach etwas, das so klein ist, daß es dort hineinpassen würde, nicht wahr? So klein und so flach. Überlegen Sie mal. In ein Innenfutter eingenäht ... Was könnte das sein?«
»Alles mögliche.«
»Sie geben sich ja richtig Mühe heute. Ich hatte gedacht, Sie sagen wieder ›Keine Ahnung‹. – Fräulein Lamprecht? Das kommt nicht ins Protokoll, ja?« Kommissar Düring ließ eine blaue Wolke Zigarrenrauch aufsteigen, dann sagte er zu Henny:
»Ich will Ihnen sagen, wo wir diese Sachen gefunden haben. Im Besitz eines Mannes namens Otto Schaffranek.«
»Was?«
Düring sah sie aufmerksam an. »Wundert Sie das?«
»Nein ... wieso?« Henny hatte sich gleich wieder gefaßt. »Ich kenne den Mann nicht.«
»Nein? Aber vielleicht hat Ihre Freundin mal von ihm gesprochen, diese – Lina Radtke ...«
»Nein.« Henny fragte sich, warum er Linas Namen so seltsam betonte.
»Schaffranek ist immerhin der Hauptverdächtige im Mordfall Nelly Pahlke. Seine Fingerabdrücke sind auf der Tatwaffe und auch auf dieser Handtasche. Und Ihre Freundin, Lina Radtke ...« Wieder legte er besonderen Nachdruck auf den Namen. »... hat versucht, Erkundigungen über ihn einzuziehen. Sie selbst leugnet das zwar ab, aber wir haben Zeugen. Das ist der eine Punkt. Der andere ist, daß sie ein Bild von Cora Meinhold in der Tasche hatte.« Düring zog eine Schublade seines Schreibtischs auf und nahm das Photo heraus. »Dieses hier. Sie sagt, sie hat es von Ihnen. Stimmt das?«
»Ja.«

»Und woher haben Sie es?«
»Weiß ich nicht mehr. Das war letzten Silvester. Jemand hat es mir geschenkt.«
Düring betrachtete das Bild noch einmal und legte es dann vor sich auf den Schreibtisch.
»Unser Labor sagt, es handelt sich um eine Ausschnittvergrößerung, wahrscheinlich erst kürzlich angefertigt. Der Photokarton ist englischer Herkunft und hierzulande nicht handelsüblich.«
Henny sagte nichts. Kommissar Düring nahm einen Zug aus seiner Zigarre.
»Glauben Sie, daß Cora Meinhold noch in Berlin ist?« fragte er unvermittelt.
»Das weiß ich nicht.«
»Wo könnte sie sonst sein?«
Henny zuckte nur die Achseln.
»Sie werden sich doch Ihre Gedanken gemacht haben«, sagte Düring. Er wartete noch einen Moment, aber Henny sagte immer noch nichts.
»Als die beiden nach Berlin gekommen sind, Cora Meinhold und Nelly Pahlke ... wo genau kamen sie da her? Wissen Sie das?«
»Wo sie herkamen?« Henny sah ihn verständnislos an.
Düring erläuterte ihr den Punkt mit den fehlenden zwei Jahren.
»Sie haben nie über diese Zeit geredet? Keine von beiden?«
»Nein. Jedenfalls nicht mit mir.«
Düring strich die Asche von seiner Zigarre. Er schien zu überlegen.
»Hat eine der beiden vielleicht einmal etwas von – Hamburg erwähnt? Oder St. Pauli?«
Henny bemerkte, wie die Stenotypistin erstaunt aufblickte. Düring gab ihr ein kleines Handzeichen, das aussah wie: ›Ja, ja, ich weiß.‹ Wahrscheinlich war es nicht ganz in Ordnung, den Befragten in dieser Weise zu beeinflussen.
»Hamburg?« fragte Henny. »Nicht daß ich wüßte. Wieso?«
»Ach, es gibt da so ein paar Indizien ...«, sagte Düring. Aber er schien bereits an etwas anderes zu denken. »Nun gut. Kommen wir zurück zu Lina Radtke. Weshalb haben Sie ihr das Photo gegeben?«

»Damit sie weiß, wie Cora aussieht. Sie hat sie ja nie kennengelernt. Sicher, es wäre Zufall, wenn sie ihr irgendwo über den Weg läuft, aber ich dachte, versuchen kann man es ja ...«
»Hmm ...« Düring senkte seinen Blick auf den grünen Turban und runzelte nachdenklich die Stirn. Dann sah er wieder Henny an.
»Weiß das Mädchen eigentlich, in was Sie sie da hineinziehen?«
»Ich? Wieso ich?«
»Wer sonst?«
Henny wich seinem Blick aus und sagte nichts.
»Sie wissen das alles ganz genau, nicht wahr?« sagte Düring. »Wer Otto Schaffranek war, für wen er gearbeitet hat, warum er ermordet wurde. Und Sie glauben, damit kommen Sie durch. Einfach so. Frechheit siegt, oder wie stellen Sie sich das vor?« Er musterte sie genau. »Ich kann Ihnen nur sagen, Sie schätzen Ihre Lage völlig falsch ein.«
»So, tue ich das?«
»Ja, das tun Sie. Sie kommen hier zum Beispiel geschminkt und im Kleid hereinspaziert, als ob das selbstverständlich wäre. Aber das ist es keineswegs. Ich habe bis jetzt darüber hinweggesehen, weil es hier um Mord geht und nicht um solche Dinge wie das Tragen von Frauenkleidern in der Öffentlichkeit. Tatsächlich aber könnte ich Sie auf der Stelle festnehmen und über Nacht einsperren lassen, in eine Sammelzelle mit zehn anderen Untersuchungshäftlingen. Die Wärter dort sind ziemlich abgestumpft, wissen Sie, die hören einfach weg und spielen Karten. Ihrer Freundin Lina hat schon die Frauenzelle gereicht.«
»Lina?« Henny sah ihn mit großen Augen an. »Sie haben sie eingesperrt?«
»Ach, hat sie Ihnen das nicht erzählt?«
»Nein ...«
»Aha?« Düring lehnte sich zurück und nahm einen Zug aus seiner Zigarre. »Ja, das mußte leider sein. Sie war anfangs sehr wenig entgegenkommend, was das Feststellen ihrer Personalien anging. Und da haben wir ihr mal gezeigt, daß wir auch anders können. Eine halbe Stunde hat sie es in der Zelle ausgehalten. Na ja, da drinnen geht's ja auch immer zu wie im Affenkäfig. Die

Kokainsüchtigen auf Entzug, wissen Sie, die haben diese Wahnvorstellung, daß jeder, der hereinkommt, irgendwo Kokain versteckt hat und es bloß nicht herausrücken will. Da können die richtig rabiat werden ... Nun, hinterher war sie lammfromm. Mein Assistent ist mit ihr in die Knesebeckstraße gefahren, und da hat sie ihren Ausweis geholt ... Daß das Mädchen minderjährig ist, wissen Sie, oder?«
Henny zuckte die Achseln. »Was heißt das schon.«
»Was das heißt?« fragte Düring. »Das will ich Ihnen sagen. Das heißt, daß Sie mit einem Bein im Gefängnis stehen. Wenn der Vater erfährt, daß Sie seine Tochter hier in Prostituiertenkreise einführen, dann können Sie sich auf was gefaßt machen. Der Mann hat Richter und Reichstagsabgeordnete unter seinen Bekannten, und er kann jeden Anwalt bezahlen, den er haben will.«
»Linas Vater ...?« fragte Henny ungläubig.
Düring lächelte, als er ihr Gesicht sah. Seine kleinen Augen blinzelten zufrieden.
»Kann es sein, daß ich ein einziges Mal etwas weiß, was Sie nicht wissen?«

Zwei Stunden später war Henny wieder in der Meinekestraße. Als sie in den letzten Treppenlauf einbog, sah sie Lina auf den Stufen sitzen und ihren kleinen schwarzen Topfhut zwischen den Fingern drehen. Sie sah aus, als hätte sie ein schlechtes Gewissen.
Henny stieg die letzten Stufen hinauf, ohne ein Wort zu sagen. Als sie an Lina vorbeiging, fuhr sie ihr mit den Fingern einer Hand durchs Haar. Dabei lachte sie leise und sagte:
»Na, du bist mir ja eine!«
Lina stand hinter ihr auf. »Er hat es dir gesagt?«
»Klar«, sagte Henny. »Das hat er sich nicht nehmen lassen.«
Sie schloß die Tür auf, drehte sich um. »Na, was ist? Kommst du?«
Drinnen mußte Lina erst mal alles ganz genau erzählen.
»Und Max weiß es auch nicht?«
»Nein«, sagte Lina kleinlaut. Eine Zigarette rauchend, saß sie auf dem Gründerzeitsofa.
»Er weiß also nicht mal, wie du heißt!« Henny lachte und ließ

sich im Sessel zurücksinken. »Irgendwie geschieht ihm das ja recht.« Sie schüttelte den Kopf. »Sophie von Beelitz ...!« sagte sie, als könnte sie es immer noch nicht glauben. »Familiensitz: Gut Ramelow bei Fürstenwalde ...« Sie lachte wieder. »Das ist wirklich nicht zu fassen, sag mal!«
»Na ja ...«, sagte Lina.
»Und von der Kunstakademie weiß er auch nichts?«
»Nein.«
»Aber die ist doch bei ihm um die Ecke.«
»Ja, ich muß da immer etwas aufpassen. Aber es geht. Da kennt mich ja kaum jemand. Ich war nur am Anfang ein paarmal da.«
»Wie Max bei seinen Juristen, was?«
»So ungefähr ...«, sagte Lina. Sie blickte auf und sah Henny fragend an.
»Keine Sorge«, sagte Henny. »Ich sag es nicht weiter.«
»Wirklich nicht? Niemandem?«
»Versprochen.«
»Aber ... meinst du nicht, daß ich es Max sagen müßte?«
Henny überlegte kurz. »Ach, wozu? Er ist doch ganz glücklich so, oder?«
Lina mußte lachen und sagte: »Ja, schon, aber ...«
»Oder du wartest einfach bis nach der Revolution. Dann sind wir alle gleich und es kommt nicht mehr so drauf an.«
Ganz nebenbei fragte sie Lina noch, ob sie auch manchmal nach Hause fahre, nach Fürstenwalde.
»Ja, mit der Bahn«, sagte Lina. »Aber ziemlich selten.« Sie schien schon wieder ein schlechtes Gewissen zu haben. »Meistens, wenn ich Geld brauche.«
Henny sagte nichts weiter dazu, aber sie lächelte leise, als sie sich vorstellte, wie Lina an diesen Tagen aussah: ganz wie die brave Tochter. Mit weißen Söckchen.

Die Villa

»Henny? Ein Herr für dich, an Tisch sieben«, sagte einer der Kellner, als sie nach ihrem Auftritt nach hinten kam. »Sieht nach Geld aus, halt dich ran.«
Aus dem engen Durchgang neben der Bühne blickte Henny in den Zuschauerraum. Sie hatte gedacht, der Kellner meinte Rowland, und sich schon gefragt, ob etwas passiert sei. Jetzt aber sah sie, daß es jemand anders war. Jemand Fremdes.
Im Halbdunkel der grünen Tischlämpchen ging sie langsam durch das enggedrängte, lärmende Publikum hindurch zu ihm hinüber.
Der Herr an Tisch sieben erwartete sie in gelassener Haltung; er schien es gewohnt zu sein, daß seinen Wünschen entsprochen wurde. Er war im Smoking, und er rauchte eine Zigarette, die in einer Zigarettenspitze steckte. Hinter ihm an der Wand hing die große, von innen leuchtende grüne Spinne in ihrem Netz.
»Wie schön, daß Sie gekommen sind«, sagte er, eine Spur herablassend. Die schmalen Augenbrauen hochgezogen, besah er sich Henny aus der Nähe. Sein bleiches, glattes Gesicht hatte etwas Maskenhaftes, als sei es gepudert und geschminkt. Seine Stirn war hoch und kahl, und er hatte eine lange, gerade Nase. Sein kleiner, etwas gespitzter Mund wirkte in diesem Licht, als wäre er mit einem dunklen Lippenstift bemalt. »Darf ich Sie zu einem Glas Champagner einladen?«
»Warum nicht?« sagte Henny und zog lächelnd den freien Stuhl zurück. Hinter ihr sagte der Conférencier die nächste Nummer an, und die Klaviermusik setzte wieder ein.

»Sein Name ist Malotki, Hugo Malotki«, sagte sie zwei Stunden später zu Rowland. Sie war noch in derselben Nacht ins Adlon gefahren, es hatte ihr keine Ruhe gelassen. »Und er raucht ägyptische Zigaretten. Kyriazi Frères, Cairo. Das ist bis jetzt alles, was ich über ihn weiß.« Sie nahm einen Schluck Whisky-Soda und sah Rowland an. »Aber da war noch jemand anders in der ›Grünen Spinne‹. Und ich bin sicher, daß er uns beobachtet hat.«

»Ihr Auftritt hat mir sehr gefallen«, sagte Malotki. Er meinte das Lied vom Schlachter.
»Das freut mich«, sagte Henny etwas unsicher und stellte ihr Champagnerglas vor sich hin. An dem kleinen runden Tisch saß sie ihm sehr nahe gegenüber. Es irritierte sie, wie er sie ansah: so seltsam eindringlich, als suchte er etwas in ihrem Gesicht ...
Er schien das zu bemerken und senkte ein wenig den Blick, auf das glitzernde Straßcollier an ihrem Hals und auf ihre schmalen nackten Schultern. Er lächelte. »Wenn ich Sie so ansehe, kann ich es eigentlich kaum glauben ...«
»Was?« fragte sie.
»Daß Sie es mögen, geschlagen zu werden.« Er sagte das ganz ruhig und blickte ihr wieder ins Gesicht. »Von einem Mann, dem Sie hilflos ausgeliefert sind ...«
Henny sah sich unwillkürlich um, ob auch niemand zuhörte. Nur ein einzelner Herr, zwei Tische weiter, hatte zu ihnen herübergesehen und wandte sich jetzt etwas hastig ab. Aber bei dem Stimmengewirr und der lauten Klaviermusik konnte er eigentlich nichts verstanden haben.
»Es ist nur ein Lied, das ich singe, weiter nichts«, sagte sie.
Malotki lächelte, als hätte er diese Antwort erwartet. »Das stimmt nicht«, sagte er. »Dann würden Sie es nicht singen.«
»Ich werde dafür bezahlt.«
»Mm!« Eine kleine Handbewegung wischte diesen Einwand beiseite. »Nein, nein, so einfach kommen Sie mir nicht davon.« Er nahm die Flasche aus dem Sektkühler und schenkte noch einmal nach. »Wie sieht es mit nächstem Sonnabend aus? Sind Sie da frei, nach Ihrem Auftritt?«
Henny sah ihn aus schmalen Augen an. »Und wenn? Was machen wir dann? Wollen Sie mich schlagen? Und mal sehen, wie mir das gefällt?«
Er spitzte leicht amüsiert die Lippen.

»Nein, das nicht. Ich möchte, daß Sie mich begleiten. Zu einer ... sehr speziellen Soirée, im Haus eines Freundes. Ich denke, es wird Ihnen gefallen.«
»So, meinen Sie?«
»Mein Wagen holt Sie hier ab, wenn es Ihnen recht ist. Ich selbst werde Sie dort erwarten.«
Sie legte den Kopf etwas auf die Seite.
»Gut, ich denke darüber nach.«
»Der Wagen wird da sein.« Er gab dem Kellner ein Zeichen. »Zahlen, bitte.«
Während der Kellner bei ihnen am Tisch stand, lehnte Henny sich auf ihrem Stuhl zurück, sah sich gleichgültig um – und begegnete schon wieder dem Blick des Mannes, der zwei Tische weiter saß. Und auf einmal kam er ihr merkwürdig bekannt vor.

»Wie sah er aus?« fragte Rowland.
»Ziemlich dick, mit Glatze. Hinterher ist mir eingefallen, wo ich ihn schon mal gesehen habe. Hier im Adlon, in der Halle.«
Rowland beugte sich in seinem Sessel nach vorn. »An welchem Tag war das? Weißt du das noch?«
»Ja. An dem Tag, als Lina hier war. Da hat er unten in der Halle neben mir gesessen und Zeitung gelesen. Ganz bestimmt.«
»Was war das für eine Zeitung?«
»Eine französische. *Le Figaro*. Wieso, kennst du ihn?«
Rowland lehnte sich wieder zurück. Er schien zu überlegen. Dann schüttelte er den Kopf.
»Nein, ich glaube nicht.«

Henny brachte Malotki noch zum Ausgang. Zwischen den kleinen Tischen hindurch ging sie dicht vor ihm her, bei jedem Schritt spürte sie seinen Blick auf ihrem nackten Rücken. Sie öffnete den Vorhangspalt und betrat vor ihm das winzige Foyer. An der Garderobe ließ er sich seinen Zylinder geben, seinen Stock und die weißen Handschuhe.
»Also dann«, sagte er. Henny hielt ihm lächelnd ihre Hand hin. Er deutete einen Handkuß an und sagte, aufblickend: »Bis bald.«
Damit drehte er sich um und ging hinaus.

Der Türsteher wünschte ihm eine gute Nacht. »Ich hoffe, Herr Graf beehren uns bald wieder!« sagte er mit einer kleinen Verbeugung.
»Halt die Klappe«, sagte Henny.
Der Türsteher sah sie an. »Was denn, was denn?«
Aber Henny schien ihn gar nicht zu hören. Sie blickte nur noch Malotki nach, der auf ein riesiges Automobil zuging, das direkt vor dem Cabaret stand. Im gelben Schein der Lichtreklamen sah der Wagen beinahe schwarz aus, nur die Seiten der Reifen waren hell und die gepolsterten Ledersitze.
Schon stieg der Chauffeur aus, ein großer, hagerer Mann in einer grauen Uniform mit Schirmmütze, und öffnete auf eine steife, förmliche Art die hintere Wagentür. Malotki stieg ein, der Chauffeur schloß die Tür hinter ihm und ging wieder nach vorn. Gleich darauf brummte der Motor auf, leise und dumpf, die Scheinwerfer gingen an, und ebenso ruhig und stetig, wie ein Schiff vom Kai ablegt, löste sich das riesige Automobil vom Bordstein und fuhr Richtung Nollendorfplatz davon.
»Was ist das für ein Wagen ...?« fragte Henny.
»Das? Das ist ein Maybach«, sagte der Türsteher.
»Bist du sicher?«
»Ja. Der war heute schon mal hier.«
»Heute? Wann?«
»So gegen acht. Ja, ich war gerade gekommen, da hat er hier kurz vor der Tür gehalten. Nur der Fahrer drin, sonst niemand. Wollte wohl schon mal sehen, wo die ›Grüne Spinne‹ eigentlich ist.«
Henny hatte immer noch dem Wagen nachgeblickt. Jetzt sah sie plötzlich den Türsteher an. »Gegen acht?« sagte sie. »Da war es ja noch hell.«
»Ja, und?«
»Welche Farbe hatte der Wagen?« Sie fragte das, obwohl sie sicher war, daß sie die Antwort schon kannte.
Dunkelgrün. Mit crèmefarbenen Ledersitzen.

»Und? Fährst du mit?« fragte Rowland. Die Anspannung war ihm deutlich anzusehen.
Henny lächelte. Sie wußte, London hatte angefangen, nach greif-

baren Ergebnissen zu fragen. Einen Augenblick ließ sie ihn noch warten, dann sagte sie:
»Natürlich fahre ich mit.«

Hastig ging sie am nächsten Samstag durch den schmalen Korridor nach hinten, setzte sich vor den Spiegel und fing sofort an, sich nachzuschminken. Sie war gerade dabei, ihr Gesicht zu pudern, als die Garderobentür aufging. Es war der Inhaber des Cabarets.
»Was ist denn los mit Ihnen heute?« fragte er.
Henny legte die Puderquaste weg, drehte den Lippenstift auf. »Was soll los sein?«
»Sie lassen ganze Strophen aus, Birnbaum weiß kaum noch, was er spielen soll! Das ist doch kein Auftritt, so was!«
»Muß das jetzt sein?« fragte Henny. Sie zog sich noch rasch die Lippen nach, dann stand sie auf. »Ich bin etwas in Eile.«
»Ach, Sie sind etwas in Eile! Dann störe ich wohl, oder wie?«
Henny drehte sich kurz vor dem Wandspiegel, betrachtete sich von hinten. »Ein bißchen schon, ehrlich gesagt.« Ihr Rückendécolleté reichte wieder bis zum Po, und sie trug lange schwarze Satinhandschuhe und ein schwarzes Samthalsband. Ein letzter prüfender Blick von vorn. »So, ich muß los.« Sie schnappte sich Jacke und Handtasche und lächelte den Inhaber noch einmal an. »Wiedersehen.«
»Das glaube ich kaum, daß wir uns wiedersehen! Hören Sie?« rief er ihr nach. Und dann noch etwas von »Unverschämtheit!« und »... wo der Pfeffer wächst!«.
Henny sah sich im Publikum um, aber es war niemand da, der auf sie zu warten schien.
Sie ging nach vorn ins Foyer.
»Hat jemand nach mir gefragt?«
Die alte Frau an der Garderobe schüttelte nur den Kopf.
»Ganz bestimmt nicht? Ein Chauffeur?«
»Nein, niemand.«
Henny stand einen Moment lang unschlüssig da. Dann trat sie an die Eingangstür und zog sie auf.
»Ist der für dich?« fragte der Türsteher. Draußen vor dem Cabaret stand der Maybach.

»Ja«, sagte sie.
»Du mußt ja wirklich gut sein ...«
Henny lächelte kurz. »Aber auch teuer.« Dann ging sie auf den Wagen zu.
Als er sie kommen sah, stieg der Chauffeur aus und öffnete ihr steif und förmlich die hintere Wagentür.
Er war so groß, daß sie zu ihm aufblicken mußte. Sein hageres Gesicht war glattrasiert, und sein Haar so kurz geschoren, daß unter der grauen Schirmmütze so gut wie nichts davon zu sehen war. Seine etwas buschigen Augenbrauen waren auffallend hellblond, und selbst bei diesem Licht meinte Henny erkennen zu können, daß er klare blaue Augen hatte.
Nachdem sie eingestiegen war, schloß er die Wagentür hinter ihr und ging nach vorn. Henny strich mit beiden Händen über das crèmefarbene Leder der Sitzbank. Draußen sah sie den Eingang der ›Grünen Spinne‹, mit der grünen Laterne davor und dem Türsteher, der zu ihr herüberblickte, und einen Moment lang wünschte sie, sie könnte einfach hierbleiben.
Leise und dumpf ging der Motor an, die Scheinwerfer leuchteten auf, und das Automobil setzte sich in Bewegung. Die ›Grüne Spinne‹ blieb zurück.
Erst nach einer ganzen Weile, als sie schon sah, daß die Fahrt immer weiter nach Westen ging, fragte Henny:
»Wo fahren wir hin?«
»Herr Malotki erwartet Sie«, sagte der Chauffeur. Das war alles. Henny sah ihn etwas unbehaglich an, seine grauen Uniformschultern, den kahlen Hinterkopf unter der Schirmmütze.
Draußen zogen noch einzelne Leuchtreklamen vorbei, im Wagen wurde es abwechselnd hell und wieder dunkel, dann wurden die Lichter weniger. Sie fuhren hinaus aus der Stadt, und der Wagen schien unaufhaltsam schneller zu werden.
Plötzlich fiel ihr Blick zum ersten Mal auf die Hände des Chauffeurs, die das Lenkrad umfaßt hielten. An der linken Hand fehlten zwei Finger.

»Henny ... nun geh schon ran ...«
Den Telefonhörer in der Hand, stand Rowland am Fenster. Es war Sonntagmittag, und der Pariser Platz lag beinahe menschen-

leer in der gleißenden Sonne. Nur selten fuhr ein Auto durch das Brandenburger Tor.
Fünfmal hatte er heute schon versucht, Henny in der Meinekestraße zu erreichen. Entweder war sie immer noch nicht wieder da oder sie nahm nicht ab. Er hängte ein und zündete sich eine neue Zigarette an. Und jetzt?
Er fuhr hinunter in die Halle, fragte an der Portiersloge, ob irgendeine Nachricht für ihn gekommen sei. Man bedauerte.
Wieder oben in seiner Suite, goß er sich einen Whisky ein und versuchte es noch einmal. »Geben Sie mir bitte Steinplatz 7803. – Ja, danke.« Wieder meldete sich niemand.
Nach drei weiteren Versuchen nahm er sich ein Taxi und fuhr in die Meinekestraße. Er fragte beim Pförtner nach, der ihm sagte, daß er das Fräulein, das neu eingezogen war, heute noch nicht gesehen habe. Rowland ging hinauf und klingelte, aber hinter der Tür blieb alles still. Unverrichteter Dinge fuhr er zurück zum Adlon. Inzwischen war es sechs Uhr abends.
Er betrat den Fahrstuhl. Der Liftboy schloß die Tür und drückte auf den Knopf. Im ersten Stock hielt der Fahrstuhl noch einmal an, weil jemand zusteigen wollte. Rowland blickte auf. Es war Lucien Gaspard.
Ohne ein Wort zu sagen, standen sie nebeneinander. Nur aus den Augenwinkeln sah Rowland, daß Gaspard still vor sich hin lächelte.
Als sie im dritten Stock ausgestiegen waren, sah Gaspard sich kurz im Korridor um.
»Monsieur Fortescue, ich glaube, wir müssen uns noch einmal unterhalten. Wenn es möglich ist, jetzt gleich.«

»Whisky?« Rowland stand am Buffet und entkorkte die Flasche Famous Grouse.
»Ja, gut«, sagte Gaspard, eine Spur resigniert. Er saß bereits im Sessel und hatte seinen Strohhut vor sich auf den Tisch gelegt. »Vielleicht gewöhne ich mich noch daran.«
Rowland kam mit zwei Whisky-Sodas herüber und setzte sich auf die Chaiselongue.
»Monsieur Fortescue«, sagte Gaspard, »wir sind an einem Punkt angelangt, wo es so nicht mehr weitergeht.«

»Aha?« fragte Rowland und trank einen ersten Schluck.
»Ja, so ist das. Leider ist das so, im Großen wie im Kleinen. Es ist nicht mehr weit her mit der Entente cordiale, nicht wahr? Nehmen Sie nur Ihren Premierminister, der sich hinstellt und vor aller Welt erklärt, die Ruhrbesetzung sei rechtswidrig und stelle einen Bruch des Friedensvertrages dar. Daß er damit wortwörtlich den Standpunkt Seeckts und der deutschen Regierung übernimmt, stört ihn offenbar wenig. Ich frage Sie: Was ist das anderes als ein gezielter Affront gegen Frankreich und Belgien? Geht man so mit seinen Verbündeten um?«
Rowland zuckte die Achseln. »Ich bin nicht der Premierminister.«
»Nein, aber Sie arbeiten für die britische Regierung. Sie haben Ihren Auftrag. Und ich frage mich langsam, worin der besteht.«
Gaspard nahm einen Schluck Whisky-Soda. »Ich bin Ihnen sehr weit entgegengekommen, Monsieur Fortescue. Wahrscheinlich viel zu weit ...« Er betrachtete das Glas in seiner Hand, dann blickte er auf. »Wie auch immer, da Sie eine Zusammenarbeit ablehnen ...«
»Das habe ich nicht gesagt.«
»Nein, ich weiß, Sie haben gar nichts gesagt. Aber das macht es nicht besser. Sie mischen sich hier in Dinge ein ...« Gaspard schüttelte den Kopf und lehnte sich dann im Sessel zurück. »Wir kommen uns langsam ernsthaft ins Gehege. Sie gefährden eine laufende Operation, die wir über Wochen und Monate vorbereitet haben.«
Rowland sah ihn abwartend an.
Gaspard schnaufte kurz durch die Nase. »Wahrscheinlich habe ich mir das auch noch selber zuzuschreiben. Ich hätte nicht so leichtsinnig sein dürfen, Ihnen gegenüber die UfA zu erwähnen. Oder wie sind Sie sonst auf diesen Malotki gekommen?«
Rowland horchte auf. Er war davon ausgegangen, Gaspard hätte *Henny* beschattet und sich auf diese Weise in die ›Grüne Spinne‹ verirrt. Aber jetzt sah er plötzlich eine ganz andere Möglichkeit ...
»Ich stelle eben meine eigenen Ermittlungen an«, sagte er vorsichtig.
»Ich kann Sie nicht daran hindern«, sagte Gaspard. Er trank

einen Schluck Whisky und sah Rowland verdrossen an. »Wissen Sie überhaupt, worauf Sie da gestoßen sind? Das glaube ich nämlich kaum. Sonst würden Sie sich hüten, so unüberlegt vorzugehen. Man mag das ja nicht mit ansehen!«
»Was meinen Sie?«
»Na, wie Sie da Ihre kleine Meisterspionin auf den Mann ansetzen! Was soll sie denn tun? Ihm im Bett seine Geheimnisse entlocken? Wachen Sie auf, Monsieur Fortescue, bevor es zu spät ist! Sie haben ja keine Ahnung, mit was für Leuten Sie es da zu tun haben!«
»Das behaupten Sie einfach so«, sagte Rowland. Wo war Henny? Was war passiert? Er hatte Mühe, sich nichts anmerken zu lassen.
»Ach ja? Was wissen Sie denn über Malotki?«
»Nun, zum Beispiel, daß er im Aufsichtsrat der UfA sitzt. Und daß er eine Menge interessante Leute kennt.«
Hugo Malotki, geboren am 13. September 1889 in Königsberg. Im Berliner Adreßbuch stand die Berufsbezeichnung Kaufmann und eine Adresse im Villenviertel Lichterfelde.
»Und wie lange ist er schon bei der UfA? Wissen Sie das auch?«
Gaspard wartete einen Moment und lächelte dann zufrieden.
»Sehen Sie? Ich will es Ihnen verraten: Von Anfang an. Seit 1917. Ist Ihnen klar, was das bedeutet?«
Rowland hatte zwei lange Nachmittage im Zeitungsarchiv des Mossehauses in der Jerusalemer Straße verbracht, wo man dem verehrten Kollegen von der *Times* gern behilflich gewesen war. Er hatte versucht, die Spur Malotkis zurückzuverfolgen, aber weit war er nicht gekommen. Manchmal hatte er fast den Eindruck gehabt, der Name werde absichtlich nicht erwähnt.
Immerhin hatte er dabei einiges über die UfA erfahren und die merkwürdigen Umstände ihrer Entstehung. Die Oberste Heeresleitung war maßgeblich daran beteiligt gewesen. Im Kriegsjahr 1917 hatte man plötzlich angefangen, von einer ›verstärkten Notwendigkeit deutscher Filmpropaganda‹ zu reden. General Ludendorff selbst hatte sich dafür eingesetzt, Banken und Industrie beteiligten sich, und im Dezember 1917 wurde im Gebäude des Stellvertretenden Generalstabs in Berlin die Universum-Film-Aktiengesellschaft gegründet.

»Sie meinen, er war schon im Krieg dabei?«
»So weit reichen Ihre Ermittlungen wohl nicht zurück, wie?« sagte Gaspard. »Sehr bedauerlich. Dann würden Sie nämlich manches in anderem Licht sehen.« Er beugte sich im Sessel vor. »In die Konzernleitung der UfA ist 1917 auch ein gewisser Major Grau eingetreten, der persönliche Pressereferent General Ludendorffs, überstellt vom Kriegsministerium. Ihm zur Seite stand von Anfang an ein Verbindungsoffizier der OHL, ein Oberleutnant, damals 28 Jahre alt. Und jetzt zählen Sie mal zwei und zwei zusammen. Welcher Abteilung des Generalstabs wird dieser Mann wohl angehört haben? Welche Abteilung war zuständig für Propaganda und Inlandszensur?«
Rowland sagte nichts, sah ihn nur an. Gaspard nickte und sagte:
»Dieselbe wie für den Nachrichtendienst. Die Abteilung III b.«

Rowland verbrachte eine schlechte Nacht. Die meiste Zeit ging er, eine Zigarette nach der anderen rauchend, in seiner Suite auf und ab. Immer wieder versuchte er, in der Meinekestraße anzurufen, auch wenn er schon gar nicht mehr daran glaubte, daß Henny sich plötzlich melden könnte. Er wußte einfach nicht, was er sonst tun sollte. Irgendwann hatte er so viel Whisky getrunken, daß er vollständig bekleidet auf dem Bett einschlief.
Als er aufwachte, schien draußen schon wieder die Sonne, helles Tageslicht fiel durch die Vorhangspalten. Er meinte, ein Klopfen gehört zu haben. Noch etwas benommen, sah er sich um. Es war halb acht. Montagmorgen ...
Es klopfte noch einmal, ganz leise.
Als er die Doppeltüren öffnete, stand Henny vor ihm. Müde und aufgelöst, mit schweren Augenlidern, lehnte sie im Türrahmen und lächelte ihn an. »Arthur ...«, sagte sie leise, »ich glaube, ich muß dringend ins Bett ...«
»Du siehst aus, als kämst du gerade daher.«
Henny lächelte schwach. »Ich darf doch bei dir schlafen, oder? Ich kann jetzt nicht allein in dieser schrecklichen Wohnung sein.«
Rowland trat beiseite, und sie löste sich langsam vom Tür-

rahmen und kam herein. Erschöpft ließ sie Hut und Handtasche auf einen Sessel fallen und streifte die Jacke ab. Dann schlang sie ihm beide Arme um den Hals und schmiegte sich an ihn.
»Alles in Ordnung?« fragte er leise und strich ihr übers Haar. Im Spiegel sah er ihren schmalen nackten Rücken. Zumindest schien man sie nicht geschlagen zu haben.
Sie lächelte und nickte schwach. »Ja. Laß mich nur einfach schlafen, ja? Hinterher erzähle ich dir alles ...«

Kommissar Düring war an diesem Montagmorgen schon um halb sieben zum Güterbahnhof Moabit gerufen worden, wo Gleisarbeiter eine Leiche gefunden hatten, die dort notdürftig verscharrt worden war. Die Haare sahen aus, als wären sie durch den Schotter hindurchgewachsen.
Erst gegen zehn kam er ins Präsidium. Er wunderte sich ein wenig, daß Fräulein Lamprecht kaum von ihrer Schreibmaschine aufsah. Na, dann eben nicht, dachte er und ging in sein Büro. Er wollte sich gerade hinter seinen Schreibtisch setzen, da fiel sein Blick auf den Aktenschrank, in dem mehrere Ordner fehlten. Er wußte sofort, welche es waren: Pahlke I, Pahlke II, Schaffranek. Er machte die Tür wieder auf.
»Fräulein Lamprecht?« Als er ihr Gesicht sah, war ihm klar, daß hier irgend etwas vorgefallen war.
»Wirklich, Herr Kommissar, ich habe getan, was ich konnte!« beteuerte sie. »Nein, habe ich gesagt, so geht das doch nicht, Sie müssen warten, bis der Herr Kommissar wieder da ist!«
»Wem haben Sie das gesagt?«
»Herrn Pasewaldt! Ja, und den anderen! Aber sie wollten ja nicht hören!«
»Welchen anderen?«
»Denen von oben.« Sie blickte kurz zur Decke empor. Im Stockwerk über ihnen hatte die Abteilung I a ihre Diensträume: die politische Polizei.
»Wollen Sie damit etwa sagen ...«
Fräulein Lamprecht nickte schuldbewußt.
»Und Pasewaldt hat denen die Akten übergeben?!« Düring wurde dunkelrot im Gesicht. »Wo ist er jetzt?«

»Beim Erkennungsdienst. Er muß gleich wieder da sein.«
Zehn Minuten später stand Kriminalassistent Pasewaldt in Dürings Büro und hörte sich an, was sein Vorgesetzter ihm zu sagen hatte.
»Wie kommen Sie überhaupt dazu! Was glauben Sie denn, wer Sie sind! Wenn hier jemand einen Fall aus der Hand gibt, dann bin ich das, verstanden!« Das war erst der Anfang. Es ging noch weiter. »Was heißt hier Anordnung von oben!« schrie Düring ihn an. »Reden Sie nicht vom ›Interesse des Staates‹! Sie wissen doch überhaupt nicht, was das ist, ein Staat! Und lassen Sie gefälligst meine Söhne aus dem Spiel! Die sind für dieses Land gefallen, jawohl! Aber sie haben ehrenvoll an der Front gekämpft und nicht in einer Räuberbande, die Frauen im Park ermordet!«
Pasewaldt ließ das alles in militärisch strammer Haltung über sich ergehen.
»Was glauben Sie wohl, was die da oben damit machen werden, hm?« Düring setzte sich wieder hinter seinen Schreibtisch. »Sie werden den Fall zu den Akten legen und fertig!« Er zog die Schublade auf, in der die Zigarren waren, und nahm sich eine heraus. »Und die Mörder von Pahlke und Schaffranek können sich gratulieren! Verstehen Sie das, Pasewaldt? Verstehen Sie, wie weit wir schon sind in diesem Staat? Die Täter selbst haben dafür gesorgt, daß unsere Ermittlungen eingestellt werden!«

Am späten Nachmittag zog Rowland die Vorhänge auf und ließ eine Kanne Kaffee und ein paar Biskuits heraufkommen. Die Sonne schien herein, und er hatte auch zwei Fensterflügel weit geöffnet. Henny schlief noch immer. Er setzte sich ans Kopfende des Bettes und goß auf dem Nachtschränkchen zwei Tassen Kaffee ein. Sie schlief ganz ruhig. Als er sie behutsam an der Schulter berührte, schrak sie zusammen und sah ihn verwirrt, beinahe ängstlich an. Erst als sie erkannte, wo sie war, seufzte sie erleichtert. Rowland bemerkte von neuem die blauen Flecke, die ihm schon aufgefallen waren, als sie sich ausgezogen hatte.
Einen Haufen Seidenkissen im Rücken, saß Henny aufrecht

im Bett, die Decke über den angezogenen Beinen, die Untertasse auf den Knien, trank Kaffee und erzählte ihm, was geschehen war.

Der Chauffeur hatte die ganze Zeit kein Wort mehr gesagt, und Henny hatte auch nicht gewagt, ihn anzusprechen. Einmal erkannte sie im Vorbeifahren den Namen eines Bahnhofs: ›Witzleben‹. Und nicht viel später hatten sie kurz in der Durchfahrt eines Torhauses angehalten. ›Avus‹ stand auf einem Schild: ›Automobil-Verkehrs-und-Übungsstraße‹. Der Chauffeur bezahlte eine Gebühr und fuhr wieder an.
Jetzt ging es immer geradeaus, in die Dunkelheit hinein, auf einer breiten, schnurgeraden Straße, auf der sie völlig allein waren. Im Licht der Scheinwerfer war nichts zu sehen als die glatte Fahrbahn, die unter ihnen dahinsauste, und zu beiden Seiten dichter, schwarzer Wald. Die Avus war erst vor zwei Jahren eröffnet worden, manchmal fanden hier Autorennen statt. Henny wußte, sie fuhren durch den Grunewald Richtung Wannsee. Sie dachte an Coras Worte: ›... irgendwo draußen in einer verschwiegenen Villa.‹ Und sie wußte: Nelly hatte in diesem Wagen gesessen, genauso wie sie jetzt, und derselbe Chauffeur war mit ihr durch die Nacht gefahren ...
Am Ende der Avus bog der Wagen nach rechts in eine schmale, dunkle Straße, die in den Wald führte. Verstohlen nahm Henny ihr Kokaindöschen aus der Handtasche und schnupfte eine Prise. Einen Moment lang schloß sie die Augen, und als sie sie wieder öffnete, war der Wald noch viel näher gerückt. Es hatte etwas Hypnotisches, wie in dem bleichen Scheinwerferlicht unaufhörlich die Bäume herankamen und links und rechts im Dunkel verschwanden.
Irgendwann glaubte sie plötzlich, ein Licht zu sehen. Als es näher kam, erkannte sie, was es war. Der Anblick hatte beinahe etwas Unwirkliches. Eine Straßenlaterne ... hier, mitten im Wald. Schon tauchte dahinter die nächste auf, und dann noch eine, und es dauerte nicht lange, und sie fuhren zwischen den Laternen dahin wie durch einen Park.
Schließlich bremste der Chauffeur ein wenig ab, und es ging über eine kleine Brücke. Eine Reihe bunter Lampions spiegelte

sich auf dem Wasser. Große Trauerweiden waren zu sehen, und ein paar Segelboote, die still dalagen.
Schwanenwerder! dachte Henny. Ja, das muß es sein ...
Schwanenwerder war eine Insel, die nur durch eine einzige kleine Brücke mit dem Land verbunden war. Henny hatte sie schon ein paarmal vom Strandbad Wannsee aus gesehen. Die Villen waren von dort allerdings kaum zu erkennen, sie verschwanden fast völlig hinter den großen Bäumen. Aber hier und da stand ein Gartenpavillon am Ufer, und aus der Ferne hatte sie einmal eine kleine Gesellschaft reicher Leute beneidet, die dort müßig, in heller Sommerkleidung, beisammensaß und sich bedienen ließ.
Hinter der Brücke stieg die Straße etwas an. Draußen zogen jetzt Gartenmauern vorbei und schmiedeeiserne Gittertore. Weit zurückgesetzt in den dunklen Gärten leuchteten einzelne Fenster. Die Straße teilte sich, und der Chauffeur fuhr nach rechts.
Als er wieder abbremste, wußte Henny, daß sie angekommen waren. Zwei Diener in Livree öffneten das Gartentor, und der Maybach rollte schwer über den knirschenden Kies der Zufahrt. In der Villa brannte nur wenig Licht. Sie schien riesig zu sein. Andere Automobile standen davor. Der Maybach bog um den ovalen Vorplatz mit den hohen Kiefern und hielt dann vor dem erleuchteten Portal. Einige Herren im Smoking, die draußen standen und sich unterhielten, wandten die Köpfe.
Der Chauffeur stieg aus und öffnete Henny die Wagentür. Er sagte nichts und sah sie auch nicht an. Reglos stand er da und wartete. Henny blieb nichts anderes übrig, als auszusteigen. Unsicher blickte sie zum Eingang.
Einer der Herren im Smoking sagte etwas zu den anderen und kam dann herüber. Es war Malotki, aber sie erkannte ihn erst, als er schon beinahe vor ihr stand. In den letzten Tagen hatte sie so oft an ihre erste Begegnung gedacht, daß er sich in ihrer Vorstellung schon ganz verändert hatte. Jetzt erst sah sie es plötzlich wieder, das maskenhafte, wie geschminkt wirkende Gesicht aus der ›Grünen Spinne‹.
Malotki lächelte und musterte sie von Kopf bis Fuß. Zwischen den Fingern hielt er eine lange Zigarettenspitze, in der eine sei-

ner ägyptischen Zigaretten steckte. Kyriazi Frères. Henny erkannte den Geruch wieder. Aus der Villa hörte man Stimmengewirr und leise Klaviermusik.
»Wie schön, daß Sie gekommen sind«, sagte Malotki genau wie beim ersten Mal.
Henny lächelte nur.
Er trat einen Schritt näher und machte Anstalten, ihr aus der Jacke zu helfen.
»Darf ich?«
»Hier draußen?« fragte Henny etwas erstaunt.
»Wenn es Ihnen nichts ausmacht.«
»Nein ...« Sie drehte sich zum Wagen um. Malotki faßte sie sanft bei den Schultern und zog ihr das Abendjäckchen aus. Als sie sich zurückdrehen wollte, hielt er sie am Arm fest.
»Warten Sie. Lassen Sie sich ansehen.«
Er ließ ihren Arm los und reichte das Jäckchen an den Chauffeur weiter. Ihren nackten Rücken betrachtend, nahm er einen langen Zug aus seiner Zigarette. Dann sagte er, ganz ruhig und selbstverständlich:
»Beugen Sie sich vor. An den Wagen.«
Über die Schulter hinweg sah Henny ihn an. Er lächelte und deutete mit seiner Zigarettenspitze auf die Villa. »Sie wollen doch mit hinein, oder? Noch können Sie es sich überlegen.«
Sie zögerte. Aber sie sagte nichts. Schließlich legte sie ihre Hände auf den Rand des Wagendachs und beugte sich vor. Hinter sich hörte sie Schritte auf dem Kies und leise Stimmen.
»Sie wollen also mitkommen ...«, sagte Malotki. »Verstehe ich das richtig?« Hennys Kleid war an der linken Seite hoch geschlitzt, und bevor sie etwas sagen konnte, faßte Malotki dorthin und schlug es, mit einer einzigen Handbewegung, über ihren Po zurück.
Sie biß sich kurz auf die Lippe, aber sie blieb so stehen. Sie spürte, wie alle sie ansahen.
»Ja«, sagte sie leise.
»Na schön«, sagte Malotki. »Eins noch, bevor wir hineingehen: In diesem Haus gelten bestimmte Regeln, an die Sie sich zu halten haben. Sie werden Ihnen später im einzelnen mitgeteilt werden. Fürs erste genügt es, wenn Sie genau das tun, was ich Ih-

nen sage. Sie müssen es sofort und ohne Widerspruch tun, ganz gleich, was ich von Ihnen verlangen werde ...«
Henny hatte die Augen geschlossen. Sie hörte die Stimmen und die Musik aus der Villa. Malotki hatte ihr Kleid so weit hochgeschlagen, daß es nicht von selbst zurückrutschte. Am meisten demütigte es sie, so vor dem Chauffeur dastehen zu müssen.
»Ich stelle Ihnen jetzt eine Frage, die ich Ihnen drinnen nicht noch einmal stellen werde«, sagte Malotki. »Ich frage: Sind Sie damit einverstanden?«
Alles schien auf ihre Antwort zu warten.
»Ja«, sagte sie.
»Gut. Dann kommen Sie.«
Henny richtete sich wieder auf, strich ihr Kleid glatt und drehte sich um. Der Chauffeur stand noch genauso da wie vorher, steif und korrekt, ihr Abendjäckchen über dem Arm.
Malotki nahm sie sanft beim Arm, und die Herren im Smoking traten beiseite, um sie durchzulassen. Ein Diener in Livree öffnete die schwere Eingangstür. Malotki ließ Henny den Vortritt. Er lächelte spöttisch und sagte, mit einer einladenden Handbewegung:
»Lasciate ogni speranza, voi ch'entrate.«

Es dauerte dreißig Stunden. Immer mehr Kokain, mehr Champagner, und immer neue Herren, an die Henny weitergereicht wurde. Einmal verlor sie das Bewußtsein, aber man brachte sie sofort wieder zu sich, indem man ihr eiskalten Champagner ins Gesicht schüttete.
Als sie bei Rowland im weichen Bett saß, tat ihr immer noch alles weh. Über manche seiner Fragen konnte sie nur leise lachen. Ob sie Namen wüßte. Wem sie alles vorgestellt worden sei.
»Vorgestellt! Du bist vielleicht gut.« Sie trank einen kleinen Schluck Kaffee. »Vorge*führt* meinst du wohl.«
Rowland nahm das nicht so ernst. »Du mußt doch mal mit jemandem gesprochen haben.«
Henny zuckte die Achseln. »Versuch das mal«, sagte sie, »mit einem Schwanz im Mund ...«
Immerhin wußte sie, daß die Villa einem gewissen Anton Korella gehörte. »Der ist Direktor, aber frag mich nicht, von

was. Ziemlich jung auch für einen Direktor. Mitte Dreißig vielleicht.«
»Du hast ihn gesehen?«
»Ja. Nicht nur das.«
»Und der Chauffeur?« fragte Rowland.
»Sein Name ist Karras ...«, sagte sie zögernd. »Ich glaube, ich bin nicht die einzige, die Angst vor ihm hat.«
»Du meinst ...«
»Das ist nie und nimmer ein gewöhnlicher Chauffeur.« Henny trank ihren letzten Schluck Kaffee. »Er bewegt sich da auch ganz selbstverständlich im Haus. Fast wie ein Aufseher. Weißt du, man dreht sich um ... und dann steht er da schon wieder und sieht einen an. Er war sogar mit im Spiegelsaal.«
»Im Spiegelsaal?«
»Ja, so heißt das Spezialzimmer, in dem die Auspeitschungen stattfinden.«

Schon in dem Korridor, der auf die große Flügeltür zuführte, hörte man die Schreie eines Mädchens. Malotki lächelte Henny zu und sagte: »Bitte, nach Ihnen.«
Der prunkvolle Salon war nur von Kerzen erleuchtet, deren unruhiges Licht hundertfach in den Spiegeln funkelte. Kerzen brannten in goldenen Wandhaltern und in großen, mehrarmigen Kandelabern. Das Publikum blieb im Halbdunkel. Es bestand aus einem Dutzend Herren in Smoking oder Frack, die zurückgelehnt in Klubsesseln saßen. Hier und da sah man ihre Zigarren und Zigaretten rot aufglühen. Bevor Malotki sich setzte, sagte er leise zu Henny, die Klubsessel seien für Herren reserviert, sie solle sich neben ihn auf den Boden knien.
Irgendwann einmal mochte der Spiegelsaal ein Speise- oder Musikzimmer gewesen sein, in dem man festliche Diners gegeben oder sich zu abendlicher Kammermusik versammelt hatte. Jetzt waren es Privataufführungen anderer Art. Von der hohen Decke hingen Ketten, die über Rollen und Winden angezogen werden konnten, und große Eisenringe waren ins Parkett eingelassen. Das Mädchen, das in dieser Nacht gepeitscht wurde, stand nackt und mit verbundenen Augen vor den Zuschauern, beide Arme hoch über den Kopf erhoben. Die Ketten waren in die Eisen-

schellen um ihre Handgelenke eingehakt, und zwei weitere Ketten verbanden die Eisen um ihre Fußgelenke mit den Ringen im Boden. Die Ketten, die von der Decke hingen, waren so straff gespannt, daß sie kaum auf ihren Zehenspitzen stehen konnte. Sie atmete heftig, und ihre blonden Haare fielen ihr wirr über die schwarze Augenbinde. Seitlich hinter ihr stand ein Diener in der gleichen Livree, die Henny schon bei den anderen gesehen hatte, nur daß er eine schwarze Maske trug, die seine Augenpartie verdeckte. In der Hand hielt er eine geflochtene Lederpeitsche. Offenbar hatte er genaue Anweisungen, denn er wartete immer so lange, bis sich das Keuchen des Mädchens wieder etwas beruhigt hatte, bevor er zum nächsten Hieb ausholte.
Malotki neigte sich seitlich zu Henny hinüber und flüsterte:
»Ist sie nicht wunderschön? Wir kriegen nie genug von ihr.«
Henny sah ihn nur vorsichtig von der Seite an. Er lächelte still in sich hinein und zog an seiner langen Zigarettenspitze.
Wieder schlug der Diener zu, und das Mädchen schrie auf. In den wandhohen Spiegeln war sie von allen Seiten zu sehen. Man sah, wie ihr schlanker Körper sich unter dem Peitschenhieb bog, und die Striemen auf ihrem Rücken.
»Dabei ist sie nur ein dummes kleines Ladenmädchen«, sagte Malotki leise zu Henny. »Sie läßt das für Geld mit sich machen, das ist alles. Sie begreift gar nicht, was mit ihr geschieht, und warum es geschieht.«
Keuchend warf das Mädchen den Kopf auf die Seite und schwankte an den Ketten.
»Aber *Sie*«, sagte Malotki, ganz dicht an Hennys Ohr, »Sie haben wirklich einmal so geliebt, nicht wahr?«
Henny schloß die Augen. Sie wünschte, er würde wenigstens mit dem Gerede aufhören.
»So vollkommen schrankenlos ... Mein Leben in deiner Hand. Das ist etwas völlig anderes. Etwas unendlich Kostbares.« Wieder fauchte die Peitsche durch die Luft, das Mädchen schrie auf.
»Und dann? Haben Sie Angst davor bekommen?« Henny sah ihn an. Er nahm einen Zug aus seiner Zigarette.
»Aah, Sie fragen sich, woher ich das weiß.« Er lächelte überlegen. »Vielleicht habe ich das zweite Gesicht? Was meinen Sie? Vielleicht weiß ich alles über Sie. Mehr als Sie selbst wissen ...«

Wenig später lag Henny bäuchlings über einem Kissenstapel, die Beine gespreizt und das Kleid zurückgeschlagen. In dem goldenen Licht zweier arabischer Laternen konnte sie sich selbst im Spiegel sehen und manchmal auch Malotki, der langsam hinter ihr auf und ab schritt, immer noch in seiner schwarzen Abendkleidung. Es beunruhigte sie jedesmal, wenn er aus ihrem Sichtfeld verschwand.
Er schnupfte noch etwas Kokain und kam dann zu ihr herüber.
»Sehen Sie in den Spiegel«, sagte er, als er hinter ihr war. »Sehen Sie sich an.«
Henny tat, was er sagte. Sie sah sich selbst ins Gesicht, während er in sie eindrang. Sie sah ihre zitternden Lippen, als sie ihr Stöhnen nicht mehr unterdrücken konnte, und den starren Glanz, der in ihre Augen trat, während ihre Finger sich in die Kissen krallten.

Als er von ihr abließ, war es draußen schon hell, die Vögel zwitscherten. Henny war so erschöpft, daß sie einfach liegenblieb. Er stand neben ihr und sah auf sie hinab.
»Ich werde Sie jetzt auch anderen Herren überlassen. Es warten sicher schon einige auf Sie.«
Vor ihr lagen noch ein ganzer Tag und eine ganze Nacht.
Erst als der nächste Morgen heranbrach, öffneten sich die Türen der Villa für sie. Noch ganz unsicher auf den Beinen, stakste sie auf ihren Stöckelschuhen über den Kies zum Wagen. Der Chauffeur, Karras, stand hinter der offenen Wagentür und wartete. Die Sonne schien, und im Garten, unter den alten Bäumen, führte ein Diener in Livree zwei riesige Doggen an der Leine. Dahinter sah man das blaue Wasser. Henny kam sich vor wie in einem Traum, in dem man genau weiß, daß man träumt.
Der Maybach fuhr an, um den ovalen Vorplatz herum, und die große graue Villa blieb hinter ihnen zurück. Henny drehte sich nicht noch einmal um. Über die kleine Brücke fuhren sie durch den Wald zurück. Auf der Avus fragte der Chauffeur:
»Wo soll ich Sie absetzen?«
Henny wußte es nicht, sie war noch halb benommen. Schließlich sagte sie: »Hotel Adlon.«

Er sah sie kurz im Rückspiegel an, mit seinen klaren blauen Augen, aber er sagte nichts.

»Und wie geht es nun weiter?« fragte Rowland.
»Übermorgen sehe ich ihn wieder.«
»Malotki?«
Henny lächelte. »Ja. Zum Lunch im Hotel Kaiserhof.«

Sie hatten vereinbart, daß Henny sich melden sollte, sobald sie wieder da war. Aber sie meldete sich nicht, und Rowland saß schon wieder in seiner Suite fest und wartete die halbe Nacht. Er versuchte anzurufen, und niemand nahm ab. Wieder konnte er nichts tun, und das alles paßte ihm ganz und gar nicht.
Am nächsten Morgen rief er wieder in der Meinekestraße an. Er ließ es lange klingeln und wollte gerade auflegen, als er plötzlich Hennys Stimme hörte.
»Ja?« Sie klang überraschend wach und munter.
»Guten Morgen.«
»Ach, du bist es! Ich komm gerade zur Tür rein! Sekunde mal eben, ja?« Er hörte ein lautes Klacken, als sie den Telefonhörer ablegte, dann ihre schnellen Schritte, die sich entfernten, eine Tür, die zugeknallt wurde, und die Schritte, die ebenso schnell wieder näher kamen.
»So, da bin ich wieder. Rate mal, wo wir gestern gewesen sind! In Babelsberg! Es war einfach phantastisch!«
Sie war so aufgedreht, daß Rowland überhaupt nicht zu Wort kam.
»Natürlich sind wir ganz groß vorgefahren, mit dem Maybach, nur Malotki und ich. Die UfA-Mädchen sind fast gestorben vor Neid, als sie mich in dem Wagen gesehen haben!«
Malotki hatte ihr alles gezeigt, das Kleine Glashaus und das Große Glashaus, die Kopieranstalt und die Werkstätten und die Künstlergarderoben.
»Stell dir das vor«, sagte sie, »du fährst mit dem Auto eine Straße entlang, und plötzlich siehst du links und rechts überall Ritter in Ritterrüstung herumlaufen.« Auf dem riesigen Freigelände hatten sie bei den Dreharbeiten zum ›Nibelungen‹-Film zugesehen. Der Regisseur hatte oben auf einem Holzgerüst gesessen

und ihnen mit seinem Megafon zugewinkt. »Na ja, herunterkommen konnte er wohl nicht extra, er mußte ja seine tausend Komparsen im Auge behalten und all die Pferde und was weiß ich. Das Verrückte daran ist: das alles kostet die so gut wie nichts! Malotki hat mir das erklärt. Die UfA zeigt ihre Filme auch im Ausland und nimmt dort Valuta ein, und hier in Deutschland können sie dann für ein paar Dollar ganze Massenszenen drehen! Sie haben eine Hunnenschlacht gedreht, mit einer Heerschar von Komparsen, und erst im Vorführraum ist ihnen dann aufgefallen, daß einige der Hunnen Armbanduhren trugen! Und was haben sie gemacht? Das Ganze eben noch mal gedreht! Einfach so!«
»Und wo kommst du jetzt her?« fragte Rowland.
»Ach, wir waren noch auf einer kleinen Feier. Sie haben mich gerade nach Hause gefahren.« Sie lachte. »Heute abend habe ich frei. Aber morgen werde ich wieder abgeholt.«
»Abgeholt? Wohin?«
»Na, in die Villa.«
Als Rowland einhängte, sah er sehr nachdenklich aus.

Henny schlief bis zum späten Nachmittag. Als sie auf dem Weg zum nächsten Café den Kurfürstendamm entlangging, hielt neben ihr plötzlich ein schwarzes Automobil. Die Wagentür ging auf, und eine bekannte Stimme sagte:
»Na, kann ich Sie irgendwohin mitnehmen?«
»Nein, danke«, sagte Henny, aber sie blieb stehen. »Sie wollen mich bestimmt bloß verhaften, wegen Tragens von Frauenkleidern oder so was.«
Kommissar Düring lachte leise. Er war allein im Wagen. »Keine Sorge, von mir aus können Sie herumlaufen, wie Sie wollen.« Er schien noch etwas anderes sagen zu wollen. »Ach ja, der Fall Nelly Pahlke liegt übrigens bei den Akten. Diesmal endgültig.«
»Aha? Haben Sie denn den Mörder?«
Düring schnaufte kurz durch die Nase. Dann sah er sie von unten her an und mußte lächeln. »Sie sind bestimmt froh, daß Sie mich endlich los sind. Aber es hat eben alles seine zwei Seiten.«

»Und was wäre die andere?« fragte Henny.
»Daß ich jetzt auch nichts mehr für Sie tun kann.« Er sah sie beinahe bedauernd an. »Von jetzt an sind Sie ganz allein.«
Henny lächelte etwas unsicher.
»Also, passen Sie auf sich auf!« sagte Düring und nickte ihr noch einmal zu. Dann schloß er seine Wagentür und fuhr weiter.

Am frühen Montagmorgen hielt der dunkelgrüne Maybach vor dem Hotel Adlon. Der Chauffeur öffnete die hintere Tür. Henny stieg blaß und übernächtigt aus dem Wagen, in einem langen Abendkleid, einen kleinen Turban mit Straßjuwel und Federn auf dem Kopf. Ohne den Chauffeur noch einmal anzusehen, ging sie langsam, wie im Halbschlaf, auf den Hoteleingang zu. Sie hatte sechzig Stunden in der Villa hinter sich. Der Portier schien sich einen Moment lang zu fragen, ob er ihr nicht besser einen Arm reichen solle. Ein Page mit weißen Handschuhen drehte die Drehtür für sie.
Im dritten Stock mußte sie lange warten. Sie hatte schon halb vergessen, daß sie eigentlich noch einmal klopfen wollte, als plötzlich die Tür aufging und Rowland vor ihr stand. Er war im Morgenmantel und sichtlich überrascht, sie zu sehen.
»Kann ich noch mal bei dir schlafen?« fragte sie leise. »Ich hab solche Angst, allein zu sein ...«
Rowland zögerte und blickte den Korridor entlang, fast als überlegte er, wie er sie am besten wieder loswerden könnte. Erst als ein Zimmerkellner um die Ecke bog und auf sie zukam, sagte er: »Ja, sicher, komm rein.«
Schon nach wenigen Schritten fiel Hennys Blick durch die offene Schiebetür auf das Bett. Zwischen den Decken waren zwei Füße zu sehen. »Oh«, sagte sie leise, »du bist nicht allein?« Sie lächelte und trat neugierig näher. Ein schlankes Bein erschien, das aus dem Deckenhaufen hervorsah. Ein weiterer Schritt, und sie sah auch, wem es gehörte: einem Mädchen mit zerzaustem schwarzen Haar. Lina. Sie schlief.
Vorsichtig zog Henny sich wieder zurück. »So, so, du hast es also doch geschafft.«
Rowland lächelte flüchtig. »Wir hatten einfach beide Langeweile. Du amüsierst dich ja nur noch ohne uns.«

»Paß bloß auf, daß Max nichts davon mitkriegt«, sagte Henny. »Der bringt dich um.«
Rowland legte den Zeigefinger auf die Lippen und gab ihr ein Zeichen, ein Stück weiter vom Bett wegzukommen. Dann sagte er, ganz leise: »Ich glaube, er hat uns gestern gesehen.«
»Max?«
»Ja.« Rowland zuckte die Achseln. »Ein dummer Zufall.«
»Wo denn?«
»Auf dem Kurfürstendamm, als wir aus dem Taxi gestiegen sind. Ein Stück weiter waren ein paar Männer beim Plakatekleben.«
»Und du bist sicher, daß Max dabei war?«
»Die standen da im Dunkeln, an einem alten Bauzaun, und wir waren im Licht. Ich glaube, der eine kam ein paar Schritte näher, als er uns gesehen hat. Inzwischen bin ich fast sicher, daß er es war. Aber ich kann mich auch irren.«
»Na, hoffen wir's«, sagte Henny. »Und Lina? Hat sie ihn auch gesehen?«
»Nein.« Rowland blickte etwas besorgt zum Bett hinüber. »Jedenfalls hat sie nichts davon gesagt. Und ich natürlich auch nicht.«
Eine Stunde später kam er aus dem Bad, zündete sich eine Zigarette an und blieb vor dem Bett stehen. Lina und Henny lagen beide auf der Seite, die Gesichter einander zugewandt. Lina war nicht davon aufgewacht, daß Henny todmüde zu ihr ins Bett gekommen war. Jetzt lagen die beiden zwischen den üppigen weißen Seidenkissen und schliefen tief und fest. Rowland lächelte. Bevor er zum Frühstück ins Restaurant hinunterfuhr, hängte er das Bitte-nicht-stören-Schild an die Tür.

Diesmal erzählte Henny nicht so bereitwillig, wie es ihr in der Villa ergangen war. Es war zwar deutlich zu sehen, daß man sie nicht immer sehr sanft angefaßt hatte, aber sie blieb dabei, daß es schon ganz anders gewesen sei als beim ersten Mal. »Immerhin war ich nicht mehr die *ganze* Zeit auf den Knien oder auf allen vieren.« Dank Malotki hätte sie eine Art Sonderstellung und brauche sich nicht alles gefallen zu lassen.

Rowland war mißtrauisch. »Das heißt, du kannst ablehnen, wenn du zu irgendwas keine Lust hast?«
»Malotki bestimmt die Grenzen. Was die Herren mit mir machen dürfen und was nicht. Und manches lehnt er eben auch ab.«
»Was, zum Beispiel?«
»So genau weiß ich das nicht. Ich sehe nur manchmal, daß er über mich redet. Er macht das immer so, daß ich nicht verstehen kann, was er sagt. Aber geschlagen werde ich zum Beispiel überhaupt nicht.«
»Was sind das für Herren? Hast du Namen gehört?«
»Ja, inzwischen schon. Einer ist ein Freiherr von Diersburg, einer heißt Langhorst und einer Praetorius. Auch zwei hohe Reichswehroffiziere gehen dort ein und aus.«
»In Uniform?«
»Ja. Ein Oberst von Trotha und irgendein General. Wie der heißt, weiß ich nicht.« Henny lächelte. »Einige der Herren sind auch ganz nett.«
»Na, das freut mich«, sagte Rowland.
Der eigenartige Geruch ihrer Zigaretten war ihm aufgefallen. Als sie im Bad war, nahm er eine ihrer Kippen aus dem Aschenbecher. Die winzige Schrift darauf war deutlich zu lesen: Kyriazi.

Auch am folgenden Wochenende wurde Henny wieder mit dem Maybach abgeholt.
Im Spiegelsaal kniete sie neben Malotkis Klubsessel auf dem Boden und hörte den einstimmigen Ausruf der Vorfreude, als sich die Türflügel öffneten. Es klang, als ob ein neuer Gang eines Festessens aufgefahren würde. Tatsächlich aber führte ein Diener in Livree, die Peitsche in der Hand, ein schönes junges Mädchen herein, das bis auf hochhackige Schuhe vollkommen nackt war, ihre Augen verbunden, die Hände auf dem Rücken gefesselt. Das Schamhaar des Mädchens war ganz abrasiert, und bei jedem Schritt blinkte dort etwas Goldenes auf. Erst als der Diener sie bis vor die Zuschauer geführt hatte, konnte Henny erkennen, was es war.
»Gefällt es Ihnen?« flüsterte Malotki, als er Hennys Blick bemerkte.

In den Schamlippen des Mädchens steckten zwei goldene Ringe, und die Ringe waren mit einem winzigen goldenen Vorhängeschloß verbunden.
Henny neigte sich etwas zu ihm hinüber. »Und wer hat den Schlüssel?« fragte sie leise.
Malotki lächelte. »Ich.«
Die Ketten wurden herabgelassen, und der Diener hakte sie in die Eisenschellen ein, die das Mädchen um die Handgelenke trug.
»Haben Sie die Ringe selbst angebracht?« fragte Henny.
Malotki nahm versonnen einen Zug aus seiner Zigarettenspitze.
»Ja, das habe ich ...«
Er sah zu, wie die Ketten angezogen wurden, bis das Mädchen mit hoch über den Kopf erhobenen Armen dastand.
»Die Ringe und das Schloß sind ein Zeichen dafür, daß sie ganz und gar mir gehört. Ich kann mit ihr machen, was ich will.«
Wieder lächelte er leise. »Und heute habe ich beschlossen, sie zu unserem Vergnügen auspeitschen zu lassen.«
In den Spiegeln sah Henny, daß Karras neben der Tür stand, in seiner grauen Uniform, als führte er die Aufsicht. Auch an diesem Wochenende schien er sich ständig in ihrer Nähe zu halten. Henny begegnete ihm in der Halle, im Bankettsaal, in den entlegensten Salons. Einmal stand er dabei, wie sie vor allen Leuten von hinten genommen wurde, über eine Festtafel gebeugt, verzweifelt stöhnend, keuchend, ihre Finger um die Tischkante gekrallt. Champagnerflaschen fielen um, Gläser zersplitterten. Karras sah die ganze Zeit zu, ohne eine Miene zu verziehen.
»Du meinst, er hat Anweisung, dich im Auge zu behalten?« fragte Rowland, als Henny ihm am Montag Bericht erstattete. Wie immer saß sie dabei in seinem Bett und trank Kaffee.
»Ja, bestimmt. Er macht das ja ganz offen, und ich bin sicher, das ist Absicht. Jeder merkt es, und weil die Mädchen alle Angst vor ihm haben, überlegen sie es sich dreimal, bevor sie sich mit mir einlassen. Bis jetzt habe ich nur im Bad mal ein paar Worte unbeobachtet reden können. Natürlich nicht gleich über Nelly ... Aber eine Kleinigkeit habe ich doch herausgefunden.

Gleich neben dem Bad gibt es eine Tür, die immer verschlossen ist. Anfangs hab ich die Türen ständig verwechselt. Anderen geht das genauso. Kein Wunder bei all dem Koks und Champagner und was weiß ich. Aber eines der Mädchen wußte noch, was dahinter ist. Eine Dienstbotentreppe. Und sie wußte auch, wie lange die Tür schon abgeschlossen ist. Seit ungefähr drei Monaten. Sie meinte, der Dollar stand noch unter 100 000.«
»Das wäre also ziemlich genau – seit Nelly Pahlkes Tod«, sagte Rowland. »Und wohin führt die Treppe?«
»Wenn ich mich nicht völlig vertan habe, müßte sie hinter dem Billardzimmer rauskommen.«
»Dem Billardzimmer?« Er schien anzunehmen, daß sich hinter diesem Namen etwas ganz anderes verbarg.
Henny lächelte. »Es ist wirklich nur ein Billardzimmer. Aber es ist auch der einzige Raum, in dem die Herren ganz unter sich sind. Keine Mädchen und nichts.«
»So, so. Nur Billard, Portwein und Zigarren, hm?« Rowland blickte nachdenklich vor sich hin. »Nicht schlecht, wenn man mal etwas Geschäftliches zu besprechen hat ...«
Aber anfangen ließ sich damit jetzt auch nichts. »Und sonst?« fragte er, indem er Henny die leere Kaffeetasse abnahm.
»Sonst? Bin ich zu Malotkis Geburtstag eingeladen!« Sie streckte sich wieder lang im Bett aus. »Am dreizehnten! Es soll wohl eine Riesenfeier werden, wenn ich das so höre ...«
»In der Villa?«
»Nein, in Babelsberg, auf dem UfA-Gelände! Und ich begleite ihn! Er sagt, es wird auch für mich ein großer Tag!«
»Ein großer Tag?« Rowland zog etwas die Augenbrauen zusammen. »Das hat er gesagt?«
Henny sah ihn an. »Ja. Wieso?«

»Jemanden, der Geld braucht, findet man überall«, pflegte Lucien Gaspard zu sagen. »Oder der gern französischen Wein trinkt. Manch einer trinkt auch gern teureren Wein, als er sich eigentlich leisten könnte. Und so kommt es schon mal zu kleinen Gefälligkeiten. Ist das ein Wunder?«
Am Samstag, dem 8. September, saß Gaspard noch zu späterer Stunde in einem halbdunklen, etwas heruntergekommenen Sa-

lon am Rande von Potsdam, unweit des Schloßparks von Sanssouci, und öffnete eine Flasche Wein. Ihm gegenüber saß der Hausherr, ein gewisser Major a. D. von Thielau, dessen Schwäche für teuren Bordeaux nur noch von seiner Schwäche für Pferdewetten übertroffen wurde. Wie immer waren sie allein. Gaspard hatte einige Flaschen mitgebracht, und er bestand darauf, einen 1913er Brane-Cantenac noch gemeinsam zu verkosten. Es war zwar eine Todsünde, den Wein vorher auf dem Kopfsteinpflaster durchschütteln zu lassen, aber an den Major war er ohnehin verschwendet. Man mußte eben Opfer bringen. »Diese Flasche geht auf mich, selbstverständlich«, sagte er etwas angestrengt lächelnd und zog den Korken heraus.
»Kommt gar nicht in Frage«, sagte der Major. Sie spielten dieses Spiel, weil sie fanden, daß es so für sie beide angenehmer war. Tatsächlich brauchte der Major seinen Wein schon lange nicht mehr zu bezahlen; er hätte auch gar nicht gewußt, wovon. Statt Geld erhielt Gaspard am Ende jeder Weinprobe, manchmal erst an der Tür, einen verschlossenen Umschlag überreicht. Die Neuigkeiten, die der Major zu bieten hatte, waren mal mehr, mal weniger brauchbar, aber im Krieg war er beim Bild-und-Film-Amt gewesen, und aus dieser Zeit kannte er noch den einen und anderen, auch bei der UfA in Babelsberg.
An diesem Abend, fand Gaspard, sah von Thielau noch schlechter aus als sonst. Er war ohnehin klein und schmächtig, mit einem hängenden grauen Schnurrbart und hängenden Tränensäcken, aber heute machte er einen ernstlich kranken Eindruck. Es war auch das erste Mal, daß er ihn nicht in korrektem Abendanzug, sondern im Morgenmantel empfangen hatte. Gaspard hatte beschlossen, darüber hinwegzusehen. Aber die Art, wie der Major seine linke Hand in der Tasche des Morgenmantels verborgen hielt, auch jetzt noch, wo er ihm gegenübersaß, beunruhigte ihn aus irgendeinem Grund.
»Nun, was sagen Sie zu diesem Tropfen?« fragte er, bemüht, sich nichts anmerken zu lassen. »Ist er nicht wahrhaft – sublim?«
»Ja. Schmeckt«, sagte der Major und stellte das Glas auf den Tisch zurück. Als er sich vorbeugte, verzog er kurz das Gesicht, als hätte er Schmerzen.
»Ist Ihnen nicht gut?« Gaspard stellte ebenfalls sein Glas ab

und sah den Major aus schmalen Augen an. »Was ist mit Ihrer Hand?«
Der Major zog seine Hand aus der Tasche, hob sie langsam hoch und betrachtete sie, indem er sie hin und her drehte. »Meine Finger ...«, sagte er. Die Finger waren notdürftig mit einem Taschentuch verbunden. Es war Blut an dem Tuch. »Sie sind gebrochen.«
»Was? Wie ist das passiert?« Gaspard spürte, wie ihm der Schweiß auf die Stirn trat. Er legte beide Hände auf die Sessellehnen.
»Gebrochen ...«, sagte der Major, als könnte er es selbst noch nicht glauben. »Alle fünf.« Er sah Gaspard an und lächelte seltsam. »Einen nach dem anderen.«
Gaspard wollte noch rasch aus dem Sessel aufstehen, da hörte er hinter sich, wie ein Revolver gespannt wurde.
»Sitzen bleiben.«

Henny war in dieser Nacht in der Villa, und es fiel ihr auf, daß Karras nicht da war.
Malotki blickte öfter auf die Uhr, und gegen Morgen, als es gerade hell wurde, sah Henny ihn zufällig, durch einen Vorhangspalt, draußen im Garten stehen. Jemand in einem schwarzen Ledermantel war bei ihm, und Malotki hörte zu, was der andere sagte. Sein Gesicht war ernst, und ab und zu nickte er kurz mit dem Kopf. Als der Mann in dem Ledermantel sich umdrehte, sah sie, daß es Karras war. Er sagte noch etwas, dann ging er weg. Malotki drehte sich um und kam auf das Haus zu, und Henny ließ schnell den Vorhang los.

Am 13. September zahlte man für einen Dollar 92,4 Millionen Mark. In den Berliner Geschäften, von denen viele jetzt den ganzen Tag Verbindung zur Börse hielten, wurden mitunter stündlich die Preise erhöht. Gerüchte gingen um über einen nahe bevorstehenden Umsturz, über eine kommunistische Revolution oder einen Staatsstreich von rechts.
Auf dem UfA-Gelände in Babelsberg fand an diesem Abend Malotkis Geburtstagsfeier statt. Zwischen den dunklen Baracken und Kulissengerüsten stand weithin leuchtend das Große Glas-

haus, und die Musik der Tanzkapelle, das Lachen und Stimmengewirr hallten hinaus in die Nacht.
Plötzlich ging mit einem Schlag das Licht aus, alles johlte und pfiff. Die Gäste wurden zum Ausgang gebeten. In dem schwachen roten Licht einer Lampiongirlande drängten sie lachend und tuschelnd hinaus. Henny, mit Paillettenkleid und funkelndem Federstirnband, nahm noch rasch ihre Pelzstola von der Stuhllehne. Der Herr im Smoking, mit dem sie zuletzt getanzt hatte, legte sie ihr um die nackten Schultern, und sie lächelte ihm zu und ging erwartungsvoll mit. Draußen war es stockdunkel. Von irgendwo setzte plötzlich Musik ein, eine dumpfe Pauke, und dann auch Streicher und Trompeten, aber die Musiker blieben unsichtbar. Ein riesiger Scheinwerfer ging an, der genau nach oben gerichtet war, und dann noch einer und noch einer, bis acht Lichtsäulen hoch in den Nachthimmel ragten. Die Pauken wurden immer lauter, in langsamer, unheilverkündender Monotonie. Ganz hinten, in der Dunkelheit zwischen den Lichtsäulen, bewegte sich etwas. Es schien sehr groß zu sein. Henny reckte den Hals und schmiegte sich vorsorglich etwas enger an ihren Begleiter. Die Musik steigerte sich immer mehr. Auf einmal ging ein Aufschrei durch die Menge. Henny traute ihren Augen nicht. Dort hinten schob sich eine riesenhafte Echse in das fahle Licht zwischen den Scheinwerfern, ein schuppig gepanzertes Ungeheuer mit einem langen Hals und einer Zackenreihe auf dem Rücken. Schritt für Schritt kam es auf seinen großen Krallenbeinen näher, man konnte es atmen sehen, und der Kopf strich suchend über dem Boden hin und her. Einige Frauen kreischten hell auf. Der Drache schien sie gehört zu haben, er blieb stehen und hob den Kopf. Lauernd bewegten sich seine Augen und seine Zunge. Der Kopf allein mußte schon größer sein als ein Mensch. Die Pauken donnerten, der Drache öffnete sein riesiges Maul mit den langen Zahnreihen, und plötzlich spuckte er Feuer und Rauch.
Begeisterter Applaus setzte ein. Auch der Herr im Smoking, der Henny im Arm hielt, gehörte zu den Eingeweihten und erklärte ihr, der Drache sei für den Nibelungen-Film gebaut worden. Über zwanzig Mann wurden für seine Bedienung gebraucht, die meisten saßen im Inneren des Drachens, wo es sogar ein Tele-

fon gab, über das der Regisseur seine Anweisungen durchgeben konnte.
Die Scheinwerfer gingen alle gleichzeitig aus, und der Drache war nicht mehr zu sehen. Auch im Dunkeln hielt der Applaus noch an, über das aufgeregte Stimmengewirr hinweg. Im Großen Glashaus ging wieder das Licht an, und die Tanzmusik spielte weiter.
Auch Henny wollte mit den anderen Gästen wieder hineingehen, da kam Malotki auf sie zu. Er war allein, und er lächelte, als er sie sah.
»Darf ich?« sagte er zu Hennys Begleiter und nahm sie auch schon sanft beim Arm.
»Bitte, es ist Ihr Geburtstag«, sagte der Herr im Smoking und nickte Henny kurz zu.
Malotki führte sie ein Stück vom Eingang weg, was ihr nicht sehr recht war. Sie zog die Pelzstola enger um sich.
»Wollen wir nicht lieber hineingehen? Mir ist etwas kühl.«
Die Nacht war zwar mild, aber ihr hautenges Paillettenkleid war nur sehr dünn und außerdem rückenfrei.
Malotki legte seinen Arm um ihre Taille. »Ich hatte es Ihnen doch gesagt: Heute ist auch für Sie ein großer Tag.« Er lächelte. »Kommen Sie.«
»Wo wollen Sie hin?« fragte Henny, etwas unbehaglich. Die anderen Gäste waren jetzt schon alle wieder drinnen. Durch die Scheiben des leuchtenden Glashauses sah man sie trinken, tanzen und lachen.
»Kommen Sie einfach und fragen Sie nicht«, sagte Malotki. Er klang ganz ruhig, auch wenn Henny nur halb widerstrebend mitging. Vor sich konnte sie die Reihe der abgestellten Automobile sehen. Zwei dunkle Gestalten standen daneben.
»Wer ist das?« Henny sah Malotki an. »Was haben Sie vor?«
»Aber, aber ... Sie hatten sich doch einverstanden erklärt, zu gehorchen. Erinnern Sie sich nicht mehr?«
Henny sagte nichts. Die beiden Männer standen neben dem Maybach. Der eine war Karras, den anderen hatte sie noch nie gesehen. Er trug eine Uniform, aber eine mit hohen schwarzen Stiefeln. Es schien ein Offizier zu sein.
»Guten Abend«, sagte Malotki. Der Offizier grüßte ihn militä-

risch, die Hand an der Schirmmütze, und sah sich dann Henny an. Er wippte ein wenig auf seinen Stiefelhacken. »So, so, das ist sie also ...«
»Ja, das ist sie«, sagte Malotki, immer noch seinen Arm um sie gelegt. »Sie können ausrichten, daß wir sehr mit ihr zufrieden waren. Sie ist immer gehorsam gewesen und hat alles mit sich machen lassen, was wir von ihr verlangt haben.« Er lächelte. »Auch wenn wir leider annehmen müssen, daß es aus Berechnung geschehen ist.«
Mit beiden Händen nahm er ihr die Pelzstola ab und hängte sie sich über den Arm. Henny sah ihn an, aber sie wagte nicht, etwas zu sagen.
»Ziehen Sie Ihre Handschuhe aus«, sagte Malotki, und als sie zögerte: »Tun Sie, was ich sage.«
Henny zog ihre langen schwarzen Satinhandschuhe aus. Malotki hielt seine Hand auf, und sie legte sie hinein. Behutsam nahm er ihr das Federstirnband ab. »Das brauchen Sie heute auch nicht mehr.«
In diesem Moment faßte der Offizier sie von hinten bei den Handgelenken und legte ihr Handschellen an.
»Zu schade, daß ich nicht mitkommen kann«, sagte Malotki und fuhr ihr sanft mit den Fingern einer Hand durchs Haar. »Ich würde sehr gern zusehen ...«
Der Offizier legte ihr eine schwarze Augenbinde um. Henny zitterte, aber sie wußte genau, daß es sinnlos war, zu schreien.
»... aber leider muß ich mich um meine Gäste kümmern. Leben Sie wohl. Ich glaube nicht, daß wir uns wiedersehen.«
Henny hörte, wie Karras die Wagentür öffnete. Der Offizier faßte sie bei den Oberarmen. »Na, komm schon«, sagte er und schob sie zum Wagen. Er stieg neben ihr ein und klappte hinter sich die Tür zu. Noch immer konnte Henny die Tanzmusik und das Lachen aus dem Glashaus hören. Dann ließ Karras den Motor an, und der Maybach fuhr los.

Während der Fahrt sagte keiner der beiden Männer ein Wort. Mit verbundenen Augen, die Hände auf dem Rücken gefesselt, saß Henny neben dem Offizier. Ihr war kalt, und sie hatte Angst. Sie wußte bald nicht mehr, wie lange sie schon unterwegs waren.

Anfangs waren sie über Kopfsteinpflaster gefahren. Dann schien es nur noch über holprige Landstraßen zu gehen. Sie konnte die Felder riechen und dann den Wald. Der Wagen schwankte so sehr, daß sie ein paarmal den Halt verlor und gegen den Offizier fiel. Er half ihr, sich wieder aufzurichten, sonst faßte er sie nicht an.
Irgendwann wurde der Wagen plötzlich langsamer und kam zum Stehen. Sie hörte Schritte, und noch durch die Augenbinde sah sie ein Licht, als ob jemand mit einer Taschenlampe in den Wagen leuchtete. Niemand sagte etwas. Hacken wurden zusammengeschlagen, wie von einem Wachtposten, dann hörte sie, wie ein Tor aufging. Der Wagen fuhr wieder an. Sie konnte Ställe riechen, Pferdemist.
»Dort vorn, wo das Licht brennt«, sagte der Offizier. Kurz darauf hielt der Wagen erneut an, der Motor ging aus.
»Kommen Sie.« Der Offizier half Henny beim Aussteigen und packte sie dann beim Oberarm.
Sie wurde in ein Haus geführt, in dem die Schritte hallten, als ob es ganz leer wäre. Ein zweiter Mann kam hinzu und folgte ihnen wortlos eine Treppe hinab in einen Keller. Dort nahm man ihr die Handschellen ab, legte ihr aber sofort andere Eisen an. Sie war starr vor Angst. Der zweite Mann faßte sie beim Arm und schob sie grob vorwärts, bis sie gegen etwas Kaltes, Hartes stieß, einen Mauerpfeiler. Sie hakten die Eisen um ihre Handgelenke in zwei Ketten, die rasselnd am Mauerwerk hochgezogen wurden. Dann traten sie von ihr zurück. Mit dem Gesicht zum Pfeiler stand Henny da, die Arme über den Kopf erhoben.
Hinter sich hörte sie, wie jemand die Kellertreppe herabkam. Auf den letzten Stufen wurden seine Schritte langsamer. Die beiden Männer schlugen vor ihm die Hacken zusammen, und der eine meldete: »Alles bereit, Herr Hauptmann!« Dann gingen sie die Treppe hinauf, und oben fiel die Tür ins Schloß.
Henny atmete nur ganz flach und angespannt. Sie war allein mit dem Unbekannten, und sie spürte, wie er sie ansah. Langsam kam er näher. Seine Schritte knirschten auf dem Steinboden.
Er ging einmal um sie herum, um den Mauerpfeiler, an den sie gekettet war, und trat dann, wieder von hinten, nahe an sie

heran. Als er sie berührte, zuckte sie zusammen und spannte sich noch mehr an. Ganz langsam, beinahe andächtig, ließ er seine Hand ihren nackten Rücken hinabgleiten.
Dann durchschnitt er mit einem Messer die Träger ihres Kleides. Es glitt an ihr herab, und er durchschnitt auch noch den schmalen Streifen Stoff, der es auf ihrer Hüfte hielt. Er warf das Kleid beiseite. Erst als er noch einmal langsam um sie herumgegangen war, sagte er etwas zu ihr.
»Guten Abend, Henny.«
Als sie die Stimme hörte, schrie sie auf.

»K«

Henny war seit einer Woche verschwunden. Rowland wußte nicht mehr, was er tun sollte. Am Donnerstag fuhr er zum vierten Mal in die Meinekestraße, und diesmal sagte der Pförtner, er habe das Fräulein Pritzkow gesehen.
»Was? Wann?« fragte Rowland.
»Warten Sie. Ja, gestern morgen ist sie nach Hause gekommen.«
Rowland hastete die Treppen hinauf, klingelte, horchte an der Tür. Aber nichts. Der Pförtner kam neugierig hinter ihm her.
»Seitdem haben Sie sie nicht mehr gesehen?« fragte Rowland.
»Nein.«
»Haben Sie einen Schlüssel für die Wohnung?«
»Nein. Der Eigentümer hat einen, aber der ist zur Zeit ...«
»Können Sie die Tür irgendwie anders aufmachen?«
»Na, hören Sie, ich kenne ja nicht einmal Ihren Namen.«
»Es könnte sein, daß ein Notfall vorliegt. Vielleicht liegt sie da drinnen und braucht Hilfe.«
»Ist sie denn krank?«
In diesem Moment ging die Tür auf. Henny stand vor ihnen, im Morgenrock, blaß und mit zerzausten Haaren. »Schon gut, komm rein.«
Sie schloß die Tür hinter Rowland und ging ihm dann barfuß durch den Korridor voran. Es war früher Nachmittag, aber alle Vorhänge waren zugezogen. Ein Zimmer war so düster wie das andere. Rowland fragte sich, wann er Henny das letztemal ungeschminkt gesehen hatte. Es mußte damals in England gewesen sein.
»Wo warst du so lange?« fragte er.
Henny ging in die Küche. »Schwanenwerder.«
Die Antwort kam ihm merkwürdig ausweichend vor. Sonst hatte sie immer ›in der Villa‹ gesagt. Er blieb in der Tür stehen.

»Die ganze Zeit?«
Es fiel ihm auf, wie langsam und steif sie sich an den Küchentisch setzte.
»Was ist mit dir?«
»Was soll sein? Ich bin fix und fertig. Ich könnte nur noch schlafen.« Ihre Augen waren rot, als hätte sie geweint. Er zögerte einen Moment.
»Und sonst? Hast du irgendwas Neues erfahren?«
»Ja, habe ich.« Sie sah ihn nicht an.
»Und was?«
»Es war so, daß Nelly eines Nachts die Türen verwechselt hat, als sie ins Bad wollte ...« Henny sprach so langsam, als versuchte sie, sich an einen genauen Wortlaut zu erinnern. »Plötzlich stand sie vor der Dienstbotentreppe und hörte die Stimmen aus dem Billardzimmer. Aus Neugier ist sie dann leise die Stufen hinaufgegangen und hat durch die Tür ein Gespräch mit angehört.«
»So könnte es gewesen sein, ja.«
»Nein, so war es. Nelly hat es einem der Mädchen erzählt, noch in derselben Nacht.«
»Und mit der hast du jetzt gesprochen?«
»Ja. Ich bin sicher, daß sie noch mehr weiß.« Sie sagte das so gleichgültig, als ginge sie das alles nichts mehr an.
»Über das Gespräch im Billardzimmer?«
»Ja. Aber weiter bin ich nicht gekommen. Wir wurden unterbrochen.«
»Du siehst sie wieder?«
»Ja.«
Rowland sah sie nachdenklich an. »Na gut, versuchen müssen wir alles. Janosz drängt übrigens darauf, dem Hinweis nachzugehen, den dieser Kommissar gegeben hat. Daß Cora Meinhold sich nach Hamburg abgesetzt haben könnte.«
»Er will nach Hamburg fahren?«
»Ja. Und Lina mitnehmen, natürlich.«
»Er hat euch tatsächlich zusammen gesehen, was?«
»Ja. Irgendwie hab ich es ja gleich gewußt.«
»Laß sie fahren. Es ist besser, wenn sie weg sind.«
»Wieso?«

»Wer weiß, was hier in nächster Zeit passiert. Ich höre in der Villa ja so dies und das. Da wartet man auf den großen Militärputsch.«
»Wann gehst du wieder in die Villa?«
Schmal und blaß saß Henny an ihrem Küchentisch und starrte vor sich hin. »Übermorgen«, sagte sie.

In dem Hotel am Hamburger Hafen war die ganze Nacht ein dauerndes Kommen und Gehen. Stöckelschuhe, gefolgt von schwereren männlichen Schritten. Betrunkene sangen und lachten, immer spielte irgendwo ein Grammophon, und auch sonst bekam man alles mit, was in den anderen Zimmern vor sich ging.
Die ersten zwei Tage verbrachten Lina und Max fast ausschließlich im Bett. Es war beinahe wieder wie am Anfang. Max hatte sie ganz für sich, und das war alles, was er wollte. Draußen war es grau und windig, ein feiner Sprühregen schlug an die Scheiben ihres Sprossenfensters. Man hörte das hohle Tuten der Schiffssirenen und die kreischenden Möwen, und von den Werften drang ein unaufhörliches metallisches Hämmern herüber.
Berlin war weit weg. Gleich nach ihrer Ankunft hatte Max kurz mit Henny telefoniert. Es hatte ihn gewundert, daß er sie schon beim ersten Versuch erreichte.
»Seid froh, daß ihr hier raus seid«, sagte sie und notierte die Telefonnummer des Hotels. »Gut, ich ruf dich an, wenn alles vorbei ist.«
Sie klang immer noch so verändert wie bei ihrer letzten Begegnung. Max war sicher, daß sie sehr viel mehr wußte, als sie sagte. Er hoffte nur, daß sie recht hatte und wirklich bald alles vorbei war.
Als er am Morgen des dritten Tages mit dem Frühstück ins Zimmer kam, saß Lina auf der Bettkante und betrachtete das Photo von Cora Meinhold. »Es wird langsam Zeit, daß wir anfangen«, sagte sie.

Wenige Tage später stieg ein Mann mit Schiebermütze und Lederjacke, nur ein paar Querstraßen weiter, eine enge, steile

Treppe hinauf. An einer Tür im zweiten Stock gab er ein Klopfzeichen, und eine Stimme sagte: »Ja?«
Als er eintrat, blickte ein dicker Mann mit Glatze von seinem Schreibtisch auf. Er trug ein weißes Oberhemd und eine schwarze Weste, und er war gerade beim Geldzählen. Die Banknoten lagen nach Währungen sortiert neben einer leeren Zigarrenkiste. Deutsches Geld war nicht dabei. »Tag, Paul«, sagte er. »Was gibt es?«
»Tag, Herr Hauschildt«, sagte der Mann mit der Schiebermütze. »Eine Menge Schereien gibt es. Jedenfalls, wenn wir nicht aufpassen.«
»Mm hm ...?« Herr Hauschildt zählte noch die Geldscheine zu Ende, die er in der Hand hatte, und legte den Stapel dann neben die anderen.
»Seit ein paar Tagen laufen hier zwei Figuren im Viertel herum, so ein junger Kerl und ein Mädchen, und zeigen überall Coras Bild. Es soll das gleiche Photo sein, das Lohmann neulich dabeihatte.«
»Polizeispitzel, meinst du?« Kriminalassistent Lohmann war ihnen beiden nur zu gut bekannt.
»Kann ich mir nicht vorstellen, daß Bartels solche Leute beschäftigt. Die haben keine Ahnung. Aber hartnäckig sind sie. Waren schon unten in der Wäscherei, und einmal haben sie bei Anita gegessen und auch gleich das Photo gezeigt.«
Herr Hauschildt atmete schnaufend aus und sah sein frisch gezähltes Geld an. Dann blickte er auf und sagte:
»Wir können hier nicht noch mehr Ärger gebrauchen. Wenn sie nicht aufhören, dann knöpft sie euch mal vor.«

»Ein Japaner?« sagte Captain Foley. »Ja, es gibt einen. Der japanische Marineattaché, Kapitän Kojima, ist Mitglied der Kontrollkommission.« Er und Rowland saßen in seinem Büro im Generalkonsulat. »Und der soll etwas mit der Sache zu tun haben?«
»Ich denke, daß ich bald mehr weiß«, sagte Rowland. »Meine Informantin hat Zugang zu denselben Kreisen wie die Ermordete. Aber sie weiß natürlich, welches Risiko sie eingeht. Jeder Schritt muß genau bedacht werden.«
»Je eher Sie die Sache zum Abschluß bringen, desto besser«,

sagte Foley. Er sah Rowland vielsagend an. Sie wußten beide, daß London kurz davor war, die Operation aus Kostengründen abzubrechen, und zwar ergebnislos, was für Rowlands weitere Laufbahn nichts Gutes verhieß. »Eine schnelle Lösung wäre für alle Beteiligten das beste.«
»Ganz meine Meinung«, sagte Rowland.

Auch an diesem Abend brachen Max und Lina in das Viertel hinter ihrem Hotel auf. Die lichterstrahlende Reeperbahn mit ihren Ballhäusern, Bierpalästen und Varietés wimmelte vor Menschen. Sie warfen einen Blick in das Hippodrom, wo man auf Pferden im Kreis reiten konnte, während ringsum das Publikum an den Tischen saß, und sie betraten das eine oder andere Tanzcafé. In den dunklen Seitenstraßen zogen Gruppen von betrunkenen Matrosen umher. Nutten standen aufgereiht an den Hauswänden und riefen Lina die übelsten Beschimpfungen hinterher. Durch die Inflation war auch hier alles aus den Fugen. Jeder ausländische Seemann hatte die begehrten Valuta in der Tasche. In ihrem Hotel hatten sie eine weibliche Stimme darüber schimpfen hören, daß ›die Frauen aus der Stadt‹ das ganze Geschäft verderben würden, für Valuta machten die alles, und die anständigen Nutten hätten das Nachsehen.
»Laß uns zurückgehen«, sagte Lina schließlich. »Es hat doch keinen Zweck.«
Die Straße, die zu ihrem Hotel führte, war dunkel und fast menschenleer, nur ein Betrunkener saß in einem Hauseingang und schwankte vornübergebeugt hin und her. Ihre eigenen Schritte kamen ihnen sehr laut vor. Sie sagten kein Wort.
Plötzlich traten direkt vor ihnen zwei Männer mit Schiebermützen aus einer Toreinfahrt und versperrten ihnen den Weg. Der eine ließ ein Klappmesser aufspringen und hielt es Max unters Kinn.
»Los, hier rein«, sagte er. Der andere packte Lina beim Arm und zerrte sie ebenfalls in den dunklen Torweg.
Schon standen sie mit dem Rücken an der Mauer, und die beiden Männer vor ihnen.
»Was wollt ihr von Cora?« fragte der mit dem Messer.
Max sagte nur hilflos: »... was?«

Lina sagte: »Kennen Sie sie?«
»Die Fragen stellen wir. Also, was macht ihr hier? Weshalb sucht ihr sie?«
»Wir müssen unbedingt mit ihr sprechen«, sagte Lina.
»Ach ja? Und worüber?«
»Das ... kann ich Ihnen nicht sagen.«
Max hatte immer noch den Kopf im Nacken und das Messer unter dem Kinn. »Vielleicht kann dein Freund uns das sagen?«
»Könnten Sie ihr ... etwas ausrichten?« fragte Lina.
Der andere Mann lachte leise. »Machen wir gern, oder?«
»Kennt sie euch?« fragte der mit dem Messer.
»Nein«, sagte Lina. »Aber wenn Sie ihr sagen würden, daß wir von Henny kommen? Henny Pritzkow aus Berlin. Die kennt sie ganz sicher.«
Der Mann schien zu überlegen, dann nahm er das Messer weg. Max atmete auf.
»Also gut. Mal hören, was sie sagt. Wir wissen ja, wo wir euch finden.«
Als die beiden Männer in der Dunkelheit verschwunden waren, sagte Lina: »Max, sie *lebt!*«
»Ja«, sagte Max, »und wir zum Glück auch noch.«

In die Augen sehen konnte Henny ihm nicht, während sie Rowland nach und nach die Einzelheiten berichtete, die sie über das Gespräch im Billardzimmer erfahren hatte. Rowland wurde ein gewisses Unbehagen nicht los. Andererseits hörte sich die Sache ganz brauchbar an.
Es ging gar nicht um deutsche Jagdflugzeuge aus dem Krieg, die irgendwo versteckt waren, sondern um solche, die erst neu gebaut wurden. Major Conway hatte das für unmöglich gehalten. Der deutsche Flugzeugbau wurde ständig überwacht.
Die japanische Regierung hatte die Heinkel-Werke in Warnemünde heimlich mit der Entwicklung neuer Militärmaschinen beauftragt. Der Marineattaché in Berlin kannte als Mitglied der Kontrollkommission stets den Zeitpunkt der Inspektionen und rief vorher bei Heinkel an. Dort wurden dann die verbotenen Flugzeuge auf Lastwagen verladen und einige Kilometer weiter in die Stranddünen an der Ostsee gebracht, bis alles vorbei

war. Bisher hatte das immer reibungslos funktioniert, und beide Seiten waren zufrieden. Für die Deutschen bot sich dadurch die Möglichkeit, den Versailler Vertrag zu umgehen und technisch auf dem neusten Stand zu bleiben, was militärisch von größter Bedeutung war. Und eine kleine Prostituierte hätte das alles zunichte machen können. Deshalb hatte man sie beseitigt.
Rowland war sicher, daß London sich damit zufriedengeben würde. Und das war das einzig Wichtige.

In der Nacht hatte jemand einen Zettel unter der Zimmertür durchgeschoben. Lina hob ihn auf und las: ›Heute abend 8 Uhr Schmuckstraße Ecke Thalstraße.‹ Das war alles.
Der Treffpunkt lag auf der anderen Seite der Reeperbahn, und sie waren pünktlich dort. Aus einem dunklen Hauseingang trat der Mann, der Max mit dem Messer bedroht hatte.
»Hier geht's lang.«
Sie folgten ihm in eine schmale Seitenstraße, wo auf allen Ladenschildern chinesische Schriftzeichen standen. Im Vorbeigehen blickten sie in eine erleuchtete chinesische Wäscherei. Ohne sich nach ihnen umzudrehen, ging der Mann die Stufen zu einem Kellerlokal hinab.
Am Ende eines kahlen Vorraums öffnete sich ein roter Türvorhang. Ein Chinese in schneeweißer Stewardjacke lächelte sie an.
»Guten Abend.«
»Das sind sie«, sagte der Mann.
»Kommen Sie bitte.«
Lina und Max wurden durch ein schummriges Restaurant geführt, in dem rote Lampions unter der niedrigen Decke hingen. An kahlen Holztischen saßen ein paar Chinesen und aßen mit Stäbchen, in einer Ecke las ein blonder Mann mit Vollbart eine holländische Zeitung. Man hörte das Zischen und Brutzeln aus der Küche.
Am hinteren Ende war ein Vorhang aus Perlenschnüren. Der Mann, mit dem sie gekommen waren, blieb davor stehen.
»Nur das Mädchen kommt mit.«
»Was?« rief Max. »Das kommt überhaupt nicht in Frage!«
»Haben Sie keine Angst«, sagte der Chinese lächelnd. »Sie können hier warten. Möchten Sie einen Tee?«

»Das lasse ich nicht zu, hören Sie?«
»Max«, sagte Lina, »was sollen wir denn machen?«
»Du gehst auf keinen Fall allein mit!«
Aber schließlich tat sie es doch. Der Mann ging voran, durch den Vorhang und durch eine Tür, die ins dunkle Treppenhaus führte. Wortlos stiegen sie die Stufen hinauf. Es war sehr still im Haus. Sie gingen bis ganz unters Dach. Der Mann schloß eine Tür auf. Lina zögerte, ihm hinein zu folgen.
»Na, was ist?« sagte er.
Sie trat in eine enge Dachwohnung. Als sie hörte, wie er hinter ihr den Schlüssel im Schloß umdrehte, wurde sie eine Sekunde lang ganz starr.
»Da drüben die Tür«, sagte er und setzte sich in einen Sessel. »Du brauchst nicht zu klopfen.«
Unsicher drückte Lina die Klinke hinab. Sie öffnete die Tür nur einen Spalt.
»Ja, komm rein«, sagte eine weibliche Stimme.
Cora saß im Negligé am Schminktisch und drehte sich jetzt auf dem Hocker um. Lina erkannte sie sofort. Sie hatte nicht einmal ihre blonden Haare gefärbt.
»Mach die Tür zu«, sagte Cora. »Und steh da nicht rum, setz dich irgendwohin.«
Lina sah sich schüchtern um. Mit dem großen französischen Bett in der Mitte wirkte das Zimmer wie ein Hotelzimmer. Sie setzte sich auf einen Stuhl.
»Nett, daß ich mal anderen Besuch kriege als immer nur die Kerle.« Cora lächelte und sah sich ebenfalls um. »Ja, du vermutest schon richtig. Hier lebe ich und hier verdiene ich mein Geld. Nichts ist umsonst, weißt du. Der Mann da draußen, dem gehört das hier. Der schickt mir ab und zu einen Freier rauf. Nur Valuta, versteht sich ... So, jetzt weißt du alles über mich. Und wer bist du?«

Max rauchte eine Zigarette nach der anderen, trank grünen Tee und starrte in das dämmrige Lokal. Der Chinese in der weißen Jacke lächelte ihm manchmal zu, wenn er aus der Küche kam. Max hatte gehört, wie er die Tür hinter dem Perlenvorhang abgeschlossen hatte. Er konnte nichts tun als warten, es machte

ihn fast verrückt. Mehrmals war er kurz davor, aufzuspringen und den Chinesen beim Kragen zu packen.
Endlich, nach einer Ewigkeit, hörte er hinter sich ein Klopfen. Der Chinese war sofort da und schloß auf. Lina kam durch den Vorhang. Sie war aufgeregt. »Komm, schnell«, flüsterte sie, »ich muß dir was erzählen.«
Der Chinese verneigte sich lächelnd. Als sie durch das Lokal nach vorn gingen, sagte Max: »Hör mal, solchen Unsinn machen wir nie wieder, ja? Nie wieder!«
Auf der Straße wollte Lina etwas sagen, aber hinter sich hörten sie Schritte. Sie gingen wortlos weiter. Das Licht der Straßenlaternen spiegelte sich auf dem Kopfsteinpflaster. Chinesen mit Schiebermützen, die Zigarette im Mundwinkel, standen in den Hauseingängen und schienen sie zu beobachten.
Hinter der nächsten Ecke sah Lina sich noch rasch um. Dann sagte sie leise: »Wir bekommen etwas von ihr, in den nächsten Tagen. Einen Briefumschlag.« Sie wartete, bis sie an ein paar Nutten vorbei waren. »Sie sagt, sie weiß nicht, was darin ist. Nelly hat ihn ihr gegeben. Am Tag, bevor sie ermordet wurde.«

»Nicht zu fassen«, sagte Captain Foley. »Und wir haben die Brüder auch noch bezahlt.«
Bei Kriegsausbruch in Europa hatte sich Japan gerade in einer Finanzkrise befunden, und der rettende britische Millionenkredit war mit der Auflage verbunden gewesen, an der Seite der Alliierten in den Krieg einzutreten. Nur deshalb gehörte Japan jetzt zu den Siegermächten und hatte einen Sitz in der Kontrollkommission.
»Und was soll nun daraus werden?«
Rowland zuckte die Achseln. »Das muß London entscheiden. Ich bleibe noch ein paar Tage und warte ab. Aber wie ich es sehe, wird die Sache vertuscht werden. Wenn etwas davon an die Öffentlichkeit gelangt, kann die Kommission endgültig einpacken. Wir reden also mit niemandem darüber.«
»Auch nicht mit Major Conway?«
»Mit niemandem.«

»Aber natürlich kommst du! Henny! Das müssen wir feiern«, sagte Rowland am Telefon. »Nichts Großes von mir aus, wenn du nicht magst. Aber eine Einladung zum Dinner kannst du nicht ablehnen.«
Am Abend fuhr Henny mit dem Taxi vor dem Adlon vor. Rowland stand im Smoking in der Halle und erwartete sie. Als er ihr aus dem Mantel half, sah er, daß ihr dunkles, schlichtes Kleid auch hinten hochgeschlossen war. Sie trug kaum Schmuck und war nur wenig geschminkt. Etwas besser schien es ihr immerhin zu gehen, sie lächelte schon wieder.
Rowland versuchte, sich nichts anmerken zu lassen. Im Hotelrestaurant aßen sie Jakobsmuscheln und ein kleines Entrecote, tranken Wein dazu und hinterher Champagner. »Auf die erfolgreiche Operation«, sagte Rowland und hob sein Glas.
»Ja«, sagte Henny und lächelte schwach.
»Was willst du jetzt machen mit all dem Geld? Denk dran, du mußt es anlegen, bevor die Inflation vorbei ist. Sonst löst es sich einfach wieder in Luft auf.«
Er konnte sagen, was er wollte, Henny nahm daran kaum Anteil. Den Champagner aber trank sie ganz willig, der Kellner schenkte mehrmals nach. Als sie schließlich vom Tisch aufstanden, schwankte Henny und hielt sich kurz an der Stuhllehne fest.
»Danke, es geht schon«, sagte sie zu dem Kellner.
Rowland nahm sie beim Arm. »Ich habe noch eine kleine Überraschung für dich«, sagte er im Hinausgehen.
»Bitte ruf mir ein Taxi, ja?«
»Nicht doch. Ich habe ein Abschiedsgeschenk für dich, das sollst du heute bekommen. Ich weiß nicht, wie lange ich noch in Berlin bin. Vielleicht nur noch ein paar Tage.«
»Arthur, nein, ich ...«
»Nun komm schon.« Ein Fahrstuhl war gerade unten, und Rowland schob sie sanft hinein. »Dritter Stock, bitte«, sagte er zu dem Liftboy. In der Suite mischte er zwei Whisky-Sodas. Henny stand da und sah sich um. Sie war seit Wochen nicht mehr hiergewesen. In dem Zimmer, in dem sie einmal ihre Sachen gehabt hatte, standen mehrere Holzkisten und Pakete.
»Warte«, sagte Rowland, »ich hole dein Geschenk.«
Er kam mit einer kleinen Schmuckschatulle zurück.

»Willst du sie nicht aufmachen?«
Henny betrachtete das glitzernde Collier und sagte nur:
»Ja, das ist schön. Danke.«
»Ich lege es dir um. Komm her zum Spiegel.«
»Nein, nicht jetzt.«
»Doch, doch. Halt still.« Er stand hinter ihr, nahm ihr die Perlenkette ab und legte ihr das Collier um. »Das Kleid müßte natürlich schulterfrei und ausgeschnitten sein.« Er lächelte ihr im Spiegel zu. »Ich wußte gar nicht, daß du auch andere besitzt.«
»He, was tust du da?«
Er hatte angefangen, die obersten Knöpfe zu öffnen.
»Nun warte doch mal, so wirkt es doch gar nicht.«
»Nein, nicht!« Aber da hatte er ihr das Kleid schon von den Schultern gestreift. Sie wollte sich wegdrehen, aber er hielt sie fest.
»Mein Gott ... Was haben sie mit dir gemacht?«
Henny sagte kein Wort. Er ließ sie los. Sie blieb einfach so stehen. Er öffnete noch einen Knopf und noch einen. Ihr ganzer Rücken war voller blauer und brauner Striemen.
»Henny ...«
Sie drehte sich um und schlang ihm die Arme um den Hals.
»Wer ist das gewesen?« fragte er.
»Ist doch egal. Es war in der Villa.«
Er wagte kaum, sie anzufassen. »Tut es noch weh?«
»Nein.« Sie schmiegte sich enger an ihn. Und plötzlich küßte sie ihn auf den Mund.
Rowland hatte seit Wochen nicht mehr mit ihr geschlafen. Auf einmal gab es kein Halten mehr.

Stunden später stand Rowland im Morgenmantel am Fenster und blickte hinab auf den nächtlichen Pariser Platz. Er trank einen Schluck Whisky, dann fragte er:
»Und wofür steht das K?«
Der Whisky war pur, und er konnte ihn gebrauchen.
»Für Korella«, sagte Henny, hinter ihm auf dem Bett.
»Korella?« Er drehte sich um und sah sie an. Das Zimmer lag im Halbdunkel, das einzige Licht kam durch die offene Schiebetür

von nebenan. Henny lag auf der Seite, den Kopf in die Hand gestützt. Um den Hals hatte sie noch immer das schmale Collier. Es glitzerte, wenn sie sich bewegte.
Das K hatte Rowland erst ganz zum Schluß bemerkt. Es stand klein, aber deutlich auf ihrer linken Hüfte. Es war ein Brandzeichen.
»Wieso Korella?«
»Dem gehört eben die Villa.«
»Und Malotki? Was ist mit dem?«
»Er hat mich dort eingeführt, das ist alles.«
Rowland setzte sich in einen Sessel, streckte die Beine aus und kippte den Rest Whisky. Er glaubte ihr kein Wort. Er mußte an den Krieg denken, an England. Bei der ersten Untersuchung hatten die Militärärzte noch verblaßte Striemen auf ihrem Rücken gefunden ...
»Das K steht für Kallbach«, sagte er, ohne sie anzusehen. »Er war es. Habe ich recht?« Er hörte, wie sie sich langsam im Bett aufsetzte.
»Gib mir noch einen Whisky.«
Er schenkte in beide Gläser ein. »Soda?«
»Nein.«
Eine Weile saßen sie wortlos da, dann sagte Henny:
»Du hast genau gewußt, daß er noch lebt.«
Rowland zündete sich eine Zigarette an. »Sagen wir: es bestand die Möglichkeit.«
»Und diese Möglichkeit hast du einkalkuliert. Du hast mich benutzt, von Anfang an.« Sie blieb so ruhig, als hätte sie mit all dem nicht viel zu tun. »Du wußtest, sie würden die Pension beobachten lassen. Einfach, weil du selbst es genauso gemacht hättest.«
Rowland sagte nichts. Er rauchte nur, sein Glas in der Hand.
»Deshalb sollte ich auch unbedingt weiter in der ›Grünen Spinne‹ auftreten. Damit sie unauffällig Kontakt zu mir aufnehmen konnten. Du hast mich ihnen regelrecht ausgeliefert.«
»Henny ...«
»Du wußtest, daß Kallbach nur darauf wartete, mich wieder in seiner Gewalt zu haben. Und was er dann mit mir machen würde, konntest du dir ja wohl denken ...« Sie trank einen Schluck

Whisky. »Er hat eine Narbe im Gesicht, von einem Granatsplitter. Er ist damals an die Front versetzt worden. Alles meinetwegen, sagt er.«
Rowland beugte sich im Sessel vor und blickte stumm in sein Glas.
»Er hat mich fünf Tage gefangen gehalten. Ich weiß nicht, wo. In einer Art Kaserne, mitten im Wald. Zwei Backsteingebäude, ein paar Baracken. Es gab sogar einen Pferdestall. Ich war die meiste Zeit in einem Keller eingesperrt, fast immer angekettet. Ich weiß nicht, wie oft er mich vergewaltigt hat. Das andere siehst du ja. Und auch das war noch nicht einmal das Schlimmste ...«

In der dritten Nacht kamen sie, um sie zu holen. Sie waren zu zweit. Der eine hielt eine Taschenlampe, der andere zog ihr die Decke weg, löste ihre Ketten und riß sie grob von ihrer Holzpritsche hoch. Als sie benommen dasaß und ihre wunden Handgelenke rieb, warf er ihr ein graues Soldatenhemd hin. »Los, zieh das an!« Das Licht der Taschenlampe blendete sie, aber sie erkannte die Stimme des Offiziers, der sie hierhergebracht hatte. Sie konnte sich vor Schmerzen kaum bewegen. »Mach schon!« Das Hemd war viel zu groß für sie, und sie hatte angefangen, es verkehrt zuzuknöpfen. »Los, aufstehen!«
Er riß ihr die Arme nach hinten und legte ihr Handschellen an, dann führte er sie die Kellertreppe hinauf. Der andere folgte ihnen, der Lichtschein und ihre großen Schatten schwankten vor ihnen her. Draußen stand ein Auto mit offenen Türen. Henny wurde hinten hineingeschoben, der Offizier stieg zu ihr. Sie konnte kaum sitzen und versuchte, sich seitlich hinzukauern. »Stell dich nicht so an«, sagte er und zog die Wagentür zu. »Gleich hast du alles überstanden.«
Die Fahrt durch den Wald war nur kurz. Vor ihnen am Straßenrand stand ein anderes Automobil, und sie hielten dahinter an. Bevor die Scheinwerfer ausgingen, sah Henny noch, daß jemand darin saß. »Aussteigen.« Der Offizier packte sie beim Arm und führte sie mit sich, der andere ging mit der Taschenlampe voran, in einen dunklen Waldweg hinein. Unter den Stiefeln der Männer knackten die trockenen Zweige. Wenn Henny strauchelte,

wurde sie vorwärts gerissen, ohne Rücksicht darauf, daß sie barfuß war.
Nach einer Weile sah sie vor sich einen hellen Schimmer zwischen den Bäumen. Sie kamen auf eine Lichtung, auf der mehrere Sturmlaternen brannten. Die eine hing am Griff eines Spatens, der in einem Erdhaufen steckte. In ihrem Lichtkreis sah man ein schwarzes Loch im Boden. Es war länglich und viereckig.
Eine dunkle Gestalt kam auf sie zu, ein breiter, kräftiger Mann in Uniform. Schon bevor er ins Licht trat, wußte Henny, daß es Kallbach war. Er blieb stehen und sah sie an, von Kopf bis Fuß. Sie zitterte. Der Offizier, der hinter ihr stand, hielt sie fest bei den Oberarmen gepackt.
Kallbach wandte sich ab. Auf dem Weg näherte sich von neuem das schwankende Licht einer Taschenlampe. Drei weitere Männer betraten die Lichtung. Der erste, den Henny erkannte, war Karras. Auch er trug Offiziersuniform. Sie hatte ihn noch nie so gesehen.
Dann kamen die beiden anderen ins Licht: ein Soldat, der einen Zivilisten am Arm vor sich herführte. Es war ein kleiner, beleibter Herr mit Glatze. Der Kragen seines weißen Oberhemds war offen, die Ärmel waren aufgekrempelt, und er hatte die Hände in Handschellen auf dem Rücken. Über seinen runden Bauch spannte sich eine gestreifte Weste. Henny erkannte ihn sofort. Es war der Mann mit dem *Figaro*, der Mann, der sie und Malotki in der ›Grünen Spinne‹ beobachtet hatte ...
Der Soldat brachte ihn bis zur Mitte der Lichtung, drehte sich dann um und ging allein zurück. Kallbach trat in den Lichtkreis.
»Lucien Gaspard, es ist soweit«, sagte er. »Sie wissen, was Sie erwartet. Unsere Länder stehen im Krieg miteinander, und bei uns wird mit Spionen nicht anders verfahren als bei Ihnen. Haben Sie noch etwas zu sagen?«
Gaspard stand der Schweiß auf der Stirn. Es herrschte völlige Stille. Er sah langsam von einem zum anderen. Sein Blick fiel auf Henny.
»Ah, Mademoiselle ... Ich sehe, auch Ihnen hat das Ganze kein Glück gebracht.«

Karras trat hinter ihm einen Schritt näher. Henny sah, daß er eine Pistole in der Hand hatte.
»Aber da ist nur ein Grab«, sagte Gaspard. »Sollte ich das Vergnügen haben, es mit Ihnen zu teilen?« Er sah Kallbach an und lächelte.
»Ja, ich weiß, Sie hatten eher an etwas wie ›Vive la France!‹ gedacht. Aber glauben Sie mir, das sind Kindereien ... Im Médoc beginnt jetzt die Weinlese, und es verspricht, ein großer Jahrgang zu werden. Denken Sie daran, mein Freund: auch Sie werden längst tot und begraben sein, wenn man immer noch den Wein dieses Sommers trinkt.«
»Knien Sie sich hin«, sagte Kallbach.
»Nein, Monsieur«, sagte der kleine, dicke Mann mit seiner gestreiften Weste und blieb aufrecht stehen. »Das werde ich nicht tun.«
»Wie Sie wollen.« Kallbach salutierte. Auch die anderen nahmen Haltung an. Karras stand hinter Gaspard und setzte ihm mit ausgestrecktem Arm die Pistole ins Genick.
Als der Schuß krachte, wurde Henny schwarz vor Augen.

»Hat Karras auch Nelly Pahlke erschossen?«
»Ja.« Henny lag ausgestreckt zwischen den Seidenkissen. »Sie haben ihr gesagt, Malotki wolle sie sehen, und sie ist mitgekommen. Sie tat ja alles, was er wollte. Im Wagen haben sie ihr eine Augenbinde angelegt. Sie hat nicht einmal gewußt, daß sie im Tiergarten war.«
Rowland trank sein Glas aus.
»Und Schaffranek? Hast du mit Kallbach darüber gesprochen?«
»Ja, er hat mich ausgefragt. Er wollte wissen, was die Polizei gesagt hat. Ob sie ihn tatsächlich für den Mörder hält.«
»Warum Schaffranek? Weißt du das?«
»Sie wollten ihn loswerden, weil er anfing, die Nerven zu verlieren, nachdem du ihn vernommen hattest. Kallbach hat ihm gesagt, er solle untertauchen, sie würden das organisieren. Erst mal sollte er in dieser Kaserne im Wald bleiben.«
»Wahrscheinlich Döberitz ...«
»Kann sein. Sie haben ihm ein Zimmer gegeben, und in dem

Spind lagen ein paar Sachen, als ob sie jemand vergessen hätte. Eine Handtasche, eine Spritze und so weiter. Schaffranek hat das alles angefaßt und sich nichts dabei gedacht. Mit der Pistole haben sie ihn eine Schießübung machen lassen. Dann ist Karras noch einmal mit ihm in sein Zimmer in der Stadt gefahren. Während Schaffranek seinen Koffer packte, hat er heimlich die Beweisstücke deponiert.«
»Und damit hatte Schaffranek seine Schuldigkeit getan.«
»Ja.«
Sein leeres Glas in der Hand, starrte Rowland vor sich hin.
»Ich verstehe das alles nicht«, sagte Henny. »Du hast doch gleich gewußt, daß ich die Sache mit den Flugzeugen und den Japanern nicht in der Villa erfahren habe ...«
»Nun ja, besonders überzeugend klang es nicht.«
»Aber das hat dir nichts ausgemacht. Wieso nicht?«
»Ich sollte herausfinden, was Nelly Pahlke der Kontrollkommission verkaufen wollte, und das habe ich getan. Es ist nur die Nachricht selbst, die zählt. Woher ich sie habe, kann London sowieso nicht überprüfen.«
Henny drehte sich auf die Seite und schlug ein Bein über die Bettdecke. »Alles, was du weißt, hat Kallbach dir zukommen lassen. Durch mich ... Aber warum hat er das getan? Warum ist Nelly überhaupt umgebracht worden, wenn die Kontrollkommission jetzt doch alles erfährt?«
»Wer sagt denn, daß sie es erfährt?«
»Etwa nicht?«
»Darüber habe ich nicht zu entscheiden. Aber selbst, wenn, macht das auch keinen Unterschied. Die Kommission müßte die Sache genauso unter Verschluß halten wie wir. Der Schaden wäre sonst nie wieder gutzumachen.« Rowland entkorkte die Whiskyflasche und goß sich noch etwas ein. »Du siehst also: Die Partie ist glatt aufgegangen, und alle sind zufrieden. So läuft das Spiel nun mal.«
»Und der Franzose? Für den war es kein Spiel.«
Rowland stand aus dem Sessel auf.
»Doch. Aber er hat es verloren.« Sein Glas in der Hand, trat er wieder ans Fenster.
»Und wer hat gewonnen?« fragte Henny.

Rowland blickte über den dunklen Tiergarten.
»Der Krieg ist fünf Jahre her, und die Zeiten haben sich geändert. Die Alliierten von damals sind sich längst nicht mehr einig. Frankreich sieht in Deutschland noch immer den Feind. Wir tun das nicht. Wir haben längst einen anderen. Mein neuer Vorgesetzter hat das sehr deutlich gemacht, als ich in London war. Die größte Gefahr für das Britische Empire ist heute der Kommunismus. Die Sowjetunion mit ihrem Anspruch auf Weltrevolution.«
»Und was heißt das?«
»Das heißt, daß England und Frankreich verschiedene Interessen haben. Die Franzosen wollen Deutschland um jeden Preis unten halten. Wir dagegen sind für eine deutsche Armee, die stark genug ist, die Grenze Europas nach Osten zu sichern ... und außerdem die deutschen Kommunisten niederzuhalten.« Er lächelte. »Vielleicht sagst du Lina und Max besser nichts davon ...« Er trank einen Schluck Whisky und drehte sich um. »Das heißt: England ist bereit, geheime deutsche Rüstungsvorhaben stillschweigend hinzunehmen. Meine Direktiven waren also von Anfang an andere, als offiziell behauptet. Ich sollte nicht *für* die Kontrollkommission arbeiten, sondern, wenn man so will, gegen sie.« Er zuckte bedauernd die Achseln. »Und dafür mußte ich auf irgendeine Weise Verbindung zur deutschen Seite aufnehmen. Die Möglichkeit, daß Kallbach noch lebte, konnte ich dabei nicht ganz außer acht lassen. Denn eines war ziemlich sicher: *wenn*, dann war er hier in Berlin und gehörte auch immer noch dem Geheimdienst an. Solche Leute ändern sich nie.«
Henny setzte sich im Bett auf. Das Collier an ihrem Hals glitzerte im Halbdunkel, und sie wirkte sehr schmal und verletzlich.
»Henny ...«
»Ja, ja, ich weiß, du hast das alles nicht gewollt. Zu spät.«
Rowland schwenkte den Rest Whisky in seinem Glas und kippte ihn dann hinunter.
»Warum das Zeichen?« fragte er. »Das K?«
»Was es bedeutet?« Henny schlang beide Arme um ihre angezogenen Knie. »Es bedeutet, daß ich ihm gehöre. Wie ein Tier, verstehst du? Es ist das Zeichen des Besitzers.«

»Warum gehst du nicht weg aus Berlin?«
»Und wohin?« Sie sah ihn an. Er sagte nichts. Schließlich lächelte sie, und er wußte, worüber. Er hatte ihr nicht angeboten, mit nach England zu kommen.
»Wie geht es weiter?« fragte er.
»Ich habe ihm zur Verfügung zu stehen, wann immer er will. Dafür stehe ich unter seinem besonderen Schutz.«
»Was heißt das?«
»Wie es aussieht, hat seine Seite bald wieder die Oberhand. Dann ist Schluß mit der Republik und alles wird wieder wie früher. Jedenfalls bin ich dann wieder auf seine Protektion angewiesen.«
»Hast du etwas Bestimmtes vor?«
»Vielleicht mache ich ein kleines, exklusives Bordell auf.«
»Ein was ...?«
»Da bin ich dann natürlich die Chefin, mit schwarzen Lacklederstiefeln und Reitpeitsche. Könntest du dir das vorstellen?«
»Es kommt ein bißchen plötzlich, aber ... wenn du mich so fragst ...«
»Ich bin es leid, mich immer nur benutzen zu lassen. Es wird ein Englischer Salon, weißt du, und die Regierungsräte werden vor mir auf die Knie fallen und mir die Stiefel küssen.«
»Weißt du was?« sagte Rowland und lachte. »Darauf müssen wir anstoßen. Auf die Regierungsräte! Ich lasse eine Flasche Champagner heraufkommen!«

Als er wieder zu sich kam, war Henny nicht mehr da. Er lag im Morgenmantel auf dem Bett, die Decke und zwei Kissen lagen auf dem Boden, daneben stand die leere Champagnerflasche. Die Vorhänge waren zugezogen und es war so dunkel in der Suite, als wäre noch immer Nacht. Oder schon wieder. Er wußte es nicht. Er versuchte aufzustehen und trat dabei fast in die Scherben eines Sektglases. Eine Weile blieb er auf der Bettkante sitzen und hielt sich den Kopf. Dann kam er mühsam auf die Beine und holte sich aus dem Bad ein Glas Leitungswasser.
Es war halb zwei. Er zog den Vorhang auf und sah hinaus. Es war Tag. Ein grauer, regnerischer Oktobertag.

Er wußte, er hatte zuviel geredet. Das, woran er sich erinnern konnte, war schlimm genug. Aber es war längst nicht alles gewesen ...
Zu spät. Er sah die Doppeldeckerbusse durch den Regen fahren und die schwarzen Taxis, und er blickte hinab auf die Regenschirme der Passanten.
Er beschloß, nach London abzureisen.

Das Protokoll

»Was hast du ihr gesagt?« fragte Max, als sie wieder in ihrem Hotelzimmer waren. Sie redeten sehr leise.
»Das, was wir besprochen hatten«, sagte Lina. »Daß Henny in Schwierigkeiten ist.«
Sie hatten lange überlegt, was sie Cora eigentlich sagen sollten, wenn es ihnen wirklich gelang, sie zu finden. Schließlich hatten sie sich zurechtgelegt, daß Henny bedroht werde, weil jemand glaubte, Nelly hätte ihr bei ihrer letzten Begegnung im Regina-Palast noch schnell etwas zugesteckt. Etwas, das sie loswerden wollte, weil sie bemerkt hatte, daß sie beobachtet wurde.
»Hat sie es dir geglaubt?« fragte Max.
»Ja, sofort. Und ich hatte auch gleich das Gefühl, daß sie wußte, worum es geht: um die Notizen, die Nelly gemacht haben könnte.«
»Die gibt es also tatsächlich. Oder was ist in dem Umschlag?«
»Sie sagt, sie hat ihn nicht geöffnet.«
»Kann ich mir nicht vorstellen. Das wär doch das erste, was man macht.«
»Finde ich auch. Aber sie behauptet es. Nelly hat ihr den Umschlag am Morgen vor ihrem Tod gegeben, in der Pension. Sie sollte ihn für sie aufbewahren. Nelly hatte Angst, ihr Zimmer könnte durchsucht werden. Cora hielt das für Verfolgungswahn. Angeblich kriegt man den von Kokain.«
»Aber hinterher war ihr klar, daß es der Umschlag war, den die Männer in der Pension gesucht hatten ...«
»Ja, deshalb hat sie ihn mitgenommen. Als ihre Lebensversicherung, sagt sie. Für den Fall, daß sie sie finden sollten. Jedenfalls besser, hat sie gedacht, als mit leeren Händen dazustehen. Die würden ihr ja doch nicht glauben, daß sie nichts weiß.«

»Und wieso gibt sie ihn uns dann?«
»Sie braucht ihn bald nicht mehr. Sie geht außer Landes. Mit einem Mann, den sie kennengelernt hat.«
»Da oben in ihrem Zimmer?«
»Ja. Ein Freier. Sie tat erst so, als ob er ein amerikanischer Millionär wäre, der sich unsterblich in sie verliebt hat. Aber dann mußte sie selber lachen. In Wirklichkeit scheint es ein Ire zu sein, der in irgendeinem englischen Hafen ein kleines Hotel hat. Er braucht eine Frau, sagt sie, die nach was aussieht, wenn sie hinter dem Tresen steht. Damit die Seeleute kommen. Immerhin, er bezahlt ihrem Zuhälter die Ablösesumme. Übermorgen geht ihr Schiff.«
»Und der Umschlag?«
»Den können wir Sonntagabend bei dem Chinesen abholen. Sie sagt, das ist alles, was sie für Henny tun kann. Sie wünscht ihr viel Glück.« Lina zögerte. »Aber sie hat mich angesehen, weißt du ... als ob wir uns da lieber nichts vormachen sollten.«

Am Freitag lag ein riesiger Überseedampfer an den Landungsbrücken. Max und Lina sahen zu, wie sich Menschen mit Koffern in langen Schlangen durch die Zollabfertigung schoben. Geschäftige Stewards eilten hin und her, Gepäck wurde verladen. Plötzlich sagte Lina: »Sieh mal! Da oben!«
An der Reling stand eine blonde junge Frau mit einer weißen Pelzstola. Sie mußte ihren Hut festhalten, weil es so windig war. Ein Mann trat an sie heran und legte seinen Arm um ihre Schultern, und schon verschwand sie mit ihm zwischen den anderen Passagieren.

Max bestand darauf, allein zu gehen. »Die denken sich bloß wieder irgendwas aus, wenn sie dich sehen«, sagte er. »Das will ich nicht noch einmal erleben.«
»Paß auf dich auf«, sagte Lina und gab ihm einen Kuß.
Gegen zehn Uhr betrat Max das chinesische Kellerlokal und ging gleich zwischen den Tischen hindurch nach hinten. Der Chinese in der weißen Jacke kam aus der Küche und gab ihm ein Zeichen, durch den Vorhang zu gehen. Durch die Perlen-

schnüre trat Max in ein winziges Hinterzimmer. Gleich darauf war der Chinese bei ihm.
»Sie haben etwas für mich?« fragte Max.
»Sie sind bereit, dafür zu bezahlen?«
»Das war nicht vereinbart.«
Der Chinese lächelte. »Aber Sie werden es sich gedacht haben, nicht wahr?«
»Wieviel?«
»Zehn Dollar.«
»Was? Wo soll ich die hernehmen?« Der Dollar stand bei über drei Milliarden Mark.
Sie einigten sich auf die Hälfte. Max blätterte die grünen Scheine hin. Der Chinese zog einen Briefumschlag aus seiner weißen Jacke und legte ihn daneben.
»Geben Sie noch einen Dollar«, sagte er.
»Wir haben uns gerade auf fünf geeinigt«, sagte Max und steckte den Umschlag ein.
»Noch einen Dollar und ich verrate Ihnen einen Namen. Miss Cora sagt, der Name wird sehr wichtig sein für Sie.«
Max sah ihn finster an, aber er legte noch einen Dollar drauf. Der Chinese blickte kurz durch den Vorhang, dann sagte er leise: »Der Name ist Stolze-Schrey.« Er lächelte. »Mit Bindestrich und Ypsilon.«

»Stolze-Schrey?« sagte Lina. »Nie gehört. Wer soll das sein?«
»Das hat er mir nicht gesagt. Nur den Namen.«
Zwischen ihnen auf dem kleinen Tisch lag der Briefumschlag. Er war etwas schmutzig und verknittert, aber sonst unversehrt. Die Zimmertür war abgeschlossen, es war alles bereit.
Lina nahm das Taschenmesser und trennte langsam und vorsichtig die Umschlagklappe auf. Sie sah hinein.
»Ich glaube, das sind lauter einzelne Zettel.«
»Nimm sie so heraus, wie sie sind. Nicht durcheinanderbringen.«
Es waren Seiten, die aus einem Notizbuch herausgerissen waren.
»Sag mal, was ist denn das ...?«
»Moment. Sind die Seiten numeriert?«

»Ja.«
»Gut, wenigstens etwas.«
»Hast du so was schon mal gesehen?«
Behutsam legte Lina ein Blatt neben das andere. Sie waren alle mit der gleichen kleinen Schrift bekritzelt, die hastig über die Seite dahinflog und nur aus Wellenlinien, Strichen, Haken und Kringeln bestand. Kein einziger Buchstabe war zu erkennen. Es hätte Arabisch sein können.
Vor ihnen auf dem Tisch lagen die Aufzeichnungen Nelly Pahlkes, und sie konnten sie nicht lesen.
»Das gibt es doch nicht«, sagte Max. »Das muß irgendeine Art von ...«
»Warte mal! Hier steht noch etwas hinten drauf!«
Auf der letzten Seite stand in gewöhnlicher Handschrift:
Gespräch im Billardzimmer, Villa Korella, 19. 5. 23.
1. Malotki, 2. Oberst v. Trotha, 3. ?, 4. ?
»Das andere ist Steno!« sagte Lina. »Kurzschrift. Natürlich! Nelly war Stenotypistin!«
»Und was jetzt?«
»Zeigen können wir es niemandem. Wer weiß, was da drinsteht ...«
Eines war sicher: es war das, wofür man Nelly umgebracht hatte.
»Man muß es doch irgendwie entziffern können«, sagte Max. »Wenn man wüßte, was diese Zeichen bedeuten ...«

Am nächsten Morgen gingen Max und Lina als erstes in eine Buchhandlung und fragten nach einem Lehrbuch für Stenographie.
»Und an welches System haben Sie gedacht?«
»System?«
Der Buchhändler lächelte milde. »Es gibt zwei verschiedene Arten von Kurzschrift«, sagte er. »Gabelsberger und Stolze-Schrey.«

Das ›Praktische Lehrbuch der vereinfachten deutschen Stenographie‹ sah auf den ersten Blick ganz ermutigend aus, vor allem, weil es nur vierzig Seiten hatte.

»Hier, das Alphabet! Jedem Buchstaben entspricht ein Zeichen«, sagte Max. »Na also! Damit können wir es doch entschlüsseln.«
Am späten Abend saßen sie immer noch da, das Zimmer war blau verqualmt, und sie hatten noch überhaupt nichts entschlüsselt. Es war zum Verzweifeln. Es gab nicht nur Zeichen für einzelne Buchstaben, sondern auch für Silben und ganze Wörter, und in Nellys hastigen Stricheleien war von all dem nichts wiederzuerkennen.
»Ich weiß nicht, wie wir das machen sollen«, sagte Max und lehnte sich auf dem Stuhl zurück. »Am besten, wir geben es Rowland und fertig. Sollen die sich doch damit abplagen.«
»Ich muß jetzt wissen, was da drinsteht«, sagte Lina. »Morgen kaufen wir uns Schreibpapier.«
»Und wozu?«
»Zum Üben.«

Lina gab nicht auf. Sie hielt sich an die Übungen im Buch und kopierte Nellys Zeichen, und wenn sie irgendwo Übereinstimmungen fand, versuchte sie, von der Stelle aus weiterzukommen. Seite um Seite schrieb sie voll, bis spät in die Nacht, und am Morgen machte sie weiter.
Wenn sie irgend etwas brauchten, ging Max los und holte es; er war froh, wenn er das Zimmer mal verlassen konnte. Die Schiebermütze tief in der Stirn, ging er allein durch die Gassen des Hafenviertels. An den Mauern klebten Plakate mit Hammer und Sichel, die zum Streik auf den Werften aufriefen. Vor den Geschäften standen lange Schlangen, es wurde geschimpft und mit den Fäusten gedroht. Manche Händler verkauften nichts mehr gegen Mark. Einmal war ein Ladenfenster zu Bruch gegangen, es gab einen Tumult, Polizei war da, und Max ging schnell zurück. Im Hotel gab er ein Klopfzeichen und Lina schloß die Tür auf. Drinnen fragte er immer als erstes:
»Hast du schon wieder etwas?«
Manchmal waren es einzelne Wörter, die ihr plötzlich klar wurden, manchmal Teile von Sätzen:
›... und Sie wissen ja, wie die Verhandlungen bis jetzt ...‹
›... der Schaden für Deutschland wäre nicht abzusehen.‹
Die Zahlen eins bis vier bezeichneten die Sprecher, Nelly hatte

sie hinterher mit blauer Tinte eingetragen. Der Rest war mit Bleistift geschrieben, was die Sache nicht besser machte. Je stumpfer der Bleistift wurde, desto unklarer wurden die Zeichen.
Das Wort ›Sondergruppe‹ tauchte auf.
»Sondergruppe?« fragte Max. »Was kommt danach? Vielleicht ein Name.«
»Es könnte ...« Lina blätterte in dem Lehrbuch und schüttelte den Kopf. »Nein, das kann nicht sein.«
»Was kann nicht sein?«
»Doch.« Sie verglich noch einmal die Zeichen. »Es heißt ... Rußland!«
»Sondergruppe Rußland?«
Sie sahen sich lange an.
»Weiter«, sagte Lina.

Im Hamburger Hauptbahnhof stiegen die Fahrgäste aus dem D-Zug aus Berlin. Einer von ihnen war ein großer, hagerer Mann in einem schwarzen Ledermantel.
Allein ging er den Bahnsteig entlang, einen kleinen Koffer in der Hand. Er trug Handschuhe, und es fiel niemandem auf, daß zwei der Handschuhfinger leer waren.

›... ich denke da etwa an eine GmbH‹, hatte Malotki gesagt. ›Die Unabhängigkeit von den Regierungen muß um jeden Preis ...‹
›... dort wurden schon im Krieg Flugzeuge gebaut‹, hatte der dritte Mann gesagt. »Das Werk liegt in einem Vorort von ...‹
Lina konnte den Namen der Stadt lesen. Sie versuchte, etwas anderes herauszulesen, aber es war nicht möglich.
»Moskau.«
»Bist du sicher?«
»Ja.« Sie legte den Bleistift hin und biß sich auf die Unterlippe. »Max ...?« sagte sie leise. »Wollen wir wirklich wissen, was da drinsteht?«

Der Mann, der mit dem Zug gekommen war, saß in einer kleinen dunklen Wohnung auf dem Sofa und trank eine Tasse Ersatzkaffee.

»Sie haben eine Frau gesucht, von der sie ein Photo dabeihatten«, sagte der Mann, der ihm gegenübersaß. Er war sichtlich nervös und wagte es kaum, seinem Gast ins Gesicht zu sehen. »Eine blonde junge Frau, der Vorname ist Cora. Ob sie sie gefunden haben, kann ich nicht sagen. Auf jeden Fall haben sie die Suche abgebrochen.«
»Wann?«
»Letzte Woche schon. Und zwar unmittelbar, nachdem sie in Begleitung eines Unbekannten ein chinesisches Lokal aufgesucht hatten. Ich bin sicher, daß es da einen Zusammenhang gibt, aber ich habe mich natürlich an die Anweisungen gehalten. Was drinnen vorgegangen ist, weiß ich nicht.«
»Wo sind sie jetzt?«
»In ihrem Hotelzimmer. Das Mädchen ist seit Tagen nicht mehr herausgekommen.«

Max stand am Fenster, es war elf Uhr vormittags. Es regnete, und der schwarze Qualm der Schlepper und Hafenbarkassen wehte über das graue Wasser. Lina lag bekleidet auf dem Bett, das Gesicht zur Wand gedreht, und schlief. Erst gegen Morgen hatte sie aufgehört zu weinen, und er hatte sie vorsichtig zugedeckt.
Der Tisch lag voller Zettel. Sie hatten längst nicht alles entschlüsseln können, aber genug, um zu wissen, worüber die vier Herren im Billardzimmer geredet hatten. Immer mehr Einzelheiten hatten sich zusammengefügt, immer wieder war das Wort Moskau aufgetaucht. Bis zuletzt hatten sie nicht wahrhaben wollen, was sie da vor sich sahen ...
Die Sondergruppe Rußland bestand aus Offizieren des Reichswehrministeriums. Der vierte Mann gehörte offenbar dazu, jedenfalls war er gerade unter strengster Geheimhaltung mit einer Delegation deutscher Militärs in der Sowjetunion gewesen. Es war die Rede von Verhandlungen und Vorverträgen und der Besichtigung von Rüstungsfabriken. Die Firma Junkers hatte bereits ein stillgelegtes Flugzeugwerk am Stadtrand von Moskau übernommen. Die Aufbauarbeiten waren in vollem Gange, es wurde geplant, dreihundert Maschinen im Jahr zu produzieren: Jagdflugzeuge, Aufklärer und Bomber. Man war mit der russi-

schen Seite übereingekommen, aus Gründen der Verschleierung eine Privatfirma zu gründen: die ›Gesellschaft zur Förderung gewerblicher Unternehmungen‹. Unter diesem Deckmantel sollten weitere gemeinsame Rüstungsvorhaben in die Wege geleitet werden; am Rande erwähnte man Giftgas- und Munitionsfabriken. Eine andere Frage wurde angeschnitten: In den hektischen Tagen zu Beginn der Ruhrkrise hatte die Reichswehrführung einhundert Jagdflugzeuge bei Fokker in Holland bestellt. Die Maschinen befanden sich noch im Bau, aber es war unklar, was mit ihnen passieren sollte, wenn sie ausgeliefert wurden. Einhundert Flugzeuge ließen sich unmöglich vor der Kontrollkommission verbergen. Es wurde überlegt, die Maschinen in falsch deklarierten Kisten über die Ostsee nach Petrograd zu verschiffen. Dann wandte sich das Gespräch den zukünftigen Möglichkeiten zu, etwa dem Ausbau eines abgelegenen Flugplatzes als Ausbildungs- und Erprobungsgelände für die Reichswehr. Es ging um nichts anderes als um den Aufbau einer neuen deutschen Luftwaffe auf russischem Boden ...
Und weil Nelly das gewußt hatte, hatte sie sterben müssen.
Cora mußte es auch gelesen haben. Wie hätte sie sonst wissen können, daß es in Kurzschrift geschrieben war? Sie hatte sofort begriffen, in welcher Gefahr sie sich befand, und war noch in derselben Nacht aus Berlin verschwunden.
Zwei Tage lang blieben sie auf dem Zimmer. Sie konnten kaum schlafen und sie mochten nichts essen. Lina hatte rotgeweinte Augen und lag die meiste Zeit auf dem Bett. Sie waren beide blaß und elend. Sie kamen einfach nicht darüber hinweg.
Die Sowjetunion, an die sie geglaubt hatten, machte mit den deutschen Militärs gemeinsame Sache.

Es war nach Mitternacht, und der Chinese in der weißen Jacke wollte gerade sein Lokal abschließen, als zwei Männer die Treppe herabkamen. »Entschuldigen Sie«, sagte er, »aber wir haben schon geschlossen.«
Der vordere der beiden Männer war sehr groß und trug einen schwarzen Ledermantel und einen dunklen Hut. »Wir müssen mit Ihnen reden. Gehen Sie hinein.«
Der Chinese wich zurück. Die beiden Männer betraten das leere

Lokal, in dem die Stühle schon auf den Tischen standen. Der zweite schloß hinter sich die Tür.
»Ist noch jemand hier? In der Küche?«
»Nein. Die Küche ist geschlossen. Was wollen Sie?«
Der Mann im Ledermantel zog ein Photo aus der Tasche.
»Die beiden sind neulich hiergewesen. Ich will wissen, weshalb.«
Der Chinese lächelte. »Es tut mir leid, die habe ich noch nie gesehen.«
Der Mann packte ihn beim Kragen und schleuderte ihn gegen einen der Tische, die Stühle fielen herunter und er fiel mit zu Boden. Sofort war der Mann bei ihm, riß ihn hoch und hielt ihm eine Pistole vors Gesicht.
»Ich habe nicht viel Zeit«, sagte er und starrte ihn an, aus seinen klaren blauen Augen.
Der Chinese atmete heftig. »Sie waren bei Miss Cora.«
»Cora Meinhold?«
»Ja.«
»Wo ist sie?«
»Sie ist weg. Oben ist alles leer, Sie können nachsehen.«
»Was wollten die beiden von ihr?«
»Ich weiß es nicht.« Die Mündung der Pistole kam ein Stück näher. »Aber es war in einem Umschlag! Ich sollte ihnen einen Umschlag übergeben und das habe ich getan. Das war alles.«
Der Mann im Ledermantel ließ ihn los. »Sie haben nichts gesehen und nichts gehört, verstanden? Sonst komme ich noch mal zurück.«

»Was war das?«
Lina richtete sich im Bett auf, sah zum Fenster. Draußen dämmerte der graue Morgen. Max war auch aufgewacht.
»Das sind Schüsse!«
Unten auf der Straße war eiliges Schrittetrappeln zu hören, Rufen, Schreien. Wieder fielen Schüsse. Vor ihrer Tür polterten Schritte die Treppe hinab, jemand rief: »Was ist denn da los?«
»Sei vorsichtig am Fenster«, sagte Lina.

Aber dann sahen sie beide hinaus. Die Straßen waren schwarz vor Menschen; bis an die Kaimauern und Landungsbrücken standen sie dicht an dicht, ein Auto, das hindurchwollte, kam kaum vorwärts. Sie wußten nur eins: Das war nicht einfach der Streik der Werftarbeiter, das war etwas ganz anderes.
»Komm!«
Rasch zogen sie sich an, schlossen ihre Zimmertür ab und hasteten die Treppe hinunter. Unten beim Portier stand ein dicklicher Herr im schwarzen Anzug und wischte sich mit einem Taschentuch über die Stirn. »Rufen Sie ein Taxi«, sagte er. »Ich muß hier weg. Schnell, bitte.«
Lina und Max liefen hinaus und die Treppe zum Hafen hinab. Sofort waren sie mitten im Gedränge. Die Schüsse hatten aufgehört. Jemand schwenkte eine rote Fahne und rief immer wieder: »Es ist soweit!«
Sie versuchten, näher heranzukommen, drängten sich zwischen den Hafenarbeitern hindurch. Was war soweit? Sie konnten nichts verstehen. Neben ihnen kam es zum Handgemenge, sie wurden angerempelt und weggeschoben, Max hielt Lina fest im Arm. Jemand schrie: »Sie kommen mit Panzerwagen! Sie haben Schießbefehl!«
Plötzlich sahen sie vor sich wieder die rote Fahne. Ein Mann mit Schirmmütze schwenkte sie über den Köpfen und rief: »Bewaffneter Aufstand in ganz Deutschland! Es ist soweit! Die Revolution ist da!«

Den ganzen Tag blieben sie auf der Straße und ließen sich mit den Menschenmassen treiben. Gerüchte gingen um: Im Hafen liege ein russisches Schiff mit Waffen für die Aufständischen. Die Revolution sei überall gleichzeitig ausgebrochen, in allen Städten werde gekämpft. Die Regierung in Berlin sei gestürzt, ein deutscher Sowjet werde gebildet.
Lastwagen mit schwerbewaffneten Polizeitrupps fuhren durch die Straßen. Die Hauptkämpfe spielten sich in den östlichen Arbeitervierteln ab. Es hieß, die Aufständischen hätten Barrikaden errichtet. Bäume würden gefällt, das Pflaster aufgerissen, Erdwälle aufgeschüttet. Von den Dächern und aus Kellerein-

gängen werde geschossen, die Polizei rücke mit Panzerwagen vor.
Bis in die Nacht hinein waren die dunklen Straßen voller Menschen. Als Max und Lina zum Hafen zurückkehrten, sahen sie ein großes Kriegsschiff an den Landungsbrücken liegen. Lastwagen standen davor, und Marinesoldaten mit Bajonetten auf den Gewehren gingen von Bord.
»Komm«, sagte Lina, »wir haben noch etwas zu erledigen.«
Der Portier in ihrem Hotel saß so ungerührt in seiner Ecke wie immer. »Es hat jemand nach Ihnen gefragt«, sagte er.
»Und wer?« fragte Max.
»Seinen Namen hat er nicht genannt.«
»Wie sah er aus?«
Der Portier zuckte die Achseln. »Ziemlich groß.«
Lina flüsterte: »Komm schon, was soll das jetzt?«
Oben schlossen sie sofort die Tür hinter sich ab. Sie waren beide noch ganz atemlos. Max holte den Umschlag und die beschriebenen Zettel aus ihrem Versteck und legte sie auf den Tisch.
»Was machen wir nun damit?« fragte er.
»Das Protokoll darf auf keinen Fall in falsche Hände geraten«, sagte Lina. »Wir müssen es vernichten.«
Max sah die Zettel nachdenklich an.
»Was da drinsteht, ist die Wahrheit. Das weißt du doch, oder?«
»Max!« sagte Lina ungeduldig. »Das da draußen ist die Revolution, auf die wir gewartet haben!«
»Nicht so laut.«
»Siehst du das denn nicht? Das alles hier war nur eine Taktik von Lenin! Um die deutschen Militärs in Sicherheit zu wiegen! Es war Teil seines Plans für den Umsturz in Deutschland! In ganz Deutschland gleichzeitig! Und jetzt findet er statt! Was willst du denn noch?«
Ihre Augen leuchteten. Auf der Straße waren noch immer aufgeregte Stimmen zu hören.
»Du hast recht«, sagte Max. »Komm, wir verbrennen das alles!«
Sie stellten den Aschenbecher mitten auf den Tisch und zündeten dann ein Blatt nach dem anderen an, zuerst die Seiten,

die Lina beschrieben hatte, dann die Seiten aus Nelly Pahlkes Notizbuch. Zuletzt verbrannten sie auch den Umschlag. Max öffnete das Fenster, damit der Rauch abzog. Die Asche warfen sie einfach hinaus, sie verflog im Wind.
Sie sahen sich an und lachten. Und plötzlich küßten sie sich, so heftig wie lange nicht mehr.

Sie hatten kaum ein paar Stunden geschlafen, als sie schon wieder wach wurden. Auf der Straße war Unruhe. Menschen rannten unter ihrem Fenster vorbei, einige riefen etwas, das nicht zu verstehen war. Lina wollte gleich aufstehen, aber Max küßte sie und zog sie noch einmal aufs Bett.
Als sie ihr Zimmer verließen, wurde der Morgen schon heller. Max schloß die Tür ab, dann gingen sie die Treppe hinunter. Es war so still, als wäre das ganze Hotel leer und verlassen. Nur unten hörten sie Stimmen. Sie kamen gerade auf den Treppenabsatz, als der Portier sagte: »Ach ja, Sie waren gestern schon mal hier, nicht wahr?«
Sofort blieben sie stehen und blickten vorsichtig hinab. Ein Mann im schwarzen Ledermantel stand an der Rezeption. Sein Gesicht konnten sie von hier aus nicht sehen.
»Sind sie jetzt oben?« fragte er.
Der Portier zuckte die Achseln. »Was weiß ich. Die nehmen immer den Schlüssel mit, wenn sie weggehen.«
Der Mann schob ihm einen Geldschein zu. In diesem Moment sahen Max und Lina seine linke Hand. An der Hand fehlten zwei Finger.
»Ja, ich glaub schon, daß sie da sind«, sagte der Portier. »Zimmer 12.«
Lina zog ihre Hackenschuhe aus. So leise wie möglich hasteten sie die Treppe wieder hinauf. Und jetzt? Wohin? Max deutete mit dem Kopf nach oben. Eine andere Möglichkeit gab es nicht. Unter sich hörten sie schon die Schritte auf der Treppe.
Im zweiten Stock drückten sie sich eng an die Wand und horchten. Der Mann klopfte an ihre Tür. Er wartete, dann klopfte er noch einmal. Nach einer Weile hörten sie ein leises kratzendes Geräusch und dann wie das Türschloß aufging. Der Mann ging hinein und machte die Tür hinter sich zu.

Sie sahen sich an. Leise und vorsichtig gingen sie die Treppe hinunter, an dem leeren Korridor im ersten Stock vorbei. Auf dem Treppenabsatz zog Lina rasch ihre Schuhe an.
»Da hat ein Herr nach Ihnen gefragt«, sagte der Portier. »Haben Sie ihn nicht gesehen?«
»Doch, doch. Danke«, sagte Max im Vorbeigehen.
Vor dem Hotel stand ein schwarzes Automobil, in dem ein Mann saß. Als er sie herauskommen sah, stieg er aus. Sie bogen um die nächste Ecke und liefen so schnell sie konnten die enge Gasse entlang. Der Mann kam hinterher. Er trug einen grauen Hut und hatte einen kleinen Schnurrbart, und es war ihm anzusehen, daß er Angst davor hatte, die Verfolgung allein aufzunehmen.
Die nächste Querstraße stand dicht voller Menschen, über den Köpfen wehten rote Fahnen. »Beschlagnahme aller Lebensmittel!« wurde gerufen. Eine Glasscheibe klirrte. Max und Lina drängten sich durch die Menge. Sie hielten sich beim Arm, um sich nicht zu verlieren, und blickten immer wieder zurück. Ihr Verfolger kam genauso schlecht voran wie sie. Einmal wurde er angerempelt, zur Seite geschoben, und sie bogen schnell um eine Ecke. Sie hofften schon, er hätte sie verloren, aber als sie sich umdrehten, war er immer noch hinter ihnen.
Sie hasteten weiter, durch eine unübersehbare Menschenmenge. Der Mann kämpfte sich weiter vor, sein Gesicht war hochrot. Er kam näher. Irgendwo fielen Schüsse. Man hörte Schreie. In der nächsten Straße rannten die Menschen in wilder Flucht auseinander. Schon knallten wieder Schüsse, Max und Lina stürzten in einen Hauseingang. Sie versuchten, die Tür zu öffnen, aber sie war abgeschlossen. Sie mußten weiter, ohne zu wissen wohin. Sie rannten in eine schmale Gasse. Flüchtende kamen ihnen entgegen. »Sie kommen!« schrie jemand. Am Ende der Gasse tauchte ein Trupp Polizisten auf. Sie rannten mit den anderen zurück. Ein Schuß fiel, jemand schrie auf, die Polizei schoß zurück. Plötzlich kamen auch von vorn Polizisten mit Karabinern und Pistolen und riegelten die Gasse ab, trieben Männer mit ihren Gewehrkolben zurück. »Alle da an die Wand!«
Max und Lina wurden mit den anderen abgeführt. Er hielt sie fest im Arm. Aus der umstehenden Menge wurde gepfiffen und mit Fäusten gedroht, aber an die schwerbewaffneten Polizisten

traute sich niemand heran. Man brachte sie zur nächsten Revierwache, die einer belagerten Festung glich. Ein Panzerwagen stand davor. In der Ferne waren immer mehr Schüsse zu hören. Als sie die Stufen hinaufgingen, drehte Max sich noch einmal um. Der Mann mit dem grauen Hut und dem Schnurrbart stand mitten im Gedränge. Er sah abgehetzt und besorgt aus.

»Sagen Sie nicht, Sie haben sie verloren.« Karras ließ die aufgeschlitzte Matratze auf das Bettgestell zurückfallen.
»Sie sind festgenommen worden und sitzen jetzt auf der Wache. Ich kann Sie hinführen.«
Karras sah sich noch einmal in dem verwüsteten Hotelzimmer um.
»Hier ist jedenfalls nichts. Sie müssen es bei sich haben.«

»Los, da rüber! Wird's bald!«
Einer der Polizisten packte Lina beim Arm. Sie schrie und wehrte sich. Max versuchte sie festzuhalten, aber ein anderer Polizist stieß ihn mit dem Gewehrkolben zurück. Sie rissen sie auseinander und brachten Lina hinüber zu den anderen verhafteten Frauen.
»Sind das alle? Dann ab mit ihnen!«
Die Polizisten mußten Max mit Gewalt zurückhalten. Lina blickte noch einmal hilflos zu ihm herüber. Dann wurden die Frauen hinausgeführt. Draußen brummte der Motor eines Lastwagens auf.
Die Arrestzellen waren schon alle überfüllt, Max stand in einem enggedrängten Pulk hinter einer Absperrung, die von Polizisten mit Karabinern bewacht wurde. Immer wieder wurden neue Verhaftete hereingebracht. Von draußen war Geschrei zu hören, irgendwo sang man die Internationale. Ein Polizist wurde auf einer Bahre hereingetragen, die Uniformjacke offen, einen blutigen Verband um den Bauch.
Plötzlich kam der Mann im Ledermantel herein. Er sah sich suchend um und hatte Max sofort entdeckt. Zum ersten Mal sah Max sein Gesicht. Karras. Lina war sicher gewesen, daß er es war. Ein Polizist sprach ihn an. Sie redeten leise miteinander.

Der Polizist nahm Haltung an und nickte mehrmals. Der Reviervorsteher trat hinzu, Karras zeigte ihm einen Ausweis.
»Sie da! Herkommen!« sagte der Polizist zu Max. Er mußte sich mit dem Gesicht zur Wand stellen und wurde abermals durchsucht.
»Selbstverständlich haben Sie unsere volle Unterstützung«, hörte er den Reviervorsteher sagen. »Ein Sonderkommando, sagen Sie?«
»Wir sind hinter den Rädelsführern her«, sagte Karras. »Wo sind die Sachen, die Sie ihm abgenommen haben?«
»Moment! Hier. Kommunist ist er auf jeden Fall. Sehen Sie? Die rote Mitgliedskarte.«
»Er hat nichts weiter bei sich«, sagte der Polizist.
»Wo ist das Mädchen?« fragte Karras.
»Die weiblichen Gefangenen sind gerade ins Rathaus verlegt worden.«
Max wurde vorwärts gestoßen, wieder hinter die Absperrung. Er sah, wie Karras die Wache verließ.

Der Lastwagen fuhr polternd und schwankend auf den Hof des Rathauses und hielt an. »Runter vom Wagen! Los, los!«
Alles war voller Soldaten mit Stahlhelm und Gewehr, Handgranaten am Koppel. Lina wurde mit den anderen Frauen durch eine Hintertür geführt. Der lange Korridor hallte von Befehlsgebrüll. In einem Saal lagen männliche Gefangene am Boden, einige blutüberströmt, Soldaten gingen zwischen ihnen auf und ab.
In einem kahlen Amtszimmer wurden die Personalien aufgenommen. »Papiere!« herrschte sie ein Unteroffizier an. Linas Ausweis war im Hotel. Sie hatte ihn ganz unten im Koffer versteckt, Max sollte ihn schließlich nicht sehen.
»Ich ... habe keine dabei.«
»Name, Vorname!«
Sie zögerte.
»Von Beelitz, Sophie.«
»Von? Na, Sie können mir ja viel erzählen! Abführen! Wir sprechen uns noch.«
Ein Soldat stieß sie in einen Kellerraum, in dem schon andere Frauen zusammengepfercht waren. Hinter ihr donnerte die Tür

ins Schloß. Sie kauerte sich in einer Ecke auf den Steinfußboden. Als die Frau neben ihr bemerkte, daß sie zitterte, legte sie einen Arm um sie. Auf dem Gang hörte man dauernd Gebrüll, Befehle, Beschimpfungen, die Schreie von Geprügelten.
Irgendwann öffnete sich die Tür wieder.
»Sophie von Beelitz? Mitkommen!«
Lina wurde wieder zurück in das Amtszimmer geführt. Neben dem Schreibtisch stand ein älterer, grauhaariger Offizier mit Schirmmütze und Reitstiefeln und sah sie an.
»Das ist sie ja tatsächlich! Sind Sie noch zu retten, Mann!«
Er kam auf sie zu.
»Sophie! Das ist doch nicht möglich! Was machst du hier?«
Plötzlich erkannte sie ihn. Es war Oberst von Helldorff, ein alter Freund ihres Vaters. Sie wußte kaum, was sie sagen sollte.
Entschlossen nahm er die Sache in die Hand.
»Du mußt sofort hier weg«, sagte er, »und wenn ich dich persönlich in den Zug setze. Weiß dein Vater überhaupt, daß du in Hamburg bist? Hast du ihn angerufen?«
Er nahm sie beiseite und fragte sie weiter aus.
»In einem Hotel wohnst du? Etwa mit einem Mann?« Sie war zu verwirrt, um sich herauszureden. »Was? In einer Absteige am Hafen? Auf gar keinen Fall gehst du dorthin zurück! Ich lasse dein Gepäck holen und schicke es dir nach. Keine Widerrede! Dein Vater würde es mir nie verzeihen, wenn dir hier etwas zustößt.«
Ihr Freund sei auch verhaftet worden, sagte sie.
»Dein Freund, dein Freund!« sagte der Oberst. Die Hände auf dem Rücken, tippte er mit der Reitgerte gegen seine Stiefelschäfte. »Der Kerl soll mir ja nicht unter die Augen kommen! So, und jetzt gehen wir. Das ist hier nichts für dich.«
Über den Hof des Rathauses gingen sie zu seinem Dienstwagen und stiegen ein.
»Zum Hauptbahnhof!« sagte der Oberst.

Karras betrat den Korridor des Rathauses und fragte nach dem Geschäftszimmer. Dort zeigte er kurz seinen Ausweis.
»Ich bin im Sonderauftrag hier. Haben Sie die Namen der weiblichen Gefangenen?«

Der Unteroffizier hinter dem Schreibtisch sah ihn verunsichert an.
»Hier ist die Liste.«
Karras überflog die Namen.
»Von Beelitz. Die suche ich.«
»Die ist gerade entlassen worden.«
»Entlassen? Wieso?«
Der Unteroffizier erklärte es ihm. »Oberst von Helldorff ist mit ihr zum Bahnhof gefahren.«
Ohne ein weiteres Wort ging Karras hinaus.

»Du fährst sofort weiter nach Fürstenwalde, hörst du?«
»Ja«, sagte Lina. Sie stand am offenen Abteilfenster und der Oberst auf dem Bahnsteig. Bis zur Abfahrt des D-Zugs nach Berlin hatte er mit ihr im Wartesaal gesessen und aufgepaßt, daß sie nicht zu ihrem Freund zurücklief. Es war ihr nichts anderes übriggeblieben, als einzusteigen.
Ein Schaffner ging am Zug entlang und schloß die letzten Türen. Ein Pfiff, und schon fuhr der Zug an. Lina winkte zaghaft. Der Oberst hob nur die Hand. Er sah sehr zufrieden aus.

Karras zog die Schiebetür auf und betrat den nächsten Waggon. Langsam ging er den schmalen Gang entlang und blickte in die Abteile. Es dauerte nicht lange und er hatte das Mädchen gefunden. Sie saß am Fenster und sah hinaus. Aber ihr Abteil war vollbesetzt. Er konnte nichts tun. Er wandte sich ab und ging vorbei.
Der ganze Zug war voller Menschen, manche standen mit ihren Koffern auf dem Gang. Es war aussichtslos. Er mußte bis Berlin warten. Aber im Gewimmel einer Bahnhofshalle konnte er sie allzu leicht verlieren. Er brauchte Unterstützung. Man müßte sie schon auf dem Bahnsteig erwarten ... Er ging weiter, bis er einen Schaffner gefunden hatte.
»Haben wir irgendwo so lange Aufenthalt, daß ich telefonieren kann?«
»Telefonieren wollen Sie?« Der Schaffner warf sich stolz in die Brust. »Das können Sie auch hier im Zug! Während der Fahrt! Kommen Sie, ich zeige es Ihnen.« Er ging voran. »Das gibt es

nirgendwo sonst, wissen Sie? Hamburg – Berlin ist die Versuchsstrecke. Die Übertragung erfolgt drahtlos, über Wagenantennen. Sehen Sie, da ist es schon.« Neben einer kleinen Telefonkabine saß ein uniformierter Beamter vor einem Schaltbrett. »Mein Kollege wird die Verbindung für Sie herstellen.«

Draußen zog das flache Land vorbei, Äcker und Wiesen und Chausseen, manchmal ein Dorf. Auch auf den Bahnhöfen sah alles ruhig aus. Von einer Revolution war nichts zu sehen.
Ein Mann in ihrem Abteil las Zeitung. Lina konnte nur die Schlagzeilen erkennen. Neue Reichswehreinheiten in Hamburg eingetroffen. Niederschlagung des Kommunistenaufstandes steht bevor.
Sie näherten sich Berlin. Schon von weitem war zu sehen, daß die Schornsteine der Fabriken rauchten. Der Zug fuhr über Brücken und durch Vorortbahnhöfe. Lina blickte hinab in die grauen Straßen. Die Geschäfte hatten geöffnet, die Omnibusse und Straßenbahnen fuhren. Überall nüchterne, eilige Menschen. Ein Tag wie jeder andere ...
Der Zug fuhr in den Lehrter Bahnhof ein. Lina stieg aus und ging den Bahnsteig entlang. Sie wußte nicht, was sie tun sollte.
»Fräulein von Beelitz?«
Ein junger Offizier kam auf sie zu.
»Gestatten, Leutnant Berkow«, sagte er, die Hand an der Schirmmütze. »Oberst von Helldorff hat mit Ihrem Herrn Vater telefoniert. Ich habe den Auftrag, Sie umgehend zu ihm zu bringen. Darf ich fragen, wo Ihr Gepäck ist?«
»Ich habe keins«, sagte Lina.
»Dann lassen Sie uns gehen. Mein Wagen steht draußen. Ihr Herr Vater erwartet Sie, wir sollten keine Zeit verlieren. Er war schon sehr in Sorge.«
Sie blieb stehen.
»Sind hier auch solche Unruhen?«
»Nein, nein«, sagte der Leutnant. »Das in Hamburg ist nur ein kleiner örtlicher Aufstand, mehr nicht. Im übrigen Land ist alles ruhig.« Er nahm sie beim Arm. »Kommen Sie.«
Lina ging mit. Sie war wie benommen. Sein Wagen stand vor

dem Bahnhof. Er ließ sie hinten einsteigen und ging selbst nach vorn. Einen Moment lang blickte er prüfend in den Rückspiegel, dann ließ er den Motor an und fuhr los.

Lina sah aus dem Fenster. Die Stadt, die hinter der Glasscheibe vorbeizog, kam ihr fremd und unwirklich vor. Der Leutnant sagte nichts, und sie sagte auch nichts. Die Fahrt schien endlos geradeaus zu gehen.